本书获"闽南师范大学学术著作出版专项经费"资助

闽台创意农业合作研究

林炳坤 ◎ 著

厦门大学出版社　国家一级出版社
XIAMEN UNIVERSITY PRESS　全国百佳图书出版单位

图书在版编目（CIP）数据

闽台创意农业合作研究 / 林炳坤著. -- 厦门：厦门大学出版社，2024.12
　　ISBN 978-7-5615-9364-6

Ⅰ.①闽… Ⅱ.①林… Ⅲ.①农业合作- 研究- 中国 Ⅳ.①F321.4

中国国家版本馆CIP数据核字(2024)第091504号

责任编辑　李瑞晶
美术编辑　李嘉彬
技术编辑　朱　楷

出版发行　厦门大学出版社
社　　址　厦门市软件园二期望海路39号
邮政编码　361008
总　　机　0592-2181111　0592-2181406(传真)
营销中心　0592-2184458　0592-2181365
网　　址　http://www.xmupress.com
邮　　箱　xmup@xmupress.com
印　　刷　厦门市金凯龙包装科技有限公司

开本　720 mm×1 020 mm　1/16
印张　18
插页　1
字数　260 千字
版次　2024 年 12 月第 1 版
印次　2024 年 12 月第 1 次印刷
定价　65.00 元

本书如有印装质量问题请直接寄承印厂调换

厦门大学出版社
微信二维码

厦门大学出版社
微博二维码

序

林炳坤是我指导的第七位博士研究生,2014年6月顺利通过题为《闽台创意农业合作绩效研究》的博士论文答辩,按时毕业并获得管理学博士学位。博士毕业走上高校教研工作岗位后,他持续努力,刻苦精进,获批国家社科基金项目1项、福建省社科规划项目3项,发表国内外核心期刊论文30多篇;入选福建省高层次人才、福建省高校杰出青年科研人才培养计划,成为闽南师范大学学科带头人,获评全国优秀教师;在闽台创意农业合作研究领域取得丰硕成果,形成较大学术影响力。

我看到炳坤寄来的厚厚一叠书稿,即将付梓,甚为欣慰。翻阅大作,觉得该书亮点甚多,最值得推崇的有如下三点。

首先,该书站在闽台农业合作研究前沿,具有重要理论价值。党的二十大报告指出"全面建设社会主义现代化国家,最艰巨最繁重的任务仍然在农村。坚持农业农村优先发展,坚持城乡融合发展,畅通城乡要素流动。加快建设农业强国,扎实推动乡村产业、人才、文化、生态、组织振兴",并强调"高质量发展是全面建设社会主义现代化国家的首要任务"。创意农业旨在培育"三农"自身"造血"功能,构筑农业、工业和服务业融合互动的产业体系,是推动农业高质量发展、推进农村现代化的重要力量。

闽台农业合作源远流长,历400余年,而创意农业交流与合作始于20世纪90年代福建六个国家级台湾农民产业园的建设。当前,学术界关于闽台创意农业合作的研究，重点在探讨两地创意农业合作领域和模式，强调发展创意农业对解决"三农"问题的意义，但大多数研究囿于理论分析层面，缺少数据和成功案例的支撑。该书系统梳理闽台创意农业合作研究现状，从经济、社会和生态视角界定合作绩效内涵及其关键影响因素，提出闽台创意农业合作绩效 FCP 理论模型，并进行实证检验，具有重要的理论意义。

其次，该书揭示闽台创意农业合作机理，比较科学规范。为了揭示闽台创意农业合作的形成机理，该书注重运用现代管理学实证研究的规范方法，在闽台创意农业合作绩效 FCP 理论模型构建的基础上，严格遵循概念模型构建、理论假设提出、各因素测量量表开发、调研问卷设置、调研数据收集、调研数据分析和结构方程模型建模分析等步骤，实证检验 FCP 理论模型的有效性和合理性，从学理上揭示了闽台创意农业合作机理。

例如，单是访谈调查、测量量表开发环节，就历时半年，其间，炳坤带领学弟学妹，走访福建和台湾地区部分高校专家学者、福建省政府主管部门工作人员，深入福建省漳浦、漳平、仙游、清流、福清和惠安六个地方的台湾农民创业园发放调查问卷。2013 年 5 月下旬，我参与清流县台湾农民创业园的调研，科学研究的艰辛与快乐，其情其景历历在目。

最后，该书结合案例对闽台创意农业合作绩效进行分析，具有实际指导意义。我国台湾地区创意农业产业始于 1989 年，经过 30 多年的发展，已初具规模，在生产、经营、管理和营销等方面经验丰富，并具有较强竞争力。而福建正大力发展现代农业，开展对台创意农业合作，是实现福建农业发展模式转型、增加农民收入和提升农业竞争力的有效途径。在此背景下，深入研究闽台创意农业合作绩效，探索闽台创意农业合作绩效影响因素及其作用机理，为促进闽台创意农业合作绩效的提升提供决策依据，对深化闽台农业合作，合理配置两地互补的农业生产要素资源，增强闽台创意农业营运能力，实现闽台创意农业实力的整体提升，推动福建与台湾地区两地经济共同增长，都具有重要的现实意义。

炳坤华园博士毕业至今,恰满十年,可谓"十年磨一剑"。我多次鼓励他出版博士论文,但他都以"不敢试锋芒"为由,迟迟没有出版。2019年,他成功获批国家社科基金项目以后,才首肯"在汲取最新同道研究成果、融入自己最新研究心得的基础上",择善修撰出版该书。

有道是:再磨十年剑,泰山不敢当。望炳坤再接再厉,将来出版更多更好的作品。

是为序。

吕庆华　谨书
2024年9月于华侨大学

目录
CONTENTS

1 闽台创意农业合作研究现实基础与总体设计 …………………… 001
  1.1 研究现实基础 …………………………………………… 001
  1.2 研究意义 ………………………………………………… 007
  1.3 研究思路与方法 ………………………………………… 008
  1.4 研究内容 ………………………………………………… 010

2 闽台创意农业合作相关研究进展 …………………………………… 013
  2.1 创意农业研究 …………………………………………… 013
  2.2 闽台农业合作研究 ……………………………………… 033
  2.3 闽台创意农业合作研究 ………………………………… 040
  2.4 本章小结 ………………………………………………… 050

3 闽台创意农业合作理论支撑 ………………………………………… 051
  3.1 概念界定 ………………………………………………… 051
  3.2 理论基础 ………………………………………………… 064
  3.3 闽台创意农业合作演化机理 …………………………… 083
  3.4 闽台创意农业合作绩效理论模型 ……………………… 091
  3.5 本章小结 ………………………………………………… 092

4 闽台创意农业合作研究概念模型构建 …………………………… 094
  4.1 闽台创意农业合作绩效的影响因素及假设 …………… 094

- 4.2 闽台创意农业合作能力对合作绩效的影响及假设 …… 106
- 4.3 闽台创意农业合作能力的中介作用及假设 …… 112
- 4.4 闽台创意农业合作绩效测度 …… 114
- 4.5 研究概念模型的提出 …… 116
- 4.6 本章小结 …… 117

5 闽台创意农业合作绩效研究调研情况 …… 118
- 5.1 问卷设计 …… 118
- 5.2 专家调研 …… 120
- 5.3 预调研 …… 128
- 5.4 正式调研 …… 132
- 5.5 研究方法介绍 …… 148
- 5.6 本章小结 …… 153

6 闽台创意农业合作绩效实证研究 …… 154
- 6.1 各因素测量模型检验 …… 154
- 6.2 验证性因素分析 …… 175
- 6.3 闽台创意农业合作影响因素、合作能力与合作绩效的关系分析 …… 188
- 6.4 闽台创意农业合作能力的中介作用检验 …… 197
- 6.5 本章小结 …… 208

7 结果分析与对策建议 …… 209
- 7.1 实证研究结果分析 …… 209
- 7.2 提升闽台创意农业合作绩效的对策分析 …… 221
- 7.3 本章小结 …… 238

8 研究结论与展望 …… 240
- 8.1 主要结论 …… 240

8.2 创新之处 243
8.3 不足之处 245
8.4 未来研究方向 247

参考文献 249

附录 268
　附录 A　闽台创意农业合作研究调查问卷 268
　附录 B　"闽台创意农业合作研究"测量量表 273

后记 276

1 闽台创意农业合作研究现实基础与总体设计

本章阐述研究现实基础和研究意义,介绍研究方法和内容,提出研究技术路线,对后续章节起纲领性指导作用。

1.1 研究现实基础

21世纪初,创意浪潮席卷全球,西方学者立足创意经济理论框架,提出乡村创意产业发展模式。以厉无畏为代表的我国学者,在承接西方研究的基础上,结合我国实际,提出创意农业发展理念,为我国实现农业转型提供可行方向。随着创意农业理论研究的日益深入,我国各地有关创意农业的实践不断展开。福建与台湾地区创意农业存在较强的优势互补关系,具备合作的客观条件,创意农业成为深化闽台农业合作的重要方向。

1.1.1 闽台创意农业合作的必要性

20世纪80年代初,经济全球化开始展现出强大的生命力。至20世纪90年代,信息技术的强力推动使得经济全球化进程不断提速。然而,经济全球化是一把双刃剑,一方面为各国发展带来充足的外部资源,另一方面加剧了国家间的竞争。为减少全球化带来的消极影响和潜在风险,各经济主体不断推进区域经济合作,实施多个计划,缔结多个经济联盟,形成多个区域经济集团,如欧盟框架计划、北美自由贸易区、亚太经合组织、东盟区域经济合作组织等,区域经济合作成为世界经济主体应对经济全球化风险和挑战的重要选项。在此背景下,加强闽台区域经济合作、构建闽台区域经济合作联盟具有重大的现实意义,有助于实现资源互补、优化产业结构、提升区域经济竞争力。

综观闽台经济合作方向,农业合作极具潜力,因两地农业生产条件高度相似,而生产水平却存在显著差距,具备合作的动力和基础。其中,两地创意农业发展势头强劲,成为闽台农业合作极具潜力的领域。创意农业是台湾地区现代农业发展的重要方向,20世纪90年代以来,台湾地区农业发展缓慢,为突破瓶颈,开始向休闲农业、观光农业、生态农业和精致农业等现代创意农业方向转型。但随着创意农业发展的不断深入,岛内有限的科技资源已无法满足创意农业技术升级的需要。与此同时,人口负增长、农业劳动力供给下降、劳动力价格高涨等客观因素,致使台湾地区创意农业的生产成本增加,创意农企的利润持续减少,企业开展进一步投资的意愿不断减弱。为增加投资收益,台湾地区农业资本开始向外寻求更好的投资环境。

福建与台湾地区隔海相望,具有地缘相近、血缘相亲、文缘相承、商缘相连、法缘相循的"五缘"优势。当前,福建大力发展现代创意农业,但还处于探索阶段,存在产业规模不大、特色不够鲜明和产业影响力不足等突出问题,尚未形成特色突出且在海内外具有较大影响力的创意农业品牌,亟须获得资金、技术和管理支持。与福建相比,台湾地区创意农业发展理念和开发水平处于领先地位。但福建也有优势,如农业企业普遍得到政府政策和资金的大力支持,且具备高校和科研机构在农业基础研究领域的有力支撑。此外,福建劳动力资源比较丰富、劳动力成本较低、耕地资源相对充裕,与台湾地区形成极强的互补格局。因此,在投资福建创意农业方面,台湾地区农业资本具有良好的获利前景。事实上,在以往的闽台农业交流与合作中,台湾地区企业都获得了不同程度的收益。除经济考量外,从文化层面看,推动闽台创意农业合作的意义也十分重大。创意农业属于创意产业,而文化是创意产业发展的关键引擎,有效开展闽台创意农业合作,需两地协力共同开发闽台特色传统文化,在此过程中,有助于促进两岸同胞心灵契合,坚定中华文化自信。由此可以看出,闽台创意农业合作的必要性和可行性十分清晰。

1.1.2 闽台创意农业合作的资源基础

福建与台湾地区农业合作源远流长,在悠久的合作历史中,双方建立了紧密关系,这种稳固的联结为闽台创意农业合作提供了坚实基础。根据相关文献,闽台农业交流分为两个阶段。第一阶段为1621—1895年,两地农业交流的主要特点为:福建大批移民将先进的农业生产技术、农耕器具和优良的农作物品种带入台湾地区,显著提升了台湾地区农作物种植技术水平和农产品品质,该阶段福建农业生产水平高于台湾地区。第二阶段为1949年至今,在相关政策推动下,两地农业交流日趋紧密,农业往来由零星的、小范围和低层次的民间交流,逐渐转变为频繁且有规模的官方与企业、个人的交流合作,台湾地区农业发展程度在此阶段处于领先地位。[①] 台商带来的充足资金、先进的现代农业生产技术、优良农业品种和科学管理经验,推动福建传统农业向现代农业转型。综上分析,在400余年的交流合作历程中,闽台农业优势互补、互相带动、唇齿相依。开展闽台创意农业合作,将进一步延续两地悠久的合作关系,带动两地现代农业实现更好发展。

政府出台的相关鼓励和支持闽台农业合作的政策,为两地开展创意农业合作提供了良好的政策与制度环境。2009年,国务院常务会议审议通过《文化产业振兴规划》,指出要大力发展文化产业,激发全民族文化创造活力,开发与文化结合的教育培训、健身、旅游和休闲等服务性消费市场,带动相关产业发展。同年5月,国务院发布《国务院关于支持福建省加快建设海峡西岸经济区的若干意见》,明确提出要加快现代化农业建设的要求。此外,2004—2022年,中央连续19年发布以"三农"(农业、农村、农民)为主题的中央一号文件,强调"三农"问题在我国社会主义现代化时期处于"重中之重"的地位。其中,2021年和2022年的中央一号文件,着重强调全面推进乡村振兴,实现农业农村现代化的重要性。以上有关文化产业和现代农业[②]

---

① 杨德明.闽台农业合作的回顾[J].农村工作通讯,2005(10):56-57.
② 创意农业是文化产业与传统农业高度融合的产物,是现代农业发展的重要方向之一。

发展的文件,有助于推动福建创意农业发展,并为福建进一步开展对台创意农业合作提供良好的政策环境。此外,闽台创意农业交流合作还得到中华人民共和国科学技术部、中华人民共和国国家发展和改革委员会、国家知识产权局和中华人民共和国农业农村部等的支持。相关文件的陆续出台及多个国家部委的有力支持,从财政、税收、用地、金融和保险等方面,为闽台创意农业合作提供了坚实的政策保障。

福建省有关创意农业发展的政策与法治建设也日趋完善。2007年,福建省发布《关于加快我省创意产业发展指导意见》,将福州、厦门和泉州等城市列为创意产业重点发展区域,提出经过5～10年的努力,建成集生产销售和研发设计于一体的创意产业体系,逐步形成若干整体优势明显、区域特色鲜明和充满生机活力的海峡西岸经济区创意产业集群。2009年5月,福建省人大常委会审议通过《福建省促进闽台农业合作条例》,强调应努力提升闽台农业交流合作层次,鼓励农业高新技术的引进。同时指出,省人民政府设立闽台农业合作专项资金,要求市、县(区)人民政府将闽台农业合作专项资金列入同级财政预算,并将资金用于闽台农业合作重点项目建设、交流平台建设、科技研发与推广、人员培训与交流活动等。2019年10月,福建省农业农村厅与中国农业银行福建省分行签订战略合作协议,推动中国农业银行福建省分行制定出台《关于深化闽台农业融合发展金融服务的若干意见》,旨在促进农行系统加强资金调度、增加专项授信、实行减费让利、优化贷款流程、简化审批程序,破解台农台企"贷款难"问题。

除政策外,闽台两地现有的农业资源可以为两地创意农业合作提供不可或缺的要素基础,包含硬件基础和软件基础。硬件基础方面主要体现在两地已经建成的农业试验区、农民创业园和农业科技创新基地等交流合作平台。例如,覆盖全省农业大县的海峡两岸(福建)农业合作试验区(1997年设立)运行27年来,有效推动闽台农业合作由初级的招商引资,向农业科教合作、联合技术创新和农业经营管理等深度合作的方向发展。另外,国家批准设立的29个国家级台湾农民创业园(见表1.1)中,福建的台湾农民创业园数量是最多的。福建现有的漳浦、漳平、仙游、清流、福清和惠安6个地方的国家级台湾农民创业园,聚合当地和台湾地区的农业优势资源,在良种筛选、培育等方面取得巨大突破,显著提升福建创意农业科技含量和技术创新水平。而台湾地区为将生物科学技术引入传统农业生产领域,推动创意农业发展,投入150亿新台币兴建台湾花卉园区、台湾兰花生物科技园区、香草药草生物技术园区和海洋生物科技园区等农业高科技园区。这些园区的建成,不仅有助于加快台湾地区创意农业发展,还为推动闽台创意农业合作提供了强有力的支撑平台。

表1.1　29个国家级台湾农民创业园分布情况

省(自治区、直辖市)	现有台创园	省(自治区、直辖市)	现有台创园
福建	福建漳浦台湾农民创业园	广东	珠海金湾台湾农民创业园
	漳平永福台湾农民创业园		汕头潮南台湾农民创业园
	莆田仙游台湾农民创业园		梅县台湾农民创业园
	三明清流台湾农民创业园	安徽	巢湖和县台湾农民创业园
	福清台湾农民创业园		巢湖庐江台湾农民创业园
	惠安台湾农民创业园	四川	新津台湾农民创业园
江苏	无锡锡山台湾农民创业园		攀枝花盐边台湾农民创业园
	南京江宁台湾农民创业园	山东	栖霞台湾农民创业园
	淮阴台湾农民创业园	广西	钦州钦南台湾农民创业园
	南通江海台湾农民创业园	黑龙江	鹤岗五道岗台湾农民创业园
	盐城盐都台湾农民创业园	云南	昆明石林台湾农民创业园
浙江	台州仙居台湾农民创业园	湖北	武汉黄陂台湾农民创业园
	苍南台湾农民创业园	湖南	岳阳县台湾农民创业园
	慈溪台湾农民创业园	河南	焦作修武台湾农民创业园
重庆	北碚台湾农民创业园		

软件基础主要由闽台农业科技研究成果构成。经过多年努力,福建农业科技研究形成以基础研究为主、应用研究为辅的研发格局。台湾地区则相反,岛内农业科技的优势在于发展迅速的应用科技,应用科技具有适用性好和使用面广等特点。开展闽台创意农业合作,闽台两地的创意农业企业将共享现有农业科技资源,在两地创意农业产业集群之间实现科技要素整合效应和技术溢出效应,促使闽台创意农业竞争力得到显著提升。

1.1.3 闽台创意农业合作存在的现实问题

福建省短缺的农业技术人员,成为掣肘两地创意农业合作的主要因素。根据福建统计年鉴数据,2021年福建省内乡村劳动力资源总数为1621.52万人[1],数量庞大。但《福建省第二次全国农业普查主要数据公报》的数据显示:从福建农村劳动力人口文化程度来看,具有大专及以上文化程度的人员仅占1.7%,高中、初中、小学和文盲所占比例依次为11.3%、44.9%、36.6%和5.5%,超过85%的农村劳动力未接受过高中教育[2];全省农业技术人员总数仅为9万多人,且高级职称人员占比较低。可见,农业技术人才极为短缺的现状,制约着闽台创意农业技术交流与合作。[3] 此外,开展创意农业的合作还需要专业创意农业人才,虽然福建省已有若干院校开设文化产业管理专业[4],但福建省现有的创意农业人才还较为不足,限制了创意农业合作的深度与广度。

制约闽台两地创意农业合作的因素还有台湾地区方面的因素。多年来台湾地区为维持农业竞争优势,将核心技术"根留台湾"。在此思路下,台湾地区把农业投资分为准许、禁止和专案审查三种类型,将研发的优良品种、种苗和技术列为重点保护对象。此外,台商不断增强核心技术保护力度,系列措施成为阻碍两岸创意农业技术交流合作的无形壁垒,这进一步加大了两地创意农业技术融合和创新的难度。在福建的台湾创意农企以独资企业为主,这些企业为保持技术上的垄断优势,大多将核心技术研发部门设在台湾地区,而在福建投资的实体主要负责农业生产。为避免技术成果流入福建同行企业,台企在技术改造、技术创新和产品生产过程方面基本不与当地企业发生联系,生产技术也以分散的形式传授给当地技术工人。严密的管

---

[1] 参见:https://tjj.fujian.gov.cn/tongjinianjian/dz2022/index.htm。

[2] 参见:http://tjj.fujian.gov.cn/xxgk/tjgb/200807/t20080701_42832.htm。

[3] 参见:http://tjj.fujian.gov.cn/xxgk/tjgb/200807/t20080701_42830.htm。

[4] 福建省高校中,福建师范大学、福建农林大学、福建江夏学院、闽江学院、厦门理工学院、厦门大学嘉庚学院、武夷学院、阳光学院相继设立文化产业管理专业。

控限制了技术的溢出,福建本地企业很难获得向台资企业学习先进创意农业技术的机会,因此生产技术难以突破。

闽台创意农业合作是促进两地创意农业进一步发展的有效途径。两地农业悠久的交流合作历史、陆续出台的相关政策法规、已经建成的农业园区和互补的硬件与软件环境,为两地开展创意农业合作提供了强有力的支撑。但是,在合作过程中还存在一些问题和不利因素,因此,从理论层面深入研究影响闽台创意农业合作绩效的关键因素及其作用路径,全面掌握闽台创意农业合作现状和发展态势,揭示其中规律,能为管理实践和相关政策法规的制定提供有价值的理论依据。

1.2 研究意义

1.2.1 理论意义

闽台农业合作历史悠久,但创意农业的交流与合作,则以近年来福建创意农业兴起为开端,还处于起步阶段。当前,学术界出现一些关于闽台创意农业合作的研究,相关成果深入探讨两地创意农业合作领域和合作模式,并提出提升闽台创意农业合作绩效的建议,但大多局限于理论分析层面。闽台创意农业合作绩效研究是闽台农业合作研究中的崭新领域,本书首次系统梳理国内外创意农业、闽台农业合作和闽台创意农业合作相关研究成果,提炼影响闽台创意农业合作绩效的12个因素和3种能力,从经济绩效、社会绩效和生态绩效三个方面界定闽台创意农业合作绩效的内涵,应用演化博弈理论分析闽台创意农业合作形成机理。在此基础上,提出闽台创意农业合作绩效 FCP 理论模型,通过概念模型构建、理论假设提出、各因素测量题项设置、调研问卷设计、调研数据收集、调研数据分析和结构方程模型建模分析等步骤,实证检验 FCP 理论模型的有效性和合理性。上述研究的开展,将进一步夯实闽台创意农业合作研究的理论体系,具有重要的理论意义。

1.2.2　实践意义

台湾地区创意农业始于1989年,经过30多年的发展,在生产、经营、管理和营销等方面积累了丰富经验,具有较完整的生产规模和较强的产业竞争力。福建正大力发展现代农业,与台湾地区开展创意农业合作,对福建加快农业发展模式转型、增加农民收入、提升农业竞争力、实现乡村振兴具有重要促进作用。在此背景下,深入研究闽台创意农业合作绩效,探索闽台创意农业合作绩效影响因素及其作用机理,能够为促进闽台创意农业合作绩效的提升提供决策依据,有助于进一步深化闽台农业合作,促使两地互补的农业生产要素资源实现更合理的配置,从而增强闽台创意农业营运能力,实现闽台创意农业实力的整体提升,推动闽台两地经济共同增长。

1.3　研究思路与方法

1.3.1　研究思路

在国内外文献梳理和理论分析的前提下,首先,提炼影响闽台创意农业合作的因素和能力,提出闽台创意农业合作绩效理论模型,基于理论模型,构建闽台创意农业合作绩效研究概念模型,进而确定变量之间的关系,并根据变量间的作用关系提出相应假设。其次,依据相关文献,为各变量设置测量题项,形成专家问卷。再次,经过专家访谈和预调研,修改或删除效果不佳的测量题项,形成正式调研问卷。最后,展开正式调研,获取调研数据,对调研数据进行处理,验证所提出的假设,讨论实证结果,并提出相应对策。本书总体研究思路如图1.1所示。

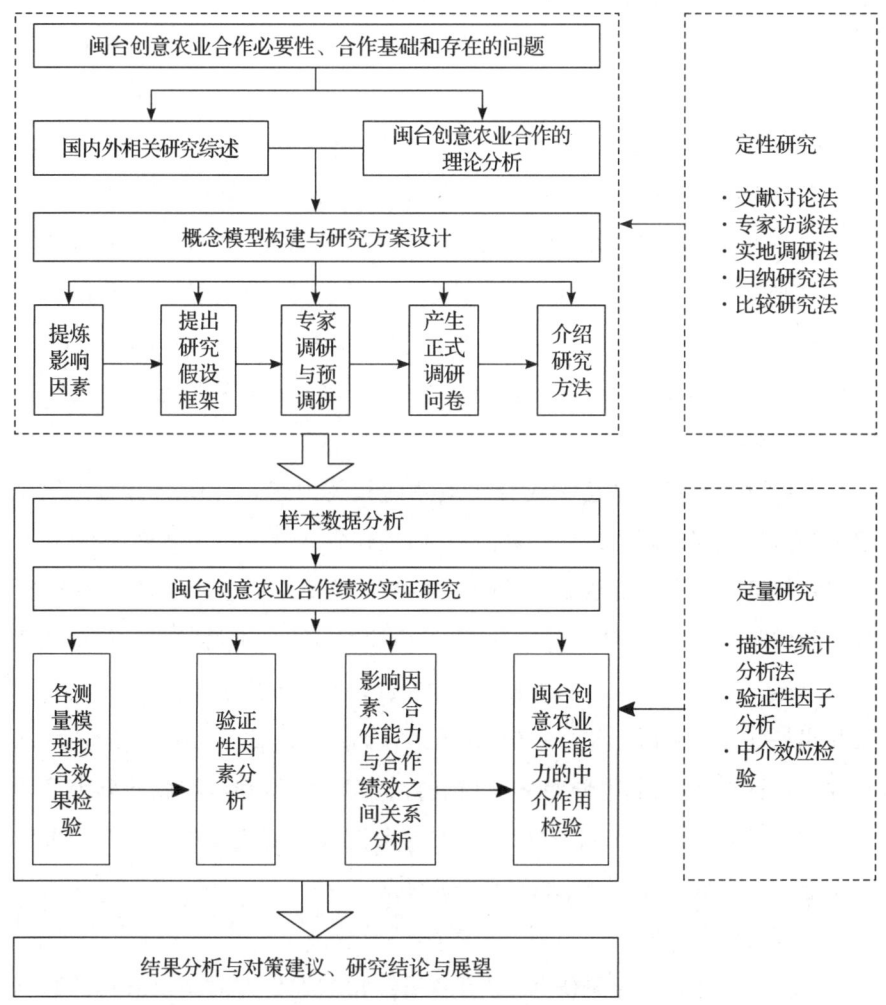

图 1.1　本书总体研究思路

1.3.2　研究方法

研究方法的选择主要由研究对象决定,研究方法正确与否关系到研究工作能否顺利进行。考虑到闽台创意农业合作绩效研究的复杂性,为较为合理、全面地对问题展开研究,本书采用如下研究方法。

(1)文献讨论法

当前,以闽台创意农业合作绩效为研究对象的文献较为欠缺。本书应用文献讨论法,对国内外与本书研究命题相关的研究进行梳理、分析、归纳与总结,探讨影响闽台创意农业合作绩效的相关因素和能力,作为理论研究和实证分析的基础。

(2)理论研究法

在理论研究基础上,概括影响闽台创意农业合作绩效的 12 个因素和 3 种能力,并从经济绩效、社会绩效和生态绩效三个方面界定闽台创意农业合作绩效的概念。在以上研究结果的基础上,提出闽台创意农业合作绩效 FCP 理论模型,并构建闽台创意农业合作绩效研究的概念模型,设计闽台创意农业合作绩效研究专家问卷,为下一阶段的实证研究提供理论支撑。

(3)调查研究法

为探讨影响闽台创意农业合作绩效的相关因素和合作能力的作用机理,首先,通过理论研究设计专家问卷,向福建省和台湾地区高校、企业和有关部门等机构专家咨询意见,根据专家提出的意见和建议,对问卷题项进行修改和增减,形成预调研问卷。其次,走访漳浦、漳平、仙游、清流、福清和惠安 6 个地方的国家级台湾农民创业园内典型的台资创意农业企业,进行访谈并当场发放预调研问卷。再次,在采集预调研数据之后,运用 SPSS 26.0 软件分析预调研数据,并对测量题项进行信度、效度检验,在此基础上形成正式调研问卷。最后,向上述 6 个地方的台湾农民创业园中的台资创意农业企业员工发放问卷,获取大样本调研数据。

(4)实证研究法

实证研究也称为定量研究,主要利用结构方程模型对调研取得的数据进行定量研究,找出闽台创意农业合作绩效的关键影响因素,并检验闽台创意农业合作能力在闽台创意农业合作影响因素与合作绩效关系中的中介作用,为分析提升闽台创意农业合作绩效的策略提供实证依据。

1.4　研究内容

全书共分 8 章,主要内容如下。

第 1 章为闽台创意农业合作研究现实基础与总体设计。主要阐述研究背景,从闽台创意农业合作必要性、合作基础及合作存在问题等三个方面进行论述,提出闽台创意农业合作绩效研究的理论意义与实践意义,概述研究思路与研究方法,并对研究内容作简要介绍。

第2章为闽台创意农业合作相关研究进展。本章论述创意农业的定义与特征、创意农业类型与发展模式、创意农业发展的影响因素;概括闽台农业合作影响因素、合作能力、合作绩效三个方面的文献;综述闽台创意农业合作的必然性、闽台创意农业合作影响因素和合作能力、闽台创意农业合作绩效等研究成果,是实证调研问卷设计的重要依据。

第3章为闽台创意农业合作理论支撑。本章界定闽台创意农业合作绩效相关概念,梳理闽台创意农业合作三大理论基础(创意经济理论、区域经济发展理论和演化博弈理论),并依据演化博弈理论,分析闽台创意农业合作形成的机理。根据创意农业发展影响因素、闽台创意农业合作影响因素,结合闽台创意农业合作实际,概括、提炼闽台创意农业合作影响因素3个维度的内容,确定闽台创意农业合作能力维度,提出闽台创意农业合作绩效FCP理论模型,为研究概念模型构建提供理论依据。

第4章为闽台创意农业合作研究概念模型构建。本章在前述章节的基础上,依据相关研究,为闽台创意农业合作影响因素、闽台创意农业合作能力及闽台创意农业合作绩效设置相应测量题项,并提出研究假设,为闽台创意农业合作影响因素问卷设计及实证研究奠定基础。

第5章为闽台创意农业合作绩效研究调研情况。本章阐述实证研究方案具体步骤,介绍正式调研问卷产生过程,对正式调研数据进行描述性统计分析、数据缺失值处理、正态性检验,分析正式调研问卷的信效度,介绍结构方程模型和中介效应检验等实证研究方法。

第6章为闽台创意农业合作绩效实证研究。本章是全书重点,在调研数据分析的基础上,应用结构方程模型检验各测量模型,分析闽台创意农业合作的影响因素、闽台创意农业合作能力与合作绩效的关系,分别检验闽台创意农业合作能力对闽台创意农业合作影响因素中3个维度与合作绩效之间关系的中介作用。

第7章为结果分析和对策建议。分析实证研究的结果,并针对实证结论,提出提升闽台创意农业合作绩效的对策,从有关部门层面、台湾农民创业园管委会层面、台资创意农业企业层面和闽台创意农业合作能力的培育四个方面展开分析。

第 8 章为研究结论与展望。概述本书研究结论,总结创新之处,指出研究不足和未来研究方向。

2 闽台创意农业合作相关研究进展

本章从国内外创意农业研究、闽台农业合作研究和闽台创意农业合作研究三个方面着手,系统回顾和梳理相关研究成果,综合提炼影响闽台创意农业合作的因素和能力,为理论模型的提出提供理论支撑。

2.1 创意农业研究

20世纪末至今,创意浪潮席卷全球。创意产业为发达国家经济社会发展带来新的推动力,为发展中国家实现跨越式发展提供难得的契机。创意农业属于创意产业范畴,是创意经济的组成部分。创意农业是因世界步入知识经济时代,消费者需求层次升级,以及农业经济、工业经济、知识经济等交错融合而逐步发展起来的新型农业发展模式。农业是一个典型的传统产业,运用创意产业的思维模式帮助其进行创新和发展,有助于提升农产品附加值,增加农民收入,加速新农村建设,推动产业结构优化升级,实现城乡互融互动(林炳坤 等,2023)。本节系统梳理国内外创意农业相关研究,在此基础上界定创意农业概念,并对创意农业的特征、类型、发展模式和影响因素等方面的研究进行概括、归纳、评析。

2.1.1 创意农业的定义与特征研究

2.1.1.1 创意农业的定义研究

创意农业由创意产业衍生而来。1997年,时任英国首相布莱尔组织成立"创意产业特别工作小组","创意产业"(creative industry)一词首次被提出。该小组于1998年率先对创意产业的概念进行界定,将其概括为"源于个体创意、技巧及才华,通过知识产权的开发与运用,具有创造财富和就业潜力的产业"。从创意农业的本质看,其产业功能与创意产业概念中关于产业功能的叙述相符,由此可以判断,创意农业是创意产业的组成部分(林炳坤,2020)。从产品本质来看,Howkins(2001)认为创意产品享有知识产权中的一种形式(专利、版权、设计和商标),指出除电子、软件、医保、消费品、电信、媒体和娱乐外,生物、农业和教育在本质上都依赖于知识产权。根据Howkins的归类方式,创意农业产品属于创意产品范畴。Howkins(2009)进一步指出,创意与创新已经逐步建立起与农业、制造业和服务业的联系,这种联系加速了知识和构想的交流。在Howkins之后,一些西方学者开始关注农村创意产业的发展。Florida(2002)强调创意对农业发展的重要性,指出千百年来创意对农业发展的贡献巨大,表现为农业产量逐渐增加,庄稼与畜牧品种不断改良,人们开始有意识地选择优良作物品种,促成现代基因技术的出现与发展。此外,创意推动农业机械的升级换代,从铁犁到大规模作物联合收割机,农业生产效率突飞猛进。在土壤治理方面,创意的成果有人工灌溉系统、无土栽培技术等。随着创意农业实践的深入,农业同其他产业的联系日趋紧密,新的创意成果不断涌现。

Bunting 和 Mitchell(2001)对农村艺术家的生活状况展开研究;McAuley 和 Fillis(2005)研究工艺品在农村经济发展过程中所扮演的角色;Floysand 和 Jakobsen(2007)探析构成挪威和不列颠农村创意经济特征的主要因素;Luckman 等(2009)试图衡量澳大利亚的流行音乐和农村节日对其经济发展的影响;Gibson 和 Gordon(2018)研究乡村音乐表演对乡村文化产业发展的推动作用;Rossetti 和 Quinn(2021)研究发现,乡村文化节如果能为受众带来有益体验,将显著增加乡村文化资本,并进一步促进乡村文化的发展。

对国外相关文献进行梳理后发现,在对传统农业与创意产业结合所形成的产业进行定义时,国外学者使用较多的术语是"乡村创意产业"(rural creative industries)与"乡村创意经济"(rural creative economics)两词,而"创意农业"(creative agriculture)一词则主要出现在中文文献中。

我国创意农业研究始于2007年,其后呈现逐年增多的趋势,原因是我国农业现代化进程加速,创意在农业中的作用受到重视,推动创意农业实践在全国各地迅速开展。综观国内现有研究成果,对创意农业的含义进行界定是许多学者研究的重心。学者们从不同视角对创意农业定义展开研究:厉无畏和王慧敏(2009)从创意产业视角出发,指出创意农业是要创新农业发展模式,通过构筑多层次全景产业链,运用创意把文化艺术活动、农业技术、农副产品和农耕活动以及市场需求有机结合起来,形成彼此良性互动的产业价值体系,为农业和农村发展开辟全新空间,并实现产业价值最大化。秦向阳等(2007)从农业生产视角来界定创意农业定义,认为创意农业以创造财富和增加就业为目的,并将创意与设计融入农业生产经营每一环节,此看法得到周武忠(2020)的认同。

刘丽伟(2010)立足农业运行及增值路径视角,认为创意农业就是将文化创意产业与传统农业有效对接,以市场为导向,利用科技、文化、社会、人文的创造力,围绕农村生产、生活、生态资源,对农业生产、加工、运输、销售、服务等产业及农业的休闲、观光、度假、体验、娱乐等功能进行创新,使农业各环节联结为完整的产业链条,形成彼此良性互动的产业价值体系,产生创意农产品、农业文化、农业活动和农业景观。杨云峰(2017)基于多元视角界定创意农业概念,指出创意农业是融合文化创意、生态、生活及生产于一身的新型综合生态农业,通过创意生产、创意生态、创意生活,推进农业产业增优、增名、增汇,创造创意农村、创意农居,培养创意农民,以实现资源优化配置,产生更高附加值,促进农业增效、农民增收,建设社会主义新农村的新型农业生产生活方式。杨欣欣和高长春(2021)从实现路径出发,认为创意农业是以现代农业为基础,将农业生产和创意相结合,以科技手段为支撑,通过对农业生产过程、生产环境、生产形式、生产工具和产出的产品等进行创意设计而形成的拓展农业功能、提升农业附加值的农业新形态。

对以上文献进行整理,可得如表 2.1 所示的国内创意农业概念界定对照表。

表 2.1 国内创意农业概念界定对照表

提出人	提出时间	出处(期刊名)	界定视角
秦向阳等	2007	《中国农学通报》	农业生产视角
厉无畏和王慧敏	2009	《农业经济问题》	创意产业视角
刘丽伟	2010	《学术交流》	创意农业运行及价值增值视角
杨云峰	2017	《世界农业》	多元视角
杨欣欣和高长春	2021	《农机化研究》	实现路径视角

资料来源:根据相关文献整理。

综上可知,当前我国理论界对创意农业概念的界定还未形成统一见解,但根据多个定义的内容可知,学界基本赞同由台湾地区提出的创意农业经营理念,即"生产、生活、生态"[①]。同时,厉无畏针对创意产业提出的"文化创意、科技创新"双引擎理论,也得到普遍认可。在借鉴以上学术研究成果的基础上,本书结合创意产业概念和创意农业产业特征,从生产方式、经营理念和发展目标三方面出发,将创意农业概念界定为:以创意为基础,以知识产权为保障,以"生产、生活、生态"为经营理念,在生产过程中有效融入文化、艺术、技术元素,并以市场为导向,解决农业、农民、农村问题的新型农业模式(见图 2.1)。

2.1.1.2 创意农业的特征研究

继对创意农业定义进行探讨之后,诸多学者对创意农业的特征展开研究。秦向阳等(2007)指出,创意农业之所以属于创意产业,是因为它与创意产业一样,重点都在文化,但创意农业也有区别于创意产业的地方,即它的

---

① 20 世纪 80 年代末,台湾地区提出"三生"(生产、生活、生态)农业发展理念。当时台湾地区经济基本实现现代化,为适应保护生态环境的世界发展趋势,进一步强调"农业、农民、农村"三位一体的理念,提出农村"三生"协同发展的构想。

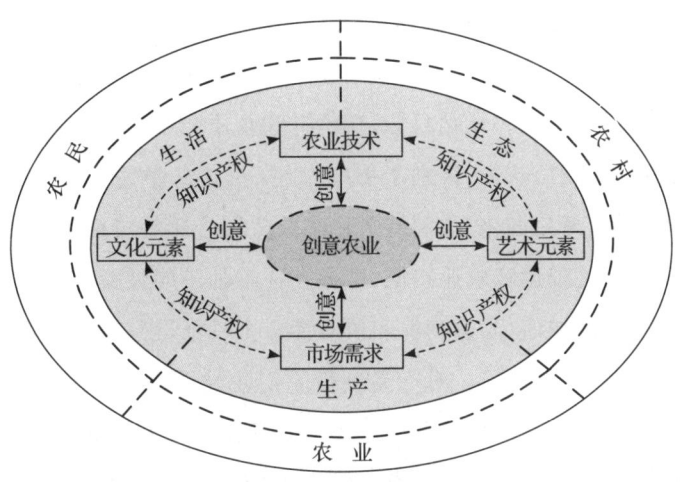

图2.1 创意农业概念

创意对象是农业而非文化。创意农业凝聚着人的智力劳动,这是它的首要特征,它具有三产产品的属性,已经超出传统农业范畴。章继刚(2008)指出,与传统农业相比,创意农业具有"三生""三新""三农""四高""四化""四变""五型""六美"等显著特征,其中:"三生"指创意生产、创意生态和创意生活;"三新"指新商机、新市场和消费新市场;"三农"指创意农村、创意农居和创意农民;"四高"指高文化品位、高知识化、高盈利性和高附加值;"四化"指智能化、特色化、个性化和艺术化;"四变"指突破传统农业生产模式,加快农村向景区转变,农民向景民转变,一产向三产转变,促进农产品由使用功能消费向文化审美性消费转变;"五型"指审美型、文化型、娱乐型、科学型、观赏型;"六美"指美色、美型、美味、美质、美感和美景。杨良山等(2012)认为,创意农业还具有高效高值、文化欣赏性、外部经济性、技术集成性等特征。

随着研究的进一步深入,林炳坤(2015)指出农业产业化主要通过两种运作方式来实现:第一种是传统的以农业生产为中心,辅以融资、生产、加工、销售和信息提供,实现产销联动;第二种是以提供农业附加值为基础的现代生产方式,此种方式注重农业与服务业共同发展。创意农业是有别于以上两种运作方式的新型农业业态,因此创意农业至少应该具有特色资源再整合、独创性、带动产业结构升级、提升区域整体竞争力等特点。周武忠(2020)在文献回顾的基础上,概括出创意农业的四个主要特征:(1)是具有高附加值、高收益的产业活动；(2)产品与服务具有多样性；(3)是市场前景广与层次高的产业形态；(4)具有风险性。沈璐(2020)指出创意农业还拥有功能多样性特征，具有多元化目标，从精神和物质两方面满足广大消费者需求。李潘坡等(2021)认为，区别于传统农业，创意农业具有高融合性、高文化度、高附加值、高集群化、盈利持久化和效益综合化等特征。

综上可知，关于创意农业特征，学界存在多种不同见解，但具有独创性、产业融合性、高附加值、高盈利性和风险性5个特征得到较多学者认可。独创性是创意产业基本特征。对产品进行原创性设计、生产是创意产业满足消费者需求、获取市场认可的重要途径。创意农业属于创意产业范畴，理应具有独创性，个性化设计是创意农业区别于具有一致属性的传统农业的显著特征。创意农业生产过程是一个复杂的系统工程，需要农业资源载体投入、技术应用和文化融合，可以认为，创意农业生产过程是一个产业融合的过程。传统农产品生产过程中融入现代技术与当地文化后，脱胎换骨，产品变得新奇、极具个性，满足消费者追求新鲜事物的心理，从而在销售中获取较高附加值。具备高附加值特征的创意农业使农产品在销售过程中取得较高利润，可见，创意农业具有较强盈利能力。不过，风险与收益并存，创意农业属于新兴产业，还处于发展初期，需要多领域的技术投入和大量资金投入，虽然创意农产品单价远高于传统农产品，但若不能取得足够的市场份额，创意农业经营将面临较大风险。上述5个特征的具体内容见表2.2。

表2.2 创意农业的特征

特征	具体描述
独创性	创意农产品以原有农业资源为载体，辅以新资源，通过重新设计、开发和包装等手段，实现新颖和奇特的特征。独创性是创意农产品主要特征之一，是创意农产品获得消费者认可、取得竞争优势的重要筹码
产业融合性	创意农业是现代工业技术、农业技术和信息技术等与文化、生活方式和经济高度融合的产物，具备多学科知识、多种现代技术和多种文化内涵，是农耕文化与现代都市生活的交叉产物，其突出功能表现为满足人们物质与精神的双重需求，丰富人们的精神生活

续表

特征	具体描述
高附加值	创意农业将文化与技术融入农业生产过程和农产品中，使产品智能化、特色化、个性化和艺术化，从而具备高附加价值
高盈利性	创意农业通过技术创新手段改良品种，通过文化融合提高创意水平，通过营销方式提高品牌知名度，通过结构调整提升产业层次，从而使整个产业的生产能力和产品综合竞争力显著提高，实现创意农业高盈利性和可持续发展
风险性	创意农业作为一种新兴产业，具有广阔商机，但由于创意农业对农业科技要求高，生产过程需要较大资金投入，且创意农产品市场认知度还不高，市场定位有待加强，因此创意农业发展面临较大风险

资料来源：根据相关文献整理。

2.1.2 创意农业的类型与发展模式研究

2.1.2.1 创意农业的类型研究

学界关于创意农业类型的划分还存在较大分歧，分类方式较为庞杂，现有相关研究主要基于创意农业的概念与特征进行分类。王树进和张志娟（2009）以农业创意对象为依据对创意农业进行分类，将其分为农业资源替代、农业过程利用、农业环境利用、农业废弃物利用、农产品用途转化、农业节庆开发、农业生态修复7种类型，详见表2.3。

表2.3 创意农业的类型

类型	特点	代表
农业资源替代	充裕资源替代紧缺资源，采用先进技术提高紧缺资源利用效率	(1)以色列设施农业； (2)无土栽培农业； (3)滴水灌溉农业
农业过程利用	展示可观赏性强、有教育意义的农业生产过程，获取额外收入	(1)千岛湖巨网捕鱼旅游观赏项目； (2)连片油菜花展示

续表

类型	特点	代表
农业环境利用	充分开发农村特有生态环境,为城市居民提供观光旅游、休闲度假服务	(1)上海奉贤菜花节; (2)植物迷宫(如美国玉米迷宫); (3)休闲农场
农业废弃物利用	通过巧妙构思,将农业废弃物制作成实用品或工艺品,实现废物利用、变废为宝	(1)用秸秆编织的草鞋、手提袋、动物造型摆件等; (2)用树叶或树枝制作成的写意画; (3)用树根制作的根雕
农产品用途转化	在尊重农产品传统功能的基础上,挖掘其多重特性与其他功能,提高经济价值	(1)山西省和顺县中药画; (2)北京大兴区供观赏用的玻璃艺术瓜、贴图瓜、造型瓜等
农业节庆开发	开发节日和庆典活动,展示农村精神,带动乡村旅游,促进农产品市场销售	(1)南京农业嘉年华; (2)农业节庆日(如螃蟹节、梅花节等)
农业生态修复	依靠生态系统自组织、自调控能力与人工调控能力的复合作用,使部分或单独受损的生态系统达到相对健康的状态	(1)北京市门头沟区"生态修复科技综合示范基地"(全国首家生态修复科技综合示范基地); (2)草原生态系统修复

资料来源:根据相关文献整理。

秦向阳等(2007)从创意农业功能视角出发,将创意农业划分为4种类型:规划设计型、废弃物利用型、用途转化型、文化开发型。王树进和张志娟(2009)指出,虽然创意农业概念提出的时间不长,但实际上创意农业早就出现了。综观现代世界各地农业发展成就,无一不是技术创新的结晶,其中更是不乏文化创意的成果。马俊哲(2010)沿袭秦向阳的分类方式,并在其基础上进行扩展,将创意农业分为环境设计型、生产创新型、产品赋意型、循环利用型、科技展示型、文化开发型6种类型。颜忻和秦华(2016)从创意领域视角出发,提出与以上两位学者截然不同的分类方式,将创意农业划分为5种类型:农产品创新型、文化体验型、生态科技型、活动开发型、创意景观型。

单福彬和李馨(2017)考察我国创意农业发展历程,总结出农业景观观光、新奇特农产品欣赏、果蔬采摘、农业生产参与4种创意农业的主要发展形式。刘丽华(2019)指出,我国农业经济发展方式处于转变的关键时期,要积极探索创意农业发展途径,推动农业经济发展;创意农业应向知识型和科技型、资源节约型和效益型、结构优化型等方向发展。彭熠萌等(2020)以创意来源为依据,将创意农业分为理念创意、科技创新、产品创新、模式创优、文化创建5种类型。

2.1.2.2 创意农业的发展模式研究

创意农业在发达国家和地区率先发展,而后被引入中国。从创意农业的发展历程可知,创意农业是经济发展到一定程度,由消费需求升级而催生的一种新型农业形态。创意农业在世界各地百花齐放,但各地并非按照统一模式发展创意农业,而是根据自身资源状况与文化背景逐步发展具有地域特征的创意农业模式,比如:欧美发达国家创意农业主要以高技术农业和乡村旅游为主[①];不少亚洲国家和地区钟情于发展休闲农业;我国台湾地区致力于推广新田园经济,我国大陆创意农业发展起步较晚,正参照发达国家与地区的经验积极发展现代创意农业,出现形式各异的发展模式(林炳坤等,2023)。鉴于创意农业模式的差异性,探讨创意农业发展模式成为创意农业研究的主要方向之一。

厉无畏和王慧敏(2009)认为,创新发展理念是发展创意农业的根本,应从文化软实力、创意产业、综合目标、城乡互动的视角出发,通过提升农业附

---

① 欧美的创意农业最早以乡村创意休闲农业形式出现,于19世纪中叶后分别在法国(1855年)、意大利(1865年)、德国(1885年)兴起。第一次工业革命时期,以煤炭为燃料的蒸汽机在广泛使用的同时,释放大量烟尘、二氧化硫、二氧化碳、一氧化碳等,污染大气、土壤和水域。为逃离污染日益严重的城市,法国贵族首先行动。1855年,一位名叫欧贝尔的国家参议员带领一群贵族到巴黎郊区农村度假,与当地农民同吃、同住、同耕作,体验原生态、健康的乡村慢生活。由此,乡村创意休闲农业在欧洲国家迅速发展起来,并蔓延到世界各地。

加值、建设农业产业链、创新农业发展模式、构建农业生产和市场的共生体等方式,致力于拓展市场空间、实现价值最大化、弘扬农村地方文化、增强"三农"造血功能,全面推动我国农村生产力的提高。厉无畏依据国内外现有做法和经验,将创意农业的发展模式划分为资源转化为资本、全景产业价值体系、市场消费拓展、空间集聚发展四种模式。

从国家及地区视角着手,对创意农业模式进行归类和概括,是创意农业发展模式领域研究的主流做法。

从国家视角着手的研究成果较为丰富,刘平(2009)对日本创意农业模式展开深入研究,指出日本以大分县"一村一品"运动为依托,在全国范围内开展振兴都市经济、设立都市菜园、建设美丽乡村、促进城乡交融的农业再开发运动,使日本创意农业发展迈上一个新的台阶。刘丽伟(2010)、吕秋菊(2018)指出,欧洲主要有荷兰模式、德国模式和英国模式等三种创意农业模式。其中,荷兰由于人均耕地少,且1/4国土位于海平面之下,客观条件不利于农业生产,迫使荷兰在农业生产领域不断创新,逐步形成具有国家特色的高科技创汇型农业。区别于逆境中发展的荷兰农业,德国创意农业是在农业条件较为优越的情况下,为更好地满足市民接近大自然、享受田园生活乐趣的需求,有计划地向社会生活功能型方向发展。旅游环保型农业是英国创意农业发展的主要模式,作为世界上工业化起步最早的国家,英国创意农业在环境污染、城市"臃肿"、居民收入提高的背景下应运而生,经过多年发展,实现了农业旅游与文化旅游的深度融合,也促进了民族文化的延续和传承。陈义挺(2020)探讨荷兰创意农业发展经验,指出荷兰通过构建高效农业产业链、推动技术创新、建设有活力的农村地区、将传统文化与创意设计深度融合等手段,不断实现农业增值,促使农业国际竞争力持续提升。将上述发达国家创意农业模式的特征和主要形式进行整理归纳,详见表2.4。

表2.4 发达国家创意农业模式的特点和主要形式

模式	特点	发端时间	主要形式
荷兰模式	高科技创汇	20世纪90年代	设施农业、精细农业、高科技农业
德国模式	社会生活功能	20世纪90年代	休闲农庄、市民农园

续表

模式	特点	发端时间	主要形式
英国模式	旅游环保	20世纪70年代	农业旅游、文化旅游
日本模式	品牌农业	20世纪70年代	"一村一品"、农业营销

资料来源:根据相关文献整理。

从地区视角着手的研究主要关注我国各地区创意农业发展模式。章继刚(2008)指出我国创意农业发展模式包括"五朵金花"模式、温江模式、双流模式、上海模式、陈村模式五种模式。杨云峰(2017)对南京创意农业发展模式展开探讨,指出南京创意农业发展模式主要有旅游农业、休闲农业、都市农业三种。南京具有优越的地理位置、独特的乡村民俗文化、丰富的农业资源种类、雄厚的人才资源和便利的交通运输网络,坚实的硬件与软件基础为南京创意农业提供源源不绝的发展动力。黄柏青和李勇军(2020)对北京都市农业、生态旅游和文化创意产业融合模式展开探索,认为都市农业、生态旅游与文化创意产业具有互为一体、互相提高和互相渗透的结构优势,通过发展上述三者融合的产业,可以实现经济与生态的双重效应。通过文献梳理可知,我国创意农业发展已经粗具规模,并积累了一定发展经验,但各地因资源、经济、文化、科技、人力等方面存在差异,在发展过程中因地制宜,逐渐形成具有地区特色的创意农业模式。依据现有研究成果,周武忠(2020)认为,当前我国创意农业发展模式主要包括成都模式、上海模式、北京模式、广东模式、南京模式五种模式。

2.1.3 创意农业发展影响因素研究

创意农业发展影响因素研究是创意农业研究领域的重要方向,国内外学者从多种不同视角对其展开探讨,取得丰硕成果。在对创意农业发展的影响因素展开探索之前,有必要回顾创意产业发展影响因素的相关研究,因为创意农业作为创意产业的组成部分,其发展的影响因素与创意产业发展的影响因素具有相似之处,厘清创意产业发展的影响因素,有助于概括和提炼创意农业发展的影响因素,为后续实证研究测量指标的设置奠定理论基础。

创意产业发展影响因素主要体现在其评价指标体系方面。兰德里(Landry)所著的《创意城市》(2000年出版)是创意城市理论研究的权威著作之一。兰德里在书中阐明，衡量创意城市的活力与生命力要考虑七大要素，即人员品质、意志与领导力、人力多样性与各种人才发展机会、组织文化、地方认同、都市空间与设施、网络动力关系。这七大要素也被认为是影响创意产业发展的关键因素。

Florida(2002)在《创意阶层的崛起》一书中提出著名的"3T"理论[①]，认为"3T"要素对发展创意产业至关重要。"3T"是由创意技术(technology)、创意人才(talent)和宽容度(tolerance)三个英文单词首个字母合成而来的。"3T"理论隐含一个内在逻辑，即宽容氛围吸引创意人才，创意人才创造技术，三者互为一体、缺一不可。在"3T"要素基础上，Florida构建了3个方面的指数，用于评价地方创意产业发展情况，评价结果可为相关政策制定提供理论支撑。指数包括：(1)科技指数，由创新指数和高科技指数组成。创新指数通过人均专利数量测算；高科技指数通过地区高科技产业产出量占全国高科技产业产出量的比例，以及地区高科技产业集中度两个指数测量。(2)人才指数，指地区拥有学士及以上学位的人才占地区总人口的比例。此外，创意阶层人口数量及其占地区人口的比例也是测量依据。(3)宽容指数，由波希米亚指数[②](地区艺术创意人口比重)、人口混居指数(外来人口的相对比重)和同性恋指数(同性恋人口比重)三种指数共同构成。一些学者对Florida的研究结论提出异议，认为用测量宽容度的同性恋指数不足以评估一个地方新技术的发展潜力，且Florida忽视了税收这个促进经济发展的关键因素。Glaeser(2005)指出Florida提出的"波希米亚效应"在欧洲城市的实证研究中并不显著，认为"3S"因素比"3Ts"因素更为合理。所谓"3S"因素，是指技能(skill)、阳光(sun)和城市蔓延(sprawl)。事实上，"3S"因素与"3Ts"因素并无太大差异，只是"3S"因素更加强调创意情景与氛围对创意产业发展的促进作用。

---

① "3T"理论是在创意经济发展历程中具有里程碑意义的理论。虽然存在争议，但是"3T"理论已经成为诸多地区和经济领域创意指数设置的重要依据。

② 波希米亚指数与高科技行业、人口增长、雇佣增长等因素成正比关系。

Hearn 等(2004)认为除创意人才外,发展创意产业还需要强有力的知识产权保护机制、宽广的信息交流平台和完善的风险投资体系作为支撑。由香港大学许焯权(2004)领导的香港创意指标研究课题组在 Florida 创意资本理论的基础上,参照国际通行的城市竞争力指数和欧洲创意指数,设计出香港创意指数,并认为人才、基础结构、社会、文化四要素是判断一个地区是否适合发展创意产业的重要指标。邹樵和肖世姝(2017)将创新能力、外部环境、政府行为、市场需求作为创意产业竞争力的关键评价指标。孙汀等(2021)对文化产业空间布局展开实证研究,结果显示,市场因素和设施因素对创意产业各行业都有普遍影响。

Guerrieri(2005)研究生产型创意产业专业化和竞争力决定因素后指出,创意资本基础是创意产业发展的主要决定因素。此外,创意产业竞争力与制造业发展密切相关,因为制造业的发展为社会创造更多资本和中产阶级,促使中产阶级消费品位、层次及收入同步提高,在此情形下,具备较高品位的创意产品会获得更大市场需求。厉无畏(2006)、褚杉尔等(2019)也强调创意资本的重要性,指出创意资本是创意产业的内在属性,创意资本贯穿整个创意产业链,是创意产业形成的基本条件。吕庆华等(2021)在综述创意产业经典理论的基础上,提出城市创意产业发展的必要条件,指出城市创意经营环境和城市创意资本基础是城市创意产业发展的主要影响因素,其中,城市创意经营环境由创意氛围、商务环境和知识产权保护状况等因素组成,城市创意资本基础通过制造业基础、人力资本基础和技术资本基础等要素度量。

赵瑾璐和潘志恒(2007)对北京文化创意产业展开定性分析,认为文化、人才、政策支持、创新能力和需求等是最重要的影响因素。陈建军和葛宝琴(2008)指出产业政策、相关产业的布局、市场需求、交通、创意型人才、文化要素禀赋等是影响文化创意产业区位选择的关键因素。邹仁余和王砚羽(2010)应用钻石模型分析框架,提炼出创意产业发展的关键影响因素,构建由需求条件、创意产业与其他产业间的合作与竞争、创意产业集群、创意机遇、政府关于创意产业发展的政策与制度等组成的创意产业评价指标体系。徐汉明和周箴(2017)的研究结果显示,政府政策、文化环境在文化创意产业发展中起着较为重要的作用,并提出培育文化创意环境、促进产业集群化发展、重视创意人才的吸引和培养、加大科技研发力度、确立政府领路者角色等促进创意产业发展的建议。叶前林(2021)得出与上述结论相似的研究结论。

　　创意农业领域研究学者在汲取创意产业研究成果的基础上,结合创意农业行业特征,深入探索创意农业发展的影响因素。Kneafsey(2001)运用学者Ray在1998年提出的文化经济模型,分析文化在乡村发展创意农业过程中的作用,指出有效融入文化因素、构建地区特性将推动创意农业发展。Butler和Hall(1998)指出,游客之所以前往乡村旅游,是为了领略由自然环境、历史古迹、当地文化等所带来的愉悦体验。MacDonald和Jolliffe(2003)指出,乡村应该认识到文化的重要性,因为保存完好的文化对乡村发展创意休闲农业具有正效应,文化是影响乡村经济发展的主要因素。Bell和Jayne(2010)对英国农村创意产业发展政策进行研究后指出,英国颁布的促进农村创意产业发展的政策存在诸多不合理之处,在农村创意产业政策出台过程中,政府机械式地照搬城市创意产业政策,阻碍了农村创意产业的发展进程,并进一步指出,政策对农村文化经济发展至关重要,政府相关政策的制定应该建立在农村实际状况和经济发展需求的基础上。Rossetti和Quinn(2021)以爱尔兰西部乡村和意大利北部小镇小型节日为研究对象,研究结果显示,农村文化节能带来有益和充实的体验,是农村文化资本的重要构成部分,对乡村创意农业的发展有着关键影响。

　　林炳坤等(2019)指出,创意农业与周边利益群体构成内共生支撑动力系统,该系统为创意农业输送持续的共生新能量。而在人才、技术、资金、政策等共生新能量获取的支撑动力中,人才支撑动力被认为是创意农业发展的基础保障,是创意农业发展的核心资源。发达国家和地区创意农业发展所取得的成就离不开创意人才的教育与培养。而我国因创意产业起步较晚,当前创意人才在数量、类属、素质等方面还不能适应创意农业快速发展的要求,人才短缺已经成为我国创意农业产业发展的主要瓶颈。王国权等(2021)深入探索创意农业空间布局及影响因素,实证研究结果发现:人才资源是创意农业空间分布的主要影响因素;创意农民是指掌握创意农业技术,形成科学、文明、健康、创新创意的生产方式和生活方式的新型农民,是创意农业人才的主要组成部分,培养创意农民至关重要。

张若琳和连丽霞(2012)对中国创意农业发展的主要影响因素进行较为深入的研究,指出传统农业主要影响因素是自然资本和生产要素,而创意农业则不同,创意农业在产业化发展过程中,主要受创意支撑、文化内涵、科技和知识运用、消费群体等因素影响。张若琳和连丽霞(2012)分别从微观、中观、宏观三个层面分析创意的关键作用,指出:创意起到推动创意农业艺术化、产业链有机连接、打破传统模式的重要作用;文化作为一种社会精神积累,可以在一定范围内增加创意农产品附加值,是创意农产品实现价值增值的主要影响因素;科技知识的运用,是实现创意农业利用较少资源获取更多经济效益的主要途径;创意农业消费可分为奢侈消费与一般民众消费两种,创意农业的发展应准确定位,针对特定消费群体需求开发和包装一定的创意农业产品,这将使创意农业获得更大商机与更广的市场渠道。杨薪燕和许婕(2015)指出农业作为一个弱势产业,其发展离不开政府财政支持,从发达国家的经验可知,政府优惠政策和财政上的大力支持对创意农业发展起重要支撑作用,融资平台和人才供给也是创意农业发展的主要外部影响因素。翁旭青(2019)认为各种动力资源的有效整合是创意农业发展的关键,并提出创意农业发展的六大动力要素:政策动力要素、科技资源动力要素、人力资源动力要素、文化资源动力要素、创意资源动力要素和资本资源动力要素。

发展创意农业,金融支持是关键。创意农业发展过程涉及的基础设施建设、产业化、科技创新等环节均需要大量资金投入。农业弱质性和比较收益低等产业劣势特征,决定了创意农业的发展离不开金融支持。刘晓飞和张文棋(2013)探讨商业银行支持创意农业发展的必要性和对策措施,构建商业银行支持创意农业发展路径模型,提出通过优化信贷配给结构、创新信贷评审制度、创新银行金融产品、加强信贷过程管理等措施来支持创意农业发展,具体内容见表2.5。黄柏青和李勇军(2020)认为,创意农业发展不仅要有先进的经营理念和品牌塑造意识,还要有地方政府的资金支持和政策扶持。在政府产业扶植政策中,指引金融体系扶植创意农业发展至关重要,政府可以指定相关银行为创意农业企业提供绿色通道,降低创意农业企业融资难度。

表 2.5 商业银行支持创意农业发展的措施

措施	具体内容
优化信贷配给结构,设计合理运作模式	根据创意农业产业发展特点和需求,建立合适的信贷配给结构,实现创意农业信贷在不同区域、不同行业、不同期限上的优化配置。对科技水平高、处于发展初期和发展成熟期的企业分别采取低息优惠融资扶持、延长贷款期限、提供企业现金归集管理等策略
准确评估经营风险,创新信贷评审制度	运用科学合理的测算方法,准确评估创意农业企业发展前景和投资风险。将创意农业企业定位为"幼稚期"产业,将企业取得的技术创新、商标信誉、知识产权等无形资产作为抵押担保依据,根据收益覆盖风险原则,适当调低担保条件的权重
创新银行金融产品,拓宽企业融资渠道	可以将创意农业企业贷款转化为债券进入市场流通,实现收益和风险的平衡。对信誉高、拥有知名品牌的企业,可以通过代发行短期债券、中期票据等手段向市场融资;对经营规模大的企业,可以为其提供咨询服务,辅助其上市
加强信贷过程管理,构建成熟运行机制	为确保贷出资金顺利回收,持续支持创意农业,商业银行可以根据行业特点适当提高现场检查频率,监控创意农业企业资产负债比率、流动比率、速动比率、存货周转率等核心数据,根据检查情况调整企业授信评价,为消减或追加贷款提供依据

资料来源:根据相关文献整理。

刘晓飞和张文棋(2013)对金融机构与创意农业发展的关系展开深入研究,在国内外相关文献分析基础上,提出创意农业金融支持的 12 个影响因素,分别为基础设施、政策法规、社会中介组织、决策、组织、领导、控制、资源、产业、营销、财务、文化,并构建 47 个测量指标,运用实证方法探索影响创意农业金融支持的关键因素。

Lin等(2013)在系统梳理创意农业概念、技术创新理论演化过程[①]基础上,对我国创意农业合作技术创新动因和路径展开研究,指出新技术的应用是创意农业企业持续发展的有效保障,技术创新是创意农业产业发展的关键影响因素。许多创意农业企业已经意识到技术创新的重要性,并竭尽所能加速技术创新,为实现这一目标,它们多数制定以合作技术创新为主的研发战略。

Lin等(2013)认为创意农业企业选择合作技术创新策略主要基于以下四点考虑。

第一,减少创新成本。合作创新是降低单位产品成本、提高资产投入回报率的有效方式。同其他企业合作将减少企业的生产成本,提高企业竞争力。虽然创意农业在我国已经取得长足发展,但创意农业企业以中小企业为主,多数企业面临资金短缺、融资难等问题,这种情况下,合理的战略是同其他企业合作,实现技术创新目标。

第二,获取外部资源。除资金外,创意农业企业在人才、设备等方面都捉襟见肘。同其他组织合作,能充分整合资源,实施更大规模、更高层次的创新项目,创新成功概率将同步提高,与此同时,企业承担的风险将降到最低。企业参与高投入、高风险创新时,通常会选择合作创新的进入模式。另外,当一个持续扩张的产业所依附的知识相对复杂时,产业中的企业也会选择合作创新来推进知识转移(张华 等,2021)。创意农业相关技术更新需要多个领域知识,技术创新所需知识较为复杂,进行创新要承受更大的成本压力和风险,因此,合作创新是降低风险的明智选择。

第三,满足市场需求。需求比先进知识更能促进新发明产生,因为需求决定企业销售和利润,而收益又直接影响研发费用投入比例(邹干,2021)。研究显示,60%~80%的重要创新由需求促动(Utterback,1996)。在我国,

---

① 技术创新理论经历了三代演化。第一代技术创新理论是1934—1944年由熊彼特提出的交互式创新理论,该理论强调企业家在创新过程中的作用不可替代;第二代技术创新理论的主要特征是强调创新中企业与企业的合作;第三代技术创新理论是国家创新系统,由弗里曼于1987年首次提出。

由经济发展导致的环境问题日益凸显,充满创新、倡导绿色生活方式的创意农业具有巨大市场前景。为了满足消费者需求,创意农业企业推陈出新,不断推进创意农业相关技术研发。

第四,避免技术溢出效应带来损失。由于知识产权保护程度有限,在技术溢出效应作用下,企业很难垄断一项技术,这使创意农业企业单独进行技术创新的热情受到抑制,在开发新技术时倾向于选择合作研发的方式。基于以上分析,Lin等(2013)提出我国创意农业组织合作技术创新路径,企业可以根据自身及所处的硬件和软件环境,从竞争对手、消费者、大学和研究机构出发选择合适的合作对象,具体如图2.2所示。

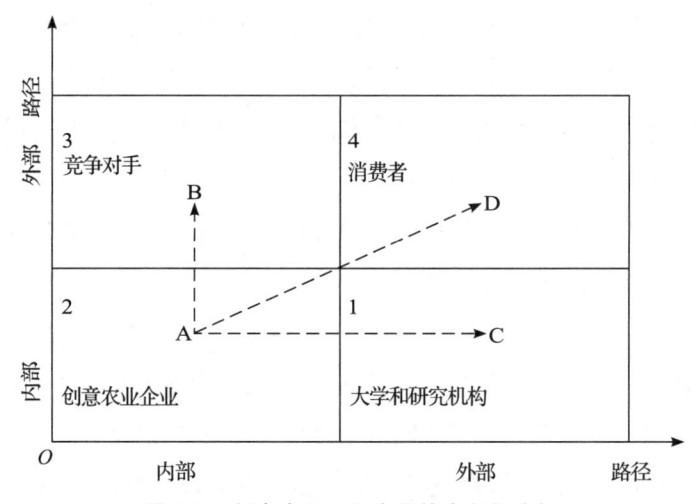

图2.2 创意农业组织合作技术创新路径

刘丽伟(2010)认为,技术与非技术领域双重创新因素是创意农业发展的动力来源,技术创新不能局限于研发环节,而应贯穿于产品生产和终端环节;非技术领域创新因素由制度、组织、战略和政策组成,此类因素对创意农产品或服务在流通过程中的价值增长起保障作用。司训练等(2010)通过德尔菲法和问卷调查法对陕西省20位专家进行咨询,获得影响西部创意农业发展的16个指标,并通过解释结构模型将16个指标分为4类:第一类为涵盖人、财、物的基础因素和客观因素,指创意农业耕地面积、宏观政策体制、创意农产品进出口、农业机械化和农村居民家庭农业投资5个指标;第二类由人才培养与引进、对外开放程度、农村居民家庭创意农业纯收入和生产条件等宏观指标组成;第三类由生产效益、生产规模、民族特性和人文因素4个指标组成;第四类包含自然生态环境、商业创意和民族品牌3个直接影响西部创意农业竞争力的核心因素。具体如图2.3所示。

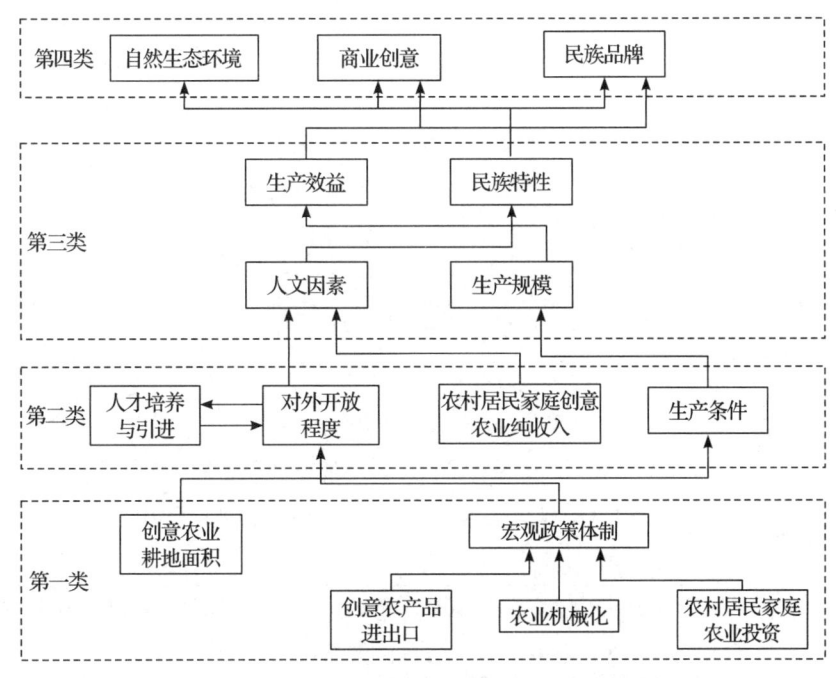

图 2.3　影响创意农业竞争力因素的解释结构模型

综合以上研究成果,本书提炼出创意农业发展主要影响因素,包含政策法规、基础设施、中介组织、领导、文化资源、科技资源、人力资源、金融、产业和需求10个因素,具体内容见表2.6。

表 2.6　创意农业发展主要影响因素

影响因素	组成指标	代表学者
政策法规	土地使用政策、财政补贴政策、税收政策、知识产权保护法规	Howkins(2001)、Hearn等(2004)、赵瑾璐等(2007)、Bell等(2009)、刘丽伟(2010)、邹樵等(2017)

续表

影响因素	组成指标	代表学者
基础设施	都市空间与设施、文化创意环境、公共科技服务平台、土地	兰德里(2000)、许焯权(2004)、司训练等(2012)、邹樵等(2017)、孙汀等(2021)
中介组织	行业协会、中介服务机构	许焯权(2004);刘晓飞(2013);林炳坤等(2019)
领导	决策、组织、领导、控制	兰德里(2007)、刘晓飞(2013)、林炳坤等(2019)
文化资源	文化资源、文化创意环境、文化投入	Kneafsey等(2001)、MacDonald等(2003)、厉无畏(2006)、赵瑾璐等(2007)、褚杉尔等(2019)、吕庆华等(2021)、Rossetti等(2021)
科技资源	相关学科知识、农业技术、研发投入	Florida(2002)、厉无畏(2006)、刘丽伟(2010)、Lin等(2013)、徐汉明等(2017)、叶前林(2021)
人力资源	创意人才、农业技术人才、创意农民	Florida(2002)、Hearn等(2004)、司训练等(2012)、林炳坤等(2019)、叶前林(2021)
金融	融资渠道、风险投资、银行信贷、民间投资	Guerrieri等(2005)、翁旭青(2019)、黄柏青等(2020)
产业	产业集群、相关产业、生产效率、生产规模	陈建军等(2008)、司训练等(2012)、张华等(2021)、孙汀等(2021)
需求	需求层次、需求结构、需求规模、品牌营销	Guerrieri等(2005)、张若琳等(2012)、司训练等(2012)、邹樵(2017)、邹干(2021)

资料来源:根据相关文献整理。

2.1.4 文献评析

通过文献梳理发现,随着创意农业实践的不断推进,与之相关的研究正日益深化,研究视角向多元方向发展,但随着研究成果的逐渐增多,出现一些亟待解决的问题。第一,学界对创意农业概念、本质和归纳分类的探讨呈现百花齐放、百家争鸣的局面,有学者对此表示担忧,认为含糊、零碎的学科知识很难对创意农业实践起促进作用,甚至会适得其反。第二,国内一些研究在对创意农业展开探讨时,忽视农业本质属性,硬套创意产业理论,所得研究结果缺乏说服力。第三,创意农业实践源于西方,西方发展经验是否适合中国,需要我国学者展开进一步探索。第四,国内外现有研究成果中,定性理论研究居多,许多文献的重心放在提供创意农业发展建议和意见上,鲜有文献对创意农业发展成效展开实证研究。

一个新研究领域的出现,总是伴随着不成熟与质疑。但是,随着实践经验的不断积累和认识的持续深入,这一领域的相关研究将逐渐迈向客观和全面。因此,在创意农业实践迅速推进的背景下,势必有更多学者加入该领域研究阵营中,推动创意农业研究往系统化、科学化、纵深化方向发展。首先,创意农业概念界定、特征归纳、类型划分等将持续得到关注,从而进一步夯实和丰富创意农业基本理论。其次,随着各国、各地区具有特色的创意农业特性日益凸显,探索和研究具有地方个性的创意农业发展模式将十分必要,同时,如何辩证地分析成功的创意农业模式,因地制宜充分开发地方创意资源,有效融合农业与创意产业,也是有价值的研究方向之一。再次,立足农民,探讨如何让农民在创意农业发展过程中切实受益,将是未来研究的重点和难点。最后,引入定量研究是绕不开的环节,定量研究的运用是进一步完善创意农业研究体系的重要途径,通过定量研究方法所取得的结果,具有较强说服力,对未来的实践和学术研究更具指导意义。

2.2 闽台农业合作研究

改革开放以来,受益于日趋紧密的对台农业合作,福建农村经济获得持续增长,闽台农业合作已经成为福建农村经济发展的主要动力来源。随着两地农业合作的进一步深入,与之相关的研究不断涌现,国内学者特别是福建学者紧跟闽台农业合作实际,对两地农业交流与合作的认识不断深化。综观闽台农业合作研究成果,学者们主要从合作影响因素、合作能力和合作绩效等方面对闽台农业合作展开探讨。

2.2.1 闽台农业合作影响因素研究

影响因素分析是闽台农业合作研究的重点领域。林炳坤和吕庆华

(2015)、林珊等(2021)强调基础设施建设的重要性,认为进一步完善闽台农业合作产业园区、示范园区等基础设施建设,有助于推动和深化闽台农业合作,提升两地农业合作成效。陈越(2019)、郭晓义等(2020)的研究成果指明,政策法规是闽台农业合作的关键影响因素,两地有关部门应从合作实际出发,深入研究合作存在的问题,制定相应政策法规,促进两地农业合作中健康有序发展。在闽台农业合作中,福建高度重视合作产业园区、示范园区建设,但在园区管理方面还存在一定的不足,主要表现为各个园区分布较为零散,规模、档次和管理体制等存在较大差异,难以统一管理,分散的管理布局加大了各个园区资源和信息共享的难度,不利于台资引进工作的统一规划和协调(呼世忠,2007;曹晋丽 等,2020)。

林卿等(2006)认为闽台在资本、技术、土地、劳力等要素资源上存在差异,两地农业合作的根本途径是充分整合以上资源,提高资源配置效率,取得双赢效果。资金是农业发展的重要资源,但闽台农业合作中,台商普遍存在资金缺乏、融资困难等问题。小额贷款是解决闽台农业合作普遍存在的资金缺乏、融资困难等问题的有效途径,但其也存在资金供不应求、担保困难、利率偏高、手续复杂等问题。为台商提供贷款倾斜政策、简化贷款手续、创新贷款担保模式等是解决以上问题的有效方式(范亚莉 等,2018)。林翊(2009)、刘芝凤(2017)则强调产业集群的重要性。郭晓义等(2020)从产业化经营角度出发,指出应密切联结台资企业与农户,充分发挥产业规模效应,让台资农业企业和福建本地农户切实受益。

技术是闽台农业合作的核心。董剑程等(2010)以"海峡两岸农业合作永春芦柑生产技术综合改进计划"中的永春芦柑产业发展为例,在对永春县农业科技及管理人员进行问卷调查及专家咨询的基础上,确定7种对永春芦柑产业发展影响较大的因素,包含果树栽培技术、政策法规(科技政策)、劳动者素质、社会化服务体系、科技信息、科技人才投入和科技资金投入。

闽台农业技术合作还存在一些突出问题亟须解决。朱莉莉(2017)认为闽台农业科技合作已经取得一定成效,通过优良品种引进、农业先进技术引进、农业资源合作开发和农业学术交流等方式,福建农业产业化进程得以有效推动。但闽台农业合作还存在一些障碍和难题,如台湾地区有一些限制农业合作的规定。此外,合作利益协调机制尚不完善、软环境欠佳和引种具有盲目性等也是两地农业技术合作存在的突出问题。于立新和林武程(2018)指出,福建区位优势渐失和农业科技园区管理缺乏规范等因素,制约着闽台两地农业技术交流与合作的成效。

庄佩芬等(2012)通过问卷调查和深度访谈等方式对闽台农业技术合作主要障碍展开研究,结果显示,多数人认为政治、市场运行机制差异等因素是闽台农业技术合作面临的主要障碍,此外还包括经济体制差异、产业级差较大和科技实力的差距。

合作机制的探讨一直是闽台农业技术合作研究的焦点领域。马清香等(2019)认为应该从文化交流、经贸合作、招商引资、招才引智、要素保障、法治帮扶等方面着手,探索推进闽台农业深度融合发展的机制,解决闽台农业技术合作存在的问题,推进两地农业技术合作进一步发展。另有研究指出,应该立足机制创新,以产业合作为契机,以项目带动为支撑,以成果转化为目标,提高闽台农业技术合作创新的成效。闽台两地农业技术合作应建立双赢机制,以高新技术、优良品种、实用技术、农业机械、休闲农业等作为合作重点领域,不断扩大台资企业技术溢出效应(陈嘉 等,2018)。

农地是进行农业生产、实现农村经济增长的最根本要素,与农村稳定高度关联。开展对台农业合作,处理好农地问题至关重要(郭晓义,2020)。因此,有部分学者集中探索闽台农业合作中的农地使用问题。王知桂(2006)指出,随着来闽进行农业投资的台商数量的增多,农业用地需求不断增加,但稀缺的农地资源总量不变,供给满足不了需求,因此,加速农地在台商与农户间流转成为深化闽台农业合作的关键环节。单玉丽(2015)研究发现,福建日益稀缺的农地资源已难以满足闽台农业合作发展需要,问题集中表现为可利用土地资源贫乏、农地租金高企、投资成本不断上升;此外,土地零碎分散,难以进行规模化生产和机械化作业,进一步加大了闽台农业合作的难度。利益是闽台农业合作的根本基础,为保护农地流转中农民的利益,应积极寻找利益交汇点,使台商与福建农民实现利益双赢(李芳尚,2017)。

冯秀萍等(2010)、叶汉建等(2011)分别运用SWOT方法对闽台农业合作农地流转所面临的优势、劣势、机遇和威胁展开分析,并以分析结果为基础讨论存在的问题及原因,指出闽台农业合作涉及的农地利用,面临土地供需矛盾日益突出、土地产权不清晰、农地质量下降、农民土地权益存在恶化趋势等突出问题。为解决以上问题,第一,应进一步完善农户农地承包经营权,将土地占有、使用、收益和处分等一系列权利完整交给农民;第二,应构建农地流转市场机制,建立农地交易前的价格评定机制、交易中的中介服务机制、交易后的监督机制;第三,要探索科学合理的合作模式,发展农地股份制,让农民参与台资农业企业生产,提高农民收益;第四,应因地制宜选择适合各地区农地资源特点的产业,结合引进相关农业生产技术,提高农地资源利用效率;第五,应强化有关部门服务与监督机制,对破坏农地资源、随意变更农地用途等行为进行必要处罚。

品牌营销能提升农产品的附加价值。由于闽台农产品相似度较高,因此,闽台农业交流不应局限于农产品生产层面的合作,可通过农产品品牌联盟方式,合作建立区域农产品品牌,并借助相应营销模式提升品牌知名度,增加农产品附加值。张海佳等(2020)指出闽台两地农产品可采取直接营销、定制营销、网络营销等相结合的模式,共同推广两地品牌产品。

2.2.2 闽台农业合作能力研究

随着闽台农业合作的持续深入,合作中存在的问题逐步显现。一些学者认为,合作能力[①]长期被忽视。深化闽台农业合作,应充分认识合作所需能力的重要性,特别是远景规划能力、技术创新能力与合作协同能力,这些能力潜在影响着闽台农业合作绩效,是合作问题产生的主要原因。其中,远景规划能力尤为重要,但福建对台湾地区技术的引进只关注近期需求,缺乏远景规划,致使闽台科技交流落后于经贸交流(黄钟慰 等,2013;林珊 等,2021)。

---

① 合作能力概念源于企业能力理论,企业能力理论为战略管理研究提供了一个新的视角,通过运用企业能力理论,可以揭示影响及决定企业竞争优势的关键因素。学界普遍认为,企业能力主要由战略能力、流程能力、市场能力和核心竞争能力4种能力组成。

技术创新能力的作用举足轻重。福建与台湾地区技术创新能力存在互补的客观现实,推动两地农业科技合作不断向前发展。郑晶和王姿燕(2010)将科技资源投入分为科技人力资源投入与科技财力资源投入两个维度,运用数据包络分析(DEA)方法分别对台湾地区与福建1998—2007年的科技资源配置效率进行分析,指出福建农业科技资源配置技术有效性水平小幅高于台湾地区,也就是说,在农业科技资源投入中,福建农业科技资源得到更为充分的利用。然而,该研究还发现,在规模有效性方面,福建明显落后于台湾地区。福建省人民政府发展研究中心课题组(2022)选取科技人才、科技投入、科技产出、平台打造等关键指标,对比闽台科技创新能力。研究结果显示:2018年,福建研发与试验发展人员数量为台湾地区的73.6%,福建研究与发展(R&D)经费支出总额不及台湾地区的一半;2019年,福建专利授权数和通过率等数据均低于台湾地区;此外,福建还存在科技平台国际知名度低、主攻方向不清晰等问题。因此,福建与台湾地区在科技资源配置中优劣势互补,具有合作的内在需要。

协同合作能力也至关重要。银丽萍和张向前(2016)指出,合理选取重点合作产业与合作方式、加强行业协会之间的沟通与协作等是加强闽台合作的重要手段。童薇和刘用场(2008)也对闽台农业品牌联盟问题展开研究,指出闽台两地有特殊的"五缘"优势,农业品牌联盟后可以极大地促进两地文化与经济交流,避免两地农产品恶性竞争,为闽台两地农业经营者创造可观的经济效益,实现双赢发展局面。张海佳等(2020)分析闽台农产品电子商务合作存在的问题,并以品牌营销管理为切入点,探讨闽台农业品牌联盟及其营销决策。研究结果显示,闽台滞后的农产品电子商务发展水平限制了两地农产品贸易的进一步发展,商务网站不完善、管理人才不足、存在网络安全风险隐患等是制约两地农产品电子商务合作的关键因素。因此,加强信息基础设施建设、提高电子商务市场监管和服务水平、加快农业电子商务人才培养、进行共同营销等,将是提升闽台农业竞争力的有效途径。综上分析,无论是行业协会互动,还是品牌联盟构建,都需要两地具备较强的协同合作能力。

2.2.3 闽台农业合作绩效研究

绩效评价指标研究是闽台农业合作研究的新方向。庄佩芬等(2012)从技术、经济、社会、生态方面设计闽台农业科技合作项目立项评价指标体系(见表 2.7),通过问卷调查,采用统计性描述方法,得出技术特征指标权重最大、经济特征指标权重次之、生态特征指标权重最小的结论。

表 2.7 闽台农业科技合作项目立项评价指标体系

一级指标	二级指标
技术特征指标	技术适用性
	技术先进性
	闽台技术研发优势的互补性
	知识产权保护
	项目研发团队资质
经济特征指标	产品市场前景
	产品竞争性
	产品市场规模
	技术商业化后的投资回报周期
社会特征指标	技术带来的产业集聚与产业链整合
	技术对闽台产业优势的整合
	技术符合闽台农业科技发展规划及政策的程度
	技术带动农户数量
	技术对闽台人员在研发、金融及投资等领域交流的影响程度
生态特征指标	生态影响

资料来源:根据相关文献整理。

刘芝凤(2017)、于立新和林武程(2018)、林珊等(2021)根据闽台农业合作存在的问题,提出提高闽台农业合作水平和绩效的相应对策。以上学者认为,福建应加快引进台湾地区资金、优良品种和先进技术。为提升合作成效,福建应进一步完善台商投资的软硬环境建设,建立一批闽台农业互补性强的重点产业合作区,打造闽台农产品物流基地及农业从业人员交流基地。

综上所述,可归纳整理出闽台农业合作影响因素、合作能力和合作绩效的组成因素,详见表2.8。

表2.8 闽台农业合作影响因素、合作能力和合作绩效组成因素

模块	因素	提出学者
影响因素	基础设施	林炳坤等(2015)、林珊等(2021)
	政策法规	徐秋韵等(2012)、陈越(2019)、郭晓义等(2020)
	园区管理	呼世忠(2007)、曹晋丽等(2020)
	资源	林卿等(2006)、范亚莉等(2018)
	产业	林翊(2009)、刘芝凤(2017)、郭晓义等(2020)
	技术	董剑程等(2010)、庄佩芬等(2012)、朱莉莉(2017)、于立新等(2018)、陈嘉等(2018)、马清香等(2019)
	农地	王知桂(2006)、单玉丽(2015)、李芳尚(2017)、郭晓义(2020)
	营销	张海佳等(2020)
合作能力	远景规划能力	黄钟慰等(2013)、林珊等(2021)
	技术创新能力	郑晶等(2010)、福建省人民政府发展研究中心课题组(2022)
	协同合作能力	童薇(2008)、银丽萍等(2016)、张海佳等(2020)
合作绩效	技术效应	庄佩芬等(2012)、于立新等(2018)、林珊等(2021)
	经济效应	
	社会效应	
	生态效应	

资料来源:根据相关文献整理。

2.2.4 文献评析

现有关于闽台农业合作的研究中,关于影响因素的研究成果最为丰富,学者们着力探讨影响闽台农业合作问题及其成因,通过梳理,可以发现基础设施、政策法规、决策、组织、领导、控制、资源、产业、技术、农地、营销 11 个影响闽台农业合作的关键因素。合作能力研究也逐渐得到关注,已有文献强调远景规划能力、技术创新能力和协同合作能力的重要性。合作绩效的相关研究则致力于设计闽台农业合作成效评价指标,认为技术效应、经济效应、社会效应、生态效应等是评价合作绩效的核心指标。但是,以上三个方面的研究大都局限于理论研究。近年来,随着实证研究方法及相关统计软件的引入,一些学者开始应用统计数据、调研数据对闽台农业合作展开实证研究,探索两地农业合作关键影响因素,为闽台农业合作研究开辟新的方向和领域。

2.3 闽台创意农业合作研究

闽台创意农业合作研究是在闽台农业合作研究的基础上发展起来的新兴领域,充分借鉴和吸收了闽台农业合作的研究成果。致力于闽台创意农业合作研究的学者大多具有闽台经济合作和闽台农业合作研究背景,因此能较准确地把握该领域研究重点,主要关注闽台创意农业合作必然性、影响因素、合作能力和合作绩效。

2.3.1 闽台创意农业合作必然性研究

闽台创意农业合作必然性研究主要探讨闽台创意农业合作必要性和可行性。必要性研究集中于探讨当前闽台创意农业发展所处的阶段和未来创意农业的发展战略,并从互惠互利角度指出,展开闽台创意农业合作,将促进两地创意农业共同发展;可行性研究则主要致力于分析闽台创意农业合作基础和合作方向。

2.3.1.1 闽台创意农业合作必要性研究

近年来,福建农业生产水平不断提升,与台湾地区差距日益缩小,对台合作动力和意愿正逐渐减弱。台湾地区传统农业领先地位逐步丧失,但在农业方面早已实现转型,往现代农业方向发展,积累了丰富的创意农业发展经验,与福建相比,创意农业优势明显。因此,加强闽台创意农业合作有助于两地保持紧密的农业合作关系,继续通过合作受益。林炳坤和吕庆华(2019)指出,20世纪70年代,台湾地区就开启旅游业和农业相结合的创意休闲农业发展模式。因创意休闲农业充分体现历史价值和人文特色,所以成为吸引岛内外游客的主要旅游业态,是台湾地区旅游资源的重要组成部分。但台湾地区出境旅游始终多于入境旅游,文化旅游产业收益逆差较大,开展闽台创意农业合作,开放福建游客到台湾地区旅游,将增加台湾地区的创意休闲农业收入,推动台湾地区创意农业发展。而且,对接台湾地区创意休闲农业,福建将获得开发农村文化资源的宝贵经验和成熟管理模式,有利于推动乡村旅游产业开发与发展。因此,闽台创意农业合作十分必要。茶旅游产业合作是闽台创意农业合作的重要方向,相关研究认为,福建茶树种类与台湾地区相似,两地可依托现有茶园,合作打造集生产、休闲、旅游、修学于一体的休闲茶园(杜艳芳 等,2017)。

林炳坤和吕庆华(2013)在钻石模型基础上,分析闽台两地创意农业发展状况,评估两地创意农业竞争力水平(见表2.9),指出:一方面,福建创意农业处于起步阶段,若与台湾地区合作发展创意农业,能获得台湾地区的资金、技术和先进管理经验,促进创意农业发展,实现农民增收和农村经济转型;另一方面,台湾地区创意农业企业若在福建投资,其生产成本将显著降低,产品价格会更具竞争优势。

表2.9 闽台创意农业竞争力对照表

项目	福建创意农业	台湾地区创意农业
生产要素基础	天然、人力资源优越,知识、资本资源不足,基础设施落后	生产要素充足

续表

项目	福建创意农业	台湾地区创意农业
市场需求因素	省内外市场需求大	岛内市场需求有限
相关支撑产业	未成规模	较为完善、已成体系
企业战略、结构与竞争状态	处于战略制定阶段	战略合理、结构完善、竞争有序
发展机会与有关部门作用	有关部门开始推广	有关部门高度参与，完善相关规定
创意农业发展阶段	起步阶段	发达阶段

资料来源：根据相关文献整理。

之后，林炳坤和吕庆华借鉴双钻石模型理论原理，在单钻石模型分析基础上，引入跨区域投资，构建闽台创意农业合作双钻石模型（如图2.4所示），提出加强闽台创意农业合作、提升闽台区域创意农业竞争力的5个措施：第一，整合要素资源，提升闽台区域创意农业基础竞争力；第二，把握市场需求，增强闽台区域创意农业市场竞争力；第三，扶持相关产业，强化闽台区域创意农业产业竞争力；第四，做好战略规划，提高闽台区域创意农业结构竞争力；第五，制定扶植政策，提升闽台区域创意农业体制竞争力。

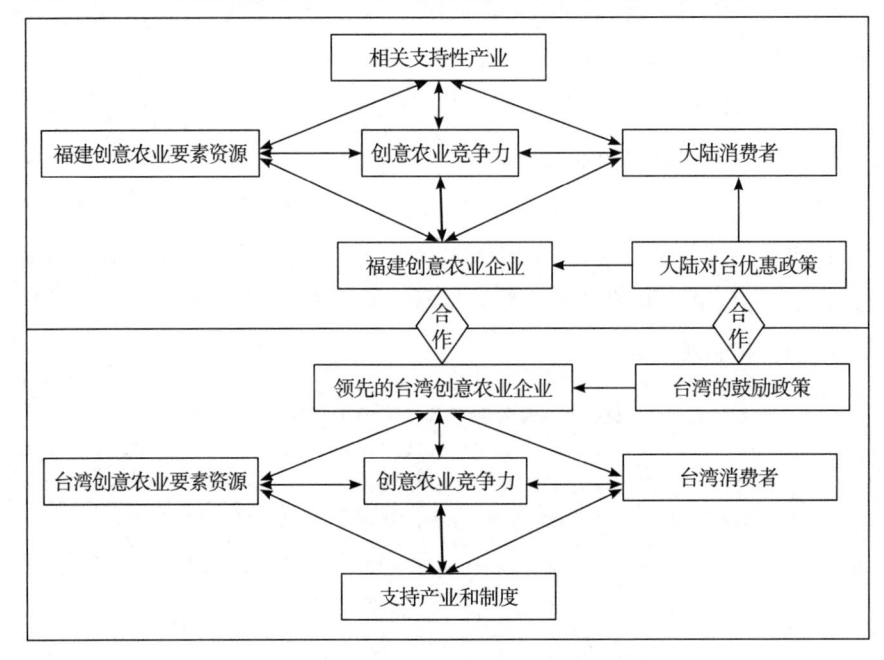

图2.4 闽台创意农业合作视野下的双钻石模型

2.3.1.2 闽台创意农业合作可行性研究

在闽台创意产业合作持续升温的背景下,学界关于闽台创意农业合作的研究逐渐增多,创意农业合作研究成为闽台农业合作研究与闽台创意产业合作研究的新兴领域。

台湾地区创意农业发展起步较早,主推休闲农业。台湾地区创意休闲农业始于20世纪70年代,至今有50多年的发展历史,大体经历两个发展阶段。第一阶段为1970—1990年,这是台湾地区第一次经济转型的关键时期。1989年在台湾大学举办的"发展休闲农业研讨会",确定了休闲农业为集生产、加工、服务为一体,同时兼备生产、生活、生态"三生"一体的创意农业经营形态。第二阶段为1990年以后,由于经济快速发展和人民生活水平持续提升,台湾地区居民参与休闲农业的积极性显著增强,为休闲农业的快速发展创造了条件(单玉丽,2008;林开森 等,2019)。经过30多年的发展,台湾地区创意农业产业已经具备一定规模和竞争力,目前创意休闲农业主要有四种类型:观光农园、休闲农场、乡村民宿和市民农园。休闲农业是世界农业发展的一大趋势,随着人民生活水平不断提高、交通条件改善以及民众休闲时间增加,休闲农业需求日益旺盛,福建应利用自身优势积极开展对台创意休闲农业合作(单玉丽,2008;杨军,2018)。

林炳坤和吕庆华(2015)指明,闽台农业资源存量上的差异、两地创意休闲农业发展阶段上的差异、福建农业处于战略转型阶段、闽台农村劳动力资源的互补格局、国家宏观政策上的扶持等因素,成为闽台两地创意休闲农业交流与发展的动力与基础。此外,源远流长的文化交流和联系紧密的民间信仰,是两地加强创意休闲农业合作的另一推动力。蒋颖(2010)采用SWOT分析方法探讨我国大陆和台湾地区发展创意农业的优劣势及存在的机会和威胁,并分析相关要素互补程度。研究表明,在劳动力供给和内需市场方面,我国大陆优势明显,台湾地区对这些要素需求强烈,说明我国大陆和台湾地区在创意农业要素上存在较强互补性;而在创意人才培养上,我国大陆和台湾地区同时表现为需求较弱,相互间进行合作的可能性较低;我国大陆在创意资金、市场信息、创意理念和营销经验等方面表现较弱,台湾地区则表现较强,说明双方在这些要素上存在一定互补性。通过以上分析,可以认为我国大陆和台湾地区创意农业存在较强的互补格局,可进一步转化为双赢局面。

推进闽台精致农业深度对接是近些年来深化闽台农业合作的主线。台湾地区受精致农业发展理念指引,已经成功探索出不同于西方大农场制度的农业现代化发展模式。但受市场容量限制,台湾地区精致农业多年来积极寻求新的发展空间,福建省应主动承接台湾地区精致农业产业转移,大力发展精准农业、精深农产品加工业和精品创意休闲农业。围绕三条产业合作带(闽东南高优农业合作带、闽西北绿色农业合作带、沿海蓝色农业合作带)、四大主导产业(畜牧业、园艺业、林竹业和水产业)和十大优势农产品(畜禽、笋竹、水产、蔬菜、水果、食用菌、茶叶、花卉、烤烟、中药材),优化闽台精致农业合作区域布局,着力培育以科技创新与产业关联为重心的集群优势代替低成本的集群优势(黎元生,2011;湛礼珠,2019)。黄钟慰等(2012)认为,发展闽台创意休闲农业,福建具有区位及资源优势,但福建休闲农业发展水平不高、缺乏总体规划等因素制约着闽台创意休闲农业的进一步合作。台湾地区休闲农业发展经验丰富,对福建有借鉴意义,福建应注重资源整合、加强环境保护、做好科学规划,并强化对台交流,培养相关农业人才,促进本地休闲农业发展(王正环 等,2019)。

2.3.2 闽台创意农业合作影响因素研究

影响因素研究对揭示闽台创意农业合作绩效形成机理,以及探析提升闽台创意农业合作绩效的对策和建议,具有重大的理论意义和现实意义。当前,有关闽台创意农业合作影响因素的探讨,主要从闽台创意农业合作环境构建、闽台创意农业合作项目管理和台资创意农业企业运营3个层面展开探讨。

闽台创意农业合作环境的构建一直备受关注。林秋玲(2010)对泉台创意农业合作优势、合作现状展开研究,指出政策法规是泉台创意农业合作的关键影响因素,泉州政府应立足创意农业发展特点和要求,从土地、税收和金融等方面着手,制定促进两地创意农业合作的优惠政策。以上政策中,土地政策排在首位,是因为农地是创意农业生产的最根本要素,农地供给价格直接影响创意农产品生产成本和销售价格,进而影响创意农产品竞争力。福建对台湾地区创意农企落户的主要吸引力来自较低的用地成本,然而随着闽台创意农业合作的不断深入,土地需求逐步增大,供需矛盾日益凸显,具体表现为土地供给逐渐紧张、供求难以均衡、需求缺口不断扩大等。为吸引台商投资,政府制度性压低农地租赁价格,使农民在土地交易过程中权益受损,也会引发诸如用地纠纷等系列问题(李芳尚,2017)。另外,土地产权不清晰等问题也阻碍了农地流转速度。除土地外,其他因素也显著影响闽台创意农业合作成效,因此进一步完善相应支持体系是推动闽台创意农业合作的关键。福建作为合作中的产业承接方,应该在政府引导下,形成技术研发、信息咨询、金融服务、物流配送等中介服务网络,为有效对接台湾地区创意农业产业提供支撑(黎元生,2011;郭晓义,2020)。

合作项目管理是否到位,会影响闽台创意农业合作绩效的高低。林炳坤和吕庆华(2015)指出,缺乏创意农业项目专业管理人才的现状,直接或间接影响着闽台创意农业合作项目的层次。此外,很多地区缺乏总体规划、项目引进之前缺乏科学论证和忽视生态环境保护等问题,也对闽台创意农业合作成效形成负面影响。在闽台创意农业合作中,农业科技领域的合作占有较大比重。董微等(2011)为探析闽台农业科技合作项目管理现状与存在问题,通过问卷调查和专家评分等方法,对闽台农业技术合作项目现状展开研究,调研问卷包括以下8个部分的内容:项目评估论证及分类管理状况、项目存在问题及形成原因、项目评估论证作用、项目评价(事前、事中、事后)效果、项目验收工作有效性及评价结论处理、项目资金使用效率、项目成果转化状况和福建省在推进闽台农业科技合作项目时应加强的工作。问卷以闽台农业合作研究及管理人员、台湾地区学者和在闽台湾农业企业员工等为调研对象。研究结果显示,监管机制不完善是闽台农业技术合作的突出问题。闽台创意农业合作基地主要设在福建6个台湾农民创业园,园区管委会负责合作项目管理工作,因此,强化台湾农民创业园管委会管理职能,依据决策、组织、领导和控制管理步骤,对闽台创意农业合作项目展开行之有效的管控,有助于提升闽台创意农业合作绩效。

台资创意农业企业是闽台创意农业合作中的一个主体,其公司规模和运营能力也与闽台创意农业合作绩效紧密相关。当前,在福建省内6个台湾农民创业园中,创意农业企业业主以台湾地区农民为主,企业具有投资规模小、科技含量较低、产业带动效应不强等特征。个别规模较大、技术实力雄厚的台资创意农业企业将技术研发环节放在台湾地区,仅将福建作为产品生产加工基地。此外,创业园内企业尚未同地方高校、科研机构等建立以市场为导向的产学研联合发展体系,创意农业企业集聚区难以形成应有的创新机制。为有效推动创业园区创意农业集群创新,福建应加强产业链招商,引进台湾地区大型创意农业企业,并发挥其辐射、示范、信息扩散和销售网络的产业龙头带动作用(王先伟,2021)。另外,应搭建桥梁,创建台资创意农业企业与地方高校、科研机构联系机制,建立交流平台,增进了解,为合作奠定基础。在闽台创意农业合作中,台资创意农业企业生产要素基础、发展战略和面临的市场需求也构成闽台创意农业合作的关键影响因素(林炳坤和吕庆华,2013;于立新和林武程,2018)。

2.3.3 闽台创意农业合作能力研究

合作能力显著影响闽台农业合作绩效,而在闽台创意农业合作过程中,合作能力同样也发挥着重要作用。闽台创意农业是在闽台农业合作基础上发展起来的,因此闽台创意农业合作能力的构成要素与闽台农业合作能力具有相似之处。当前,有关闽台创意农业合作能力构成要素的研究主要关注文化创意能力、技术创新能力和合作协同能力(如图2.5所示)。

当今世界经济的发展越来越依赖于文化创意,文化创意能力逐步成为社会发展内在动力(吕庆华和林炳坤,2021)。开展闽台创意农业合作,首要任务是培育文化创意能力,主要依托创意农业产业园区进行。创意农业产业园区是创意农业企业集聚地,是创意展示、创意设计交流和创意人才互动的场所,这种产业集聚的作用在于能吸引创意企业和创意人才,提升一个地区研发、推广创意设计成果、创意产品的能力,进而提升地区文化创意能力。此外,为刺激创意人才创作灵感,创意农业园区应努力营造一个宽松自由、文化多元的环境,充分发挥创意人才的作用。

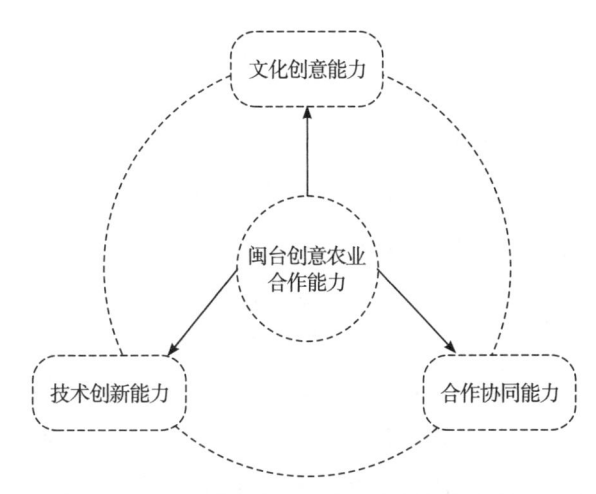

图 2.5　闽台创意农业合作能力构成要素

技术创新与文化创意一起组成知识经济核心,是提升创意农业附加值和竞争力的两大动力因素(厉无畏,2006),因此,开展闽台创意农业合作,还应注重技术创新能力的培养。创意农业技术创新能力的属性由创意文化和农业的特征共同决定,林炳坤和吕庆华(2020)认为,创意农业技术创新是一种科学行为,是将农业发展与超越传统思维模式的想象力相融合的过程,以此驱动农业发展。若能对这种过程成功把握,则技术创新能力较强。技术创新能力强弱与科研人员存量紧密相关,发动广大高等院校、科研院所相关科研人员参与创意农业技术创新活动,共同突破关键技术,是培育技术创新能力的有效途径。

和闽台农业合作研究一样,闽台创意农业合作能力的研究学者同样关注合作协同能力的培养。合作协同能力指合作主体资源共享、沟通协同和风险防范的能力。加快建立健全有关合作各方的利益协调机制,推进农民专业合作经济组织和行业协会的建立,是培育闽台创意农业合作协同能力的重要措施(贺敏,2020;蒋兴华 等,2021)。其中,农民专业合作经济组织有助于农户农业生产水平的提高,进而为台资创意农业企业提供更高质量的农产品;行业协会则能促进台资创意农业企业与农户之间的沟通协作,避免纠纷,促进合作绩效的提升。

2.3.4 闽台创意农业合作绩效研究

闽台创意农业合作绩效的研究重心,在于探索福建和台湾地区创意农业合作的成效。福建农业发展方式转变的客观要求、台湾地区农业资本对更高盈利水平的诉求、两地创意农业生产要素互补的现状,使闽台创意农业合作成为现实选择。闽台两地创意农业合作,一方面促进区域内农业生产要素配置效率的提高;另一方面推进福建高端特色品牌农业的快速发展,提升福建外向型农业竞争力(黎元生,2011;林珊 等,2021)。充分对接台湾地区创意农业,将使福建创意农业产业链上下游企业和农户同时受益,带动福建创意农业产业发展(赖晨辉和曾芳芳,2017)。针对闽台茶产业合作面临目标市场农残标准要求苛刻、缺乏技术创新、资源配置不够合理的问题,相关研究认为,两地可以转变思维,运用创意产业发展思路深化茶叶合作,使福建和台湾地区在茶叶优良品种互引、生产技术和经营管理经验交流等方面取得显著进展(杜艳芳和龚剑锋,2017)。

满足市场需求体现着闽台创意农业合作的主要成效,台湾地区创意休闲农业发展最初动因是为满足急速膨胀的市场需求。进入21世纪,台湾地区工商业发展提速,但在农业生产领域,传统农业人口生产力不足、土地及人力成本高涨、人口老龄化、农业竞争力下降等问题逐步显现。另外,台湾地区农产品贸易实现自由化后,外来农产品的低价冲击使得岛内农业发展空间被不断挤压。台湾地区2001年开始实施周休二日制,居民闲暇时间增多,又因休闲态度及消费观改变,对自然生态与生活形态结合的休闲活动的需求与日俱增。与此同时,都市地区人口快速增长,在都市休闲绿地空间减少的情形之下,岛内居民逐渐改变休闲方式,纷纷走入户外的乡村农舍,参与休闲农业旅游体验活动。岛内居民需求也被感知,"一乡一休闲农业"发展模式逐步建立起来。媒体也大力宣传地方节庆活动,积极发展星图旅游,促进岛内创意农业发展(林炳坤和吕庆华,2019)。当前,福建面临的情况与台湾地区创意休闲农业发展初期的情况相似。福建若大力发展创意农业并与台湾地区形成产业对接,将有效满足市场需求,同时有助于提高农业资源利用效率,对推进农业和农村产业结构调整、提高就业水平、实现农民增收具有积极的促进作用(单玉丽,2008;吴凤娇和周宇驰,2014)。

台湾农民创业园作为福建与台湾地区创意农业交流与合作的主要平台,在强化闽台创意农业合作成效上发挥着重要作用,成为学界关注的焦点。为较全面地评估台湾农民创业园的发展水平和效益,刘宇峰等(2011)依据科学性、综合性、动态性和可操作性原则,结合台湾农民创业园发展水平和发展成效,提炼建设基础、内部效益和外部效益等3个维度,运用层次分析法设置多个因素,包括园区规模、基础设施、组织管理、科技评价、政策环境、经济效益、生态效益、社会效益和政治效益,并设置46个具体题项用于评价以上因素,构成台湾农民创业园综合评价指标体系,为评估台湾农民创业园运行绩效提供参考。台湾农民创业园综合评价指标体系的构建及应用,有助于分析影响台湾农民创业园发展的关键因素,为进一步完善台湾农民创业园建设、提升闽台创意农业合作绩效、增强区域创意农业竞争力,提供有力的理论支撑。

综合创意农业、闽台农业合作和闽台创意农业合作研究成果,本书整理和归纳了闽台创意农业合作绩效影响因素和合作能力的构成因素,见表2.10。

表2.10 闽台创意农业合作绩效影响因素和合作能力的具体构成因素

项目	具体构成因素
影响因素	环境维度:基础设施、政策法规、社会信任
	台湾农民创业园管委会维度:决策、组织、领导、控制
	台资创意农业企业维度:资源、产业、技术、营销、文化
合作能力	文化创意能力、技术创新能力、合作协同能力

资料来源:根据相关文献整理。

2.3.5 文献评析

通过梳理闽台创意农业合作的相关文献发现,现有研究成果主要关注闽台创意农业合作必然性、闽台创意农业合作影响因素、闽台创意农业合作能力和闽台创意农业合作绩效。综述结果显示,闽台创意农业合作研究和闽台农业合作研究存在一个共同点,即相关研究多数局限于理论分析层面,尚未有以闽台创意农业合作绩效为对象的实证研究,但这些研究成果可以为提炼影响闽台创意农业合作绩效的相关因素和能力提供重要理论支撑。

2.4　本章小结

　　本章系统梳理创意农业、闽台农业合作、闽台创意农业合作的相关文献。综述结果显示：创意农业运营理念源于西方创意经济发展思想，西方学者在创意经济框架内提出乡村创意产业发展模式，为乡村农业转型提供可行的方向。我国学者结合本国实际，提出创意农业发展理念。随着时间推移，我国创意农业理论研究不断丰富并渐成体系。闽台农业合作研究由来已久，有关合作影响因素、合作能力、合作绩效等方面的研究已经取得丰硕成果。闽台创意农业合作研究是闽台农业合作研究的新兴方向，当前成果较少，但有关闽台创意农业合作必然性、合作影响因素、合作能力和合作绩效等方面的研究，呈现逐年增多的趋势。综观以上三个方面的研究，其共同特点是多数研究停留于理论层面，主要原因是相关实证研究数据难以获取。本章依据国内外关于创意农业、闽台农业合作和闽台创意农业合作等三方面的研究成果，提炼闽台创意农业合作绩效影响因素和合作能力的构成因素。以上研究结论，将成为实证研究测量指标设置的重要参考依据。

3 闽台创意农业合作理论支撑

本章将首先对创意、创新和闽台创意农业合作绩效的含义展开研究,界定闽台创意农业合作绩效的相关概念。其次,梳理和阐述创意经济理论、区域经济合作理论和演化博弈理论,并应用演化博弈理论对福建和台湾地区合作策略选择展开分析。最后,结合第 2 章的文献研究结果,提出闽台创意农业合作绩效 FCP 模型。

3.1 概念界定

3.1.1 创意与创新

综观国内外与创意相关的文献,对创意概念的界定尚未形成一致观点,学者们根据各自观点提出多种不同定义,但总体都大同小异。多数学者认为创意是一种思维活动,且这种思维活动的目的是发现一种新组合。因此,本书将创意定义为发现一种新组合的思维活动。以上含义包含两层内容:首先,创意过程是一个思维活动过程,它能产生创造性的社会成果;其次,因为创意的结果是发现新组合,所以产生创意的思维要具有独创性,这种独创性体现在思维方法、思维形式工具、思维过程的某些方面。潘立勇和武晓玮(2019)认为,创意思维具有冲击陈规、逆反常规、挑战平庸和打破同质等特征。Howkins(2009)指出创意是一种神经生理过程,其中掺杂种种情绪,使得乐趣倍增,这正是独立思考的痛快之处。创意的产生与潜能有关系,任何人都可以具有这种潜能;知识与人力资本等要素对创意的影响则较为有限,知识的贡献在于使人产生想法而非创意,人力资本的作用则是融合创意与其他要素,用于生产以创意为基础的创意产品(张婧婧和高明,2020)。

创意类型可以分为发展、发现和发明三种,三种类型创意的实现难度依次增大。发展型创意指对现有物质或精神成果进行改造,使其耳目一新。发展型创意包括两种情况:一是对原有物质或精神成果存在的空白或不足之处加以弥补和改进;二是在既有条件基础上,夯实和完善原有成果。发现指找到之前他人尚未知道的原理、问题、规律、事物、现象等,这些被发现的对象是客观存在,发现者通过创意性思维将其解释出来,使其进入人类认知领域。发明指运用已有知识,对既存物质、精神成果进行局部或整体性改进、分解、组合,创造出新技术、产品、制度、方法等(葛红兵,2020)。由于实现难度存在差异,不同类型创意的获得需要不同层次的创意思维,创意难度越高,所需思维的层次越高。创意潜能与生俱来,大众普遍具有,但多数人的创意思维较为简单,因此,现有的创意成果大多属于发展型创意。人类社会进步的同时,创意也在发展,特别是进入工业化、信息化时代以来,各国、各地区之间往来日益密切,人们有机会接触更多新信息、新知识、新事物,创意潜能不断得到激发和发展,创意思维不断升级,越来越多高级的创意成果产生。

创意具有多项特征,其中,最鲜明的是广泛性和非完全排他性。前文述及,创意并非存在于某一特定人群中,创意也不出现在特定经济体中,任何人都具有发现新组合的能力,可以成为创意主体,任何国家都可以发展创意,这意味着创意在经济体系中无处不在。广泛性是创意最重要的特征,它使人力资本得到更充分的利用,是创意实现大范围增长的主要原因。黄阳和吕庆华(2010)指出,创意能够促使人力资本被充分应用,使人力资本在未来经济发展中充当更为重要的角色。所以,为获取更多创意成果,提升创意对经济增长的贡献率,应该广泛宣传,使越来越多的人了解创意,参与创意。此外,开放的社会氛围至关重要,在开放社会环境中,人们乐于尝试,积极探索成果,使创意不断涌现。非排他性是创意的另一重要特征,指相同或近似的创意思维可以同时存在于不同人的大脑中,拥有相同创意思维的主体可以通过思维活动,辅以客观条件,获取新的创意成果。但是,已经取得专利保护的创意就失去了非排他性。非排他性的重要表现在于,分散于各地的创意主体在不知道他人创意思维情况下,自发性地开展思维活动,不断产生新创意成果,这些成果一旦进入生产环节,成为创意产品,将很快显示出其对经济增长的推动潜能。褚劲风(2009)从创意的这一特征着手,指出创意转化为产业一般要经过点子、概念、转化、产出四个阶段,如图 3.1 所示。

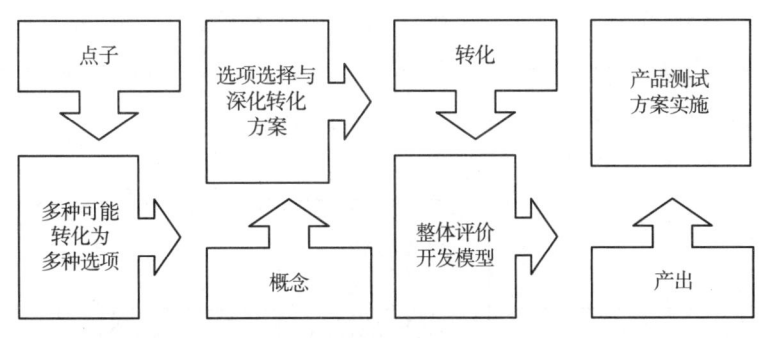

图 3.1　创意转化为产业的四个阶段

如果说创意是对传统的颠覆,是打破常规的思维活动,那么创新则是对旧有事物进行改造的过程。1912 年,约瑟夫·熊彼特在其成名作《经济发展理论》(*The Theory of Economic Development*)中首次提出创新理论。之后,熊彼特在其"经济周期"(business cycle)、"创造性破坏"(creative destruction)、"精英民主"(elite democracy)等理论中不断发展、演绎、运用与深化创新理论(代明 等,2012;徐则荣和屈凯,2021)。根据熊彼特的观点,创新是生产要素的重新组合。熊彼特指出,存在五种形式的创新,分别是开辟新市场、引进新产品或者一种产品的特性、找到一种原料或者半成品等新供给源、采用一种新生产方法、实行一种新企业组织形式(约瑟夫·熊彼特,2009)。值得提出的是,熊彼特定义的创新与发明不同,指的是企业家行为。熊彼特强调,在创新过程中,企业家扮演的不是发现者或发明者角色,而是要充分发挥其企业家才能,克服心理和社会阻力,整合不同类型知识、能力、技能和资源,产生"新的组合"(刘伟丽和杨景院,2022)。

Nelson 和 Winter(1982)对创新模式展开研究,指出存在两种创新模式:第一种模式为"熊彼特模式Ⅰ",在《经济发展理论》一书中提出,强调单个企业家在创新活动中的作用;第二种模式为"熊彼特模式Ⅱ",在1942年出版的《资本主义、社会主义与民主》中提出。第二种模式重视企业家之间的合作,讨论大公司在创新中的作用及行业研发实验室与技术创新的相关性,由于存在合作关系并有大企业介入,创新过程具有更大规模资源,创新效果更加显著。因此,第二种模式较第一种模式更为广泛、深入。著名管理学家彼得·德鲁克(1985)在其代表作《创新与企业家精神》中指出,创新涉及技术、管理、市场、营销等多个环节,是对生产要素进行重新组合的过程,并且认为在创新型经济条件下,会孕育出多种模式创新,如技术创新、行为创新、观念创新、组织创新等(如图3.2所示)。

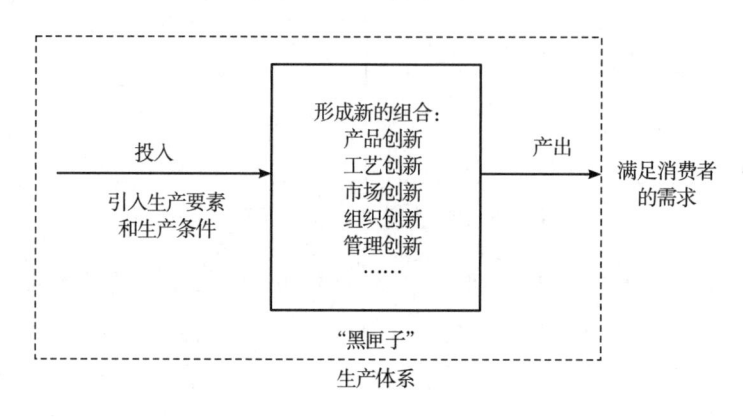

图 3.2 创新的过程

基于以上分析可知,创意与创新有较多相似之处,但也存在一些差异。

相同之处主要有4个方面:第一,创意与创新的行动主体都是人类,创意与创新都是人类主观活动的结果。第二,创意与创新都建立在对客观存在认识的基础上,并依赖于一定物质条件才能实现。虽然潜能对创意至关重要,但若没有知识与生活经验积累,不可能萌生创意想法。创新亦是如此,没有相应认识,难以在产品、工艺、市场、组织、管理等方面实现创新。第三,创意与创新都是打破常规的,富有创造性是二者的共同特征。突破传统束缚、敢于打破常规是进行创意与创新活动的必要前提。第四,创意与创新是人人都可进行的思维活动,并不是某个人群的特权。

创意与创新的差异主要表现在以下三个方面:第一,主体性质存在差异,创意与创新虽然任何人都可能进行,但创意注重对文化的融合,创意讲究艺术性,因此,能把握文化精髓的艺术家是创意人的重要组成部分。而创新在经济学领域中举足轻重,创新通常被认为是企业家行为,是企业家为实现公司发展而推动的一种以盈利为目标的商业行为。第二,创意与创新侧重点不同,创意所涉及的是高级思维活动,是一个抽象过程,而创新则注重行为活动结果,往往伴随着大量物质与精神投入,一旦失败,往往会带来不可忽视的经济损失。第三,创新强调的是功能上的改变,而创意则强调文化上的应用(厉无畏,2006)。

进一步分析可以发现,创意与创新之间存在紧密联系。吉海颖等(2022)认为,创意是创新的基础,创新是创意人群与创意过程共同作用的结果。并非所有创意在其产生时都具有经济价值,即并非所有创意都能形成创意产品,只有具有价值的创意才能最终为人们所知晓和接受。创意价值的实现需要经过创新的实践过程,创意过程是产生想法,创新则是将这种想法付诸实践所取得的生产结果。从狭义上理解,创意通常与文化、创新、技术联系在一起。随着创意产业研究的进一步深入,创意与创新之间的关系备受关注,吕庆华等(2021)指出,技术创新是文化创意得以大规模发展的动因,文化创意是技术创新能力的重要决定因素。

综上可知,在以经济绩效为导向的各种商业活动中,并非所有创意都能产生经济效益,有价值的创意只有经过创新的实践过程,才能产生有价值的绩效。福建和台湾地区合作发展创意农业的动力是获取各自所需的绩效,为提高这种绩效总量,两地要注重借助相关技术,开发各种农村文化资源,使其成为可以创造经济价值的载体,不断提高闽台创意农业合作的成效。

3.1.2 闽台创意农业合作绩效

3.1.2.1 闽台创意农业合作绩效的含义

关于绩效的研究由来已久,而关于绩效的含义,学术界尚未形成统一见解,存在多种不同解释。Bates 和 Holton(1995)指出绩效是一个多层面组合体,绩效的评价由很多种因素决定,进行绩效评价前,首先要确定评价目标是产出还是行为。Campbell(1990)指出绩效是一种行为,应该将绩效与结果区分开,因为结果受系统因素影响。Bernadin 和 Kane(1995)认为绩效应当被定义为工作产出,因为它与组织战略目标、顾客满足和经济贡献紧密相关。Kane(1996)进一步指出,"绩效是一个人留下的东西,这种东西与目的相对且独立存在"。而 Brumbrach(1988)则融合以上两种观点,认为绩效指行为和产出,绩效的实现,要求行动者首先将绩效目标转化为行动,并在行动过程中将自身精神和体力应用到产品生产的任务中。

根据上述绩效相关定义可知,学界对绩效的理解还存在较大差异,但是从核心思想上看,各种观点存在相似之处,即绩效是特定实体的绩效。根据以上分析,可认为绩效是实施一项以预期目标为导向的活动的有效性,由行为过程和行为结果两个方面组成。绩效的层次由其依附的实体的范围所决定,实体范围不同,绩效层次不同,一般认为存在组织、团体和个体三个层次的绩效(单标安 等,2022)。其中,组织的范围最大,团体次之,个体最小,各实体所对应的绩效层次差异明显,体现在绩效所包含的内容、影响因素和测量方法等方面。闽台创意农业合作的闽方代表是台湾农民创业园管委会,而台方代表是台资创意农业企业,都属于组织范畴,因此闽台创意农业合作研究所探讨的绩效是组织层面的合作成效。评价闽台创意农业合作绩效水平,可以通过定量的项目合作绩效指标进行度量。

从上述分析可知,闽台创意农业合作成功与否,应依据合作绩效指标进行评判。闽台创意农业合作绩效是一种组织层面的绩效,其含义范围的界定至关重要。合理界定闽台创意农业合作绩效的范围,有助于增强闽台创意农业合作绩效指标设计的准确性,使研究结果更客观和更具说服力。约翰·埃尔金顿(Elkington,1998)提出的"三重底线"(triple bottom line)(如图 3.3 所示)概念,为合理、全面界定闽台创意农业合作绩效提供了重要的理论依据。

```
                    经济责任
                       /\
                      /  \
                     /    \
                    /      \
                   /        \
                  /          \
                 /            \
                /              \
               /_____\
         社会责任              环境责任
```

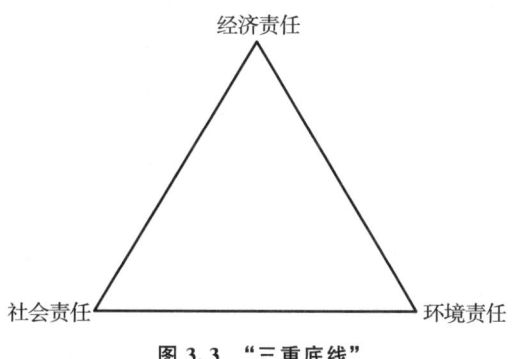

图 3.3 "三重底线"

"三重底线"是由经济责任、社会责任和环境责任组成的企业责任体系。埃尔金顿认为企业是社会人,在经济活动中,企业不仅要满足股东需要,还要关注利益相关者①的需求,寻求经济利益、环境保护和社会福利的平衡发展,进而实现全社会可持续发展。因此,应该将利益相关者价值取向作为企业绩效评价的依据。利益相关者理论认为,企业若要实现持续发展,在经营过程中不仅要关注经济利益,还应该培育社会责任和环境责任意识,坚持"三重底线",全面考虑利益相关者需要(夏琼 等,2019)。长期以来,我国对企业绩效的评价依据仅限于单一化的经济指标,忽视了企业对环境和社会应该承担的责任,导致企业社会责任意识淡薄、生态环境污染日益严重等问题产生。为扭转这种局势,应该转变做法,着手建立集经济绩效、社会绩效和环境绩效于一体的"三重绩效"评价模式(田虹和王宇菲,2019)。

厉无畏和王慧敏(2009)认为创意农业是无边界产业,创意农业通过开发农村"三生"(生产、生活、生态)资源,提升农业产业价值。前文有关创意农业的界定,即认为创意农业是以"生产、生活、生态"为经营理念的新型农业模式与此相契合。因此,"三生"不只是创意农业发展要素(资源)和经营模式,还是创意农业发展目标,体现了创意农业追求农业生产、国民生活水平、生态环境保护的协调发展,以及实现可持续发展的经营理念。

---

① 利益相关者不仅包括当代利益相关者,如客户、供应商、消费者等,还包括后代利益相关者,如我们后代的消费者等;不仅包括人类利益相关者,还包括非人类利益相关者,譬如动物、环境等。

在闽台创意农业合作中,合作主体是台湾农民创业园管委会和台资创意农业企业,合作对象是创意农业。合作主体中,台资创意农业企业是经济组织,对其绩效的评价依据,应该以"三重绩效"框架为基础,并结合台资创意农业企业发展实际进行合理设置;台湾农民创业园管委会是政府设立的管理机构,属于政府组织,职责是通过行之有效的管理措施,促使闽台创意农业合作项目顺利展开,更好地为地方经济发展服务,同时实现环境保护、就业增长、满足市场需求和提升地方知名度等多重目标。概括而言,对台湾农民创业园管委会可采取的绩效评价模式与"三重绩效"模式基本吻合,可以借鉴其理论框架进行指标设置。确定合作对象的性质,是界定闽台创意农业合作绩效的关键环节,现有研究中,"三生"作为创意农业发展核心目标,已得到学者们的普遍认可,因此,"三生"发展理念是闽台创意农业合作绩效界定的重要依据。

根据上述分析,本书将闽台创意农业合作绩效界定为,福建和台湾地区在互利原则基础上,集合一定生产要素,以满足利益相关者需求为目标,依据"生产、生活、生态"经营理念展开创意农业生产,共同创造出的经济绩效、社会绩效和生态绩效。

3.1.2.2 闽台创意农业合作的经济绩效

经济绩效(economic performance)主要指资源利用的效率评价,常用于度量经济与资源分配的效果,涉及经济活动过程和结果;最优经济绩效是以最小投入获得最大产出(卢现祥和滕宇汯,2020)。对组织而言,在不考虑社会福利情况下,经济绩效可由公式 $EP = EG/EF$ 表示,其中,EP(economic performance)表示组织经济绩效,EG(economic growth)表示经济增长,EF(economic input factors)表示实现经济增长所投入的要素总和。综观企业经济绩效评价研究发展历程,大致可分为成本绩效评价阶段、财务绩效评价阶段、非财务绩效评价阶段和战略绩效评价阶段,见表3.1。

表 3.1 企业经济绩效评价研究的四个发展阶段

发展阶段	时间	主要评价方法
成本绩效评价	19世纪中期到20世纪初期	成本利润对比法,成本降低就意味着利润增加,同时代表着企业经济绩效提升
财务绩效评价	20世纪初到20世纪80年代	杜邦财务分析体系[①],投资报酬率
非财务绩效评价	20世纪80年代末	8项指标体系:市场地位、革新、生产率、食物资源和财务资源、获利能力、管理者绩效、员工业绩与态度、社会责任
战略绩效评价	20世纪90年代后	业绩金字塔模型[②],即经济增加值(EVA,资本收益与资本成本之差),平衡计分卡(BSC,包括财务、顾客、内部营运过程、学习与创新四个层面)

经济绩效是衡量一个产业发展潜力的重要指标。创意农业的经济绩效评估,是指人们识别、确认和评定创意农业活动的过程和结果。Nugent(2000)认为货币化和市场化是创意农业经济绩效的主要内涵,具体体现在创意农业发展对就业、收入和产品价值等的影响程度上。Duchin 和 Sinha(1999)则强调,在评估创意农业经济绩效时,应该关注非正规组织的绩效,并考虑其对非市场活动的贡献。

闽台创意农业合作中,合作主体是福建和台湾地区,而实际合作活动中涵盖多个层面的参与主体,按参与程度可分为两类:一是高介入主体,包含有关部门(决策层、专家组和协助机构)、创意农业企业(从事创意农业生产、

---

① 杜邦财务分析体系的核心是权益净利率(ROE),是所有财务比率中综合性最强、最具代表性的指标。杜邦系统分析法通过层层分解财务指标,直观地反映影响权益净利率的因素及其内在联系,解释了企业筹资、投资和生产运营等方面的经营活动效率。一直到20世纪80年代,杜邦财务分析法都还是盛行的企业经济绩效评价方法。

② 业绩金字塔模型将企业战略与财务和非财务信息结合起来,但忽视了组织的学习能力,因此,该模型虽然在理论上比较成型,但被采用率较低。

加工和销售)、农民；二是低介入主体，包括供应商和物流、高校科研部门等。合作中，每个参与主体都会形成成本和利益诉求，所有利益相关者的收益组成闽台创意农业合作的经济绩效体系。

综合以上分析，本书将闽台创意农业合作经济绩效定义为，在创意农业生产和营运环节中产生的创意农业经济收益、供应商收益、地方有关部门收益、金融机构收益、农户收益和产业带动程度六个方面的经济作用效能，这种效能可通过利用当前技术和理论进行衡量和预见，包括可货币化度量的直接经济绩效和非货币化度量的间接经济绩效。

3.1.2.3 闽台创意农业合作的社会绩效

除经济绩效外，社会绩效也是评价企业成功与否的重要指标，社会绩效指企业在一定时期内履行社会责任所创造的社会价值。企业社会绩效概念的形成源于对企业社会责任概念的探讨，随着研究的不断深入，对企业社会绩效的探讨更为丰富。有关企业社会绩效评估的研究大致可以分为两个阶段。

第一阶段的企业社会绩效研究，主要关注企业社会问题的处理方式和企业社会责任(corporate social responsibility，CSR)。Carroll(1979)提出的"企业三维概念模型"是该阶段研究中比较突出的成果，较全面地整合了之前有关企业社会责任的观点，得到学术界的普遍认可。"企业三维概念模型"的核心观点是企业社会责任、企业社会问题管理[①]和企业社会响应[②]是企业社会绩效的三个重要维度。Wartick 和 Cochran(1985)则提出不同看法，认为应该从经济责任、法律责任、道德责任和其他责任着手，设置相应评价指标体系，对企业社会绩效展开评价。

第二阶段的企业社会绩效研究，始于 20 世纪 80 年代，标志是利益相关

---

① 社会问题管理维度是指与社会责任相联系的社会问题或者主要领域，涉及消费者、环境、产品等方面。

② 企业社会响应维度是指企业或管理者在履行企业社会责任和响应社会问题时依据的理念、方法或战略，包括对抗型(reactive)、防御型(defensive)、适应型(accommodative)和主动型(proactive)四种响应战略。

者评价模型的兴起。利益相关者评价模型得到理论界的普遍认可,西方国家理论界在此模型基础上,提出多种不同利益相关者的企业社会绩效评价模型,最具代表性的是由 Sonnenfeld(1982)提出的外部利益相关者评价模型和 Clarkson(1995)提出的 RDAP 模型。外部利益相关者模型提及的是企业之外的利益相关者对企业生产经营活动进行评价,评估结果被作为完善企业管理的依据。RDAP 模型(见表 3.2)是对 Carroll 的企业社会响应,以及 Wartick 和 Cochran 的企业社会绩效战略等研究的拓展。Clarkson 认为,RDAP 模型涉及的四种管理战略中,预见型社会绩效最好,对抗型社会绩效最差。

表 3.2 RDAP 模式

等级	定位或战略	绩效
对抗型(reative)	否认责任	比要求的做得少
防御型(defensive)	承认责任但消极对抗	尽量少履行
适应型(accommodative)	承认并接受责任	仅做到所有要求的事项
预见型(proactive)	预见将要担负的责任	比要求的做得多

资料来源:CLARKSON M E, 1995. A stakeholder framework for analyzing and evaluating corporate social performance[J]. Academy of management review, 20(1): 92-117.

何艳桃和王礼力(2008)在上述研究基础上,结合农业的特质,对我国农业经营组织的社会绩效展开研究,建立我国农业经营组织社会绩效评估指标体系。该体系由社会责任和社会敏感性[①]两个维度组成,社会责任包含经济责任、法律责任、道德责任和其他责任 4 个指标,社会敏感性包含局外人的可接近性、对公共事务的准备性、公共活动中的表现性、对外言论的可信性、批评者眼中的合法性、对外重大事件的关注度、企业利益的清晰度 7 个指标。

---

① 社会敏感性指企业利益相关者管理活动的社会影响,如是否合法地进行生产经营,是否导致严重污染,是否正确对待少数民族员工,是否恰当处理社区关系,是否正确处理顾客问题,等等。

以上有关企业社会绩效的相关研究,为闽台创意农业合作社会绩效的界定提供了重要的理论依据。闽台创意农业合作社会绩效与经济绩效、环境绩效的显著区别表现为,社会绩效难以用定量指标进行描述,因为社会绩效往往表现为社会责任的履行程度及在不同维度上的社会敏感度,因此采用定性指标进行评估是较为可行的测量方法。

综合以上分析,本书将闽台创意农业合作的社会绩效定义为,闽台合作发展创意农业的过程中,两地在就业增加、市场需求满足、创意农业技术溢出和农村稳定四个方面所达到的社会效用总和。

3.1.2.4 闽台创意农业合作的生态绩效

20世纪90年代以来,有关企业生态绩效的研究日益深入。许多学者认为,在环境污染日益严重的背景下,生态绩效成为评价企业是否具有可持续发展前景的关键指标,它与企业的资源生产力和核心竞争力紧密相关。虽然学界对生态绩效的重要性已经普遍认可,但对环境绩效的含义却存在多种解释。世界经济合作与发展组织(2006)将企业环境绩效界定为一种非货币化的积极成果,表现为通过约束和调整企业的行为,控制其生产经营活动对生态环境的不利影响,以达到持续改善其污染防治、资源利用和生态影响等非基本层面的综合效率和积累效果的目的。Seroa(2006)认为,生态方面的经济业绩和环境质量业绩是企业生态绩效的主要内容,其中,生态经济业绩表示企业生态收入和生态支出之间的差额,生态质量业绩包括企业环境法规的执行情况、生态保护和破坏情况、未来目标等。事实上,生态绩效与环境绩效具有诸多相似之处,汪明月等(2021)在分析国内外有关环境绩效含义研究的基础上,指出企业环境绩效是指企业应用创新的知识和绿色生产技术、绿色工艺,采用绿色生产方式和经营管理模式,开发生产新的绿色产品,以减少企业生产活动对生态环境产生的不利影响,进而取得相应的经济和社会效益,其中包括环境质量绩效和环境财务绩效等。

创意农业是集工业、农业、服务业三个产业为一体的产业业态,具有多重环保特征,包含绿色环保的市场需求、提倡生态环保的经营理念、追求同自然和谐发展的经营模式。创意农业主要包括文化融合型、产品赋予型、生产创新型、用途转化型、环境规划型和再生利用型等6种类型。从创意农业特征和类型可以看出,它是一个具有多项环保功能的新兴产业。环保功能是创意农业的重要属性,环保属性是创意农业与传统农业的主要区别所在,也是创意农业吸引消费者的关键因素。因此,闽台创意农业合作过程中,不仅要追求经济绩效和社会绩效,还要创造尽可能多的生态绩效。开发创意农业的同时,应做好自然资源和非物质文化遗产的保护工作,构建实现良性循环的产业生态,获得"三重绩效"收益。

综合以上分析,本书将闽台创意农业合作生态绩效定义为,闽台创意农业合作中,通过一系列生态管理措施,所达到的资源节约、污染治理、水土保持和绿化增加等方面的效果。

在上述分析的基础上,本书构建闽台创意农业合作绩效三维模型,如图3.4所示。

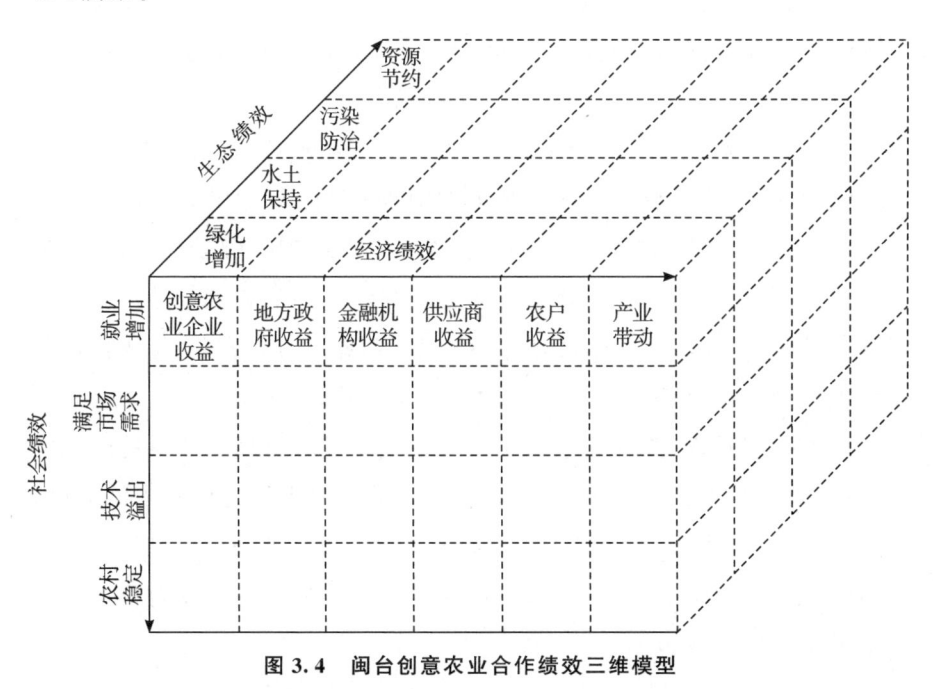

图 3.4 闽台创意农业合作绩效三维模型

3.2 理论基础

本部分将阐述闽台创意农业合作的相关理论,其中:创意经济理论为创意农业提供发展思路,是创意农业经营理念形成的理论依据;区域经济发展理论为闽台创意农业合作的开展提供理论支撑;演化博弈理论则揭示闽台创意农业合作中双方策略选择的依据。

3.2.1 创意经济理论

3.2.1.1 Howkins 的创意经济理论

英国是世界创意经济浪潮的发源地。英国经济学家 Howkins 2001 年出版的专著《创意经济:好点子变成好生意》(*The Creative Economy: How People Make Money from Ideas*),全面揭示了创意、知识产权、管理、资本、财富之间的关系,并据此构建了创意经济理论,Howkins 也因此被誉为"创意产业之父"。根据 Howkins 的观点,创意是一种能力,拥有这种能力的一人或多人通过共同创造和发明等方式,产生某种独特的、原创性的、具有深远意义的新事物。具有经济价值的创意成为创意产品,创意产品可以是一种有形商品,也可以是一种无形服务项目。创意产品与艺术、科技联系紧密,艺术与科技是实现创意、生产创意产品不可或缺的元素。

科技突飞猛进,竞争日趋激烈,创意为企业获取持续竞争力提供可能性,但互联网时代下,信息传递的速度惊人,创意被剽窃的风险成倍增加。创意主体面对环境变化带来的挑战,寻求对创意产品的知识产权保护成为一种必然选择。Howkins 认为知识产权具有七大特征,并详细阐释每一特征的内涵,见表 3.3。

表 3.3 知识产权的特征

特征	具体内涵
财产性	知识产权是"属于某人的东西",拥有者具有所有权,占有、使用和损毁权,以及出售、出租和赠予的权力
无形性	知识产权的客体是智力成果,是一种无形的精神财富,在客观上是无法被人们实际占有和控制的无形财产
政府	知识产权只有在政府或法院承认时才会存在,若没有相关法律的规定,其财产性无法体现
国际公约	许多国家经过协定,建立起一体化的国际公约,对知识产权进行跨国保护,使其能在国家间迅速传播并受到保护
正当性	知识产权的正当性特征表现在激励、回报、技术披露(体现在专利申请书中)、人权等方面
产权合约	产权合约的创立是为了平衡创作者的劳动回报及创意成果的社会效益
选择放弃	创作者有权利选择不进行知识产权的保护,这类人往往因道德感而拒绝经济收益,不接受版权或专利保护

资料来源:HOWKINS J, 2001. The creative economy: how people make money from ideas[M]. London: the Penguin Press.

除了归纳知识产权特征,Howkins(2001)还对知识产权进行分类,将其划分为版权、专利、商标和设计等四种常见的形式。其中,版权涉及个人在特定作品中的创意表达,版权行业包括广告、计算机软件、设计、摄影、电影、电视、表演艺术、音乐(创作、录制和表演)、出版、广播电视和计算机游戏等行业。专利法赋予发明者对所制造的新产品的垄断权,专利行业主要包括制药、电子产品、信息技术、工业设计、材料、化学、工程、空间科学和交通工具等。商标代表某组织或行业的一个记号或标志,设计由一种形状或符号体现,商标与设计的涵盖范围更为广泛。

版权、专利、商标、设计这四种行业构成创意经济或创意产业。而对创意经济或创意产业的定义,国际上尚无法达成一致意见,且存在颇多争议。关于定义的分歧主要集中在创意经济范围的限定上,存在广义范围与狭义范围两种观点,大多数国家赞同广义范围的定义,认为创意产业及其相关产业涉及各种形式的创意性和想象力。而作为创意经济浪潮发源地的英国却将创意产业一词限定于艺术和文化产业,持有相同观点的还有澳大利亚。Howkins(2001)认为创意经济即创意产业,两个概念具有相同内涵,并将创意经济定义为创意产品之间进行的交易,即创意经济(CE)等于创意产品的价值(CP)与交易次数(T)的乘积,用公式可表示为:CE＝CP×T。

上述 Howkins 关于创意经济的探讨成为其定义创意产品的关键理论支撑。Howkins 认为,创意产品都最起码享有知识产权中的一种主要形式(专利、版权、设计和商标)。

Howkins 对创意经济理论的重大贡献还体现在他界定了创意产业的范围,提出创意产业涵盖的 15 个核心产业,包括广告、建筑、艺术、工艺品、设计、时装、电影、音乐、表演艺术(戏剧/歌剧/舞蹈/芭蕾)、出版、研发、软件、玩具和游戏(视频游戏除外)、电视和收音机、视频游戏,具体见表 3.4。

表 3.4 Howkins 提出的创意产业分类

类别	知识产权形式	类别	知识产权形式
广告	版权、商标	表演艺术	版权
建筑	版权	出版	版权
艺术	版权	研发	专利
工艺品	版权	软件	专利、设计
设计	版权、设计	玩具	版权、商标
时装	版权、设计、商标	电视和收音机	专利、版权、商标
电影	版权	游戏	版权
音乐	版权		

资料来源:HOWKINS J, 2001. The creative economy: how people make money from ideas[M]. London: the Penguin Press.

如果说《创意经济》一书构建了创意经济理论的基本框架,那 Howkins(2009)出版的专著《创意生态》则试图解答了创意经济中成员的组成结构,以及成员之间的关系和互动模式。Howkins 引入生态学理论对创意经济的运作方式展开分析,形成创意生态理论。创意生态类似于生态区位[1],各类人士可以在其中以系统化、适应性的方式表达自我,利用既有想法产生新想法,其他人会对这种努力给予支持,即使对此努力未必了解。这种行动与场域内个体之间的关系是创意生态的重点所在。此外,多样化、改变、学习、适应是创意生态的四大支柱,而且会互相强化。多样性代表未来更有可能发生变异与适应,是改变的源头,也是影响改变速度的主要因素;改变是突破局限,是事物在演化过程中获得发展的必然选择;学习是创意的源泉,离开学习,创意心智必将枯萎;适应则是指个体与环境互相适应,生态区位将得到改善。

在《创意生态》中,Howkins(2009)提出创意生态的三大原则,即"每个人都是有创意的、创意需要自由、自由需要市场"。创意生态的培育与城市发展紧密相关,由于存在创意生态,发达国家的首都城市,如伦敦、巴黎、阿姆斯特丹、罗马、柏林、布拉格、维也纳、莫斯科,陆续成为全世界创意发明与新鲜事物的中心。随后,北欧价值观与信仰中的自由和创意精神注入美国社会生态中,使纽约、芝加哥、洛杉矶等美国主要城市迅速加入创意城市行列。

Howkins(2009)还认为,创意与创新不再是与农业、制造业和服务业不相关的领域。创意与农业的关系在《创意经济》一书中也有提及,Howkins指出,生物、农业和教育在本质上都依赖于知识产权。

以上观点为创意农业研究提供了重要的理论基础,也是将创意农业划分至创意产业范畴的关键依据。创意农业作为创意产业的组成部分,具有创意产业的共性,也拥有其自身特性。发展创意农业,应该充分理解知识产权的特征,加强创意农产品知识产权保护,培育适宜创意农业发展的创意生态。闽台创意农业合作与传统闽台农业合作存在诸多共同之处,但创意农业的特性决定二者必然存在明显的差异,依据创意农业相关理论及发展规律,做好知识产权保护工作,构筑自由与包容的创意生态,对闽台创意农业合作的健康发展至关重要。

---

[1] 生态系统与生态区位是生态学的重要概念。生态系统是指好几个不同物种共同生活的生态,生态区位则是指特别有利于某一物种繁衍的生态系统。

3.2.1.2 Florida 的创意经济理论

继《创意经济》(2001年出版)之后,美国区域经济学者 Florida 于 2002 年出版其代表作《创意阶层的崛起》(*The Rise of the Creative Class*)。与《创意经济》一样,《创意阶层的崛起》也专注于探讨创意经济的全球影响,但两者存在显著区别,即前者是通过产业来界定创意经济,而后者则是通过职业(创意阶层)来界定创意经济。Florida 将创意工作定义为易于传播并可广泛使用的新形式或新设计。他全面论述创意阶层的兴起及其特征、生活方式、价值观,认为:创意阶层工作的动力来自激情,而非其他因素;个性化、精英化、多样性与包容性是创意阶层的基本特征;创意阶层主要由"超级创意核心"[①]与"现代社会的思想先锋"[②]两类核心群体组成,除此之外,创意阶层还包含广泛分布于知识密集型行业中的"创新专家"。

Florida(2002)认为,一系列新制度体系综合在一起,形成"创意社会的结构",促进美国创意经济迅速增长。"创意社会的结构"由三部分组成:第一部分是技术创新与创业活动的新体系。技术创新与大学进行的研发项目密不可分,而这类研发项目主要依托政府资助;风险资本与高科技产业相辅相成、互相促进,是创业活动的主要资金来源。第二部分是新颖高效的生产与服务模式。创意社会实现生产方式革新,新颖的生产与服务模式层出不穷。第三部分是推动各种创意活动的宽松的社会、文化与地域环境。一个欢迎并支持所有形式创意活动的社会,类似于一个良好的生物栖息地,有助于各种形式的创意相互交融,从而产生新的成果。

《创意阶层的崛起》一书从另一个角度对创意经济进行了阐释,相关研究成果是创意经济理论的重要组成部分。Florida 的创意经济理论对创意农业发展、闽台创意农业合作的推进具有启发意义,主要体现在以下三方面。

---

① "超级创意核心"包括科学家与工程师、大学教授、诗人与小说家、艺术家、演员、设计师与建筑师。

② "现代社会的思想先锋"由非小说作家、编辑、文化人士、智囊机构成员、分析家以及其他舆论制造者等组成。

第一,创意阶层是区域经济增长的驱动力。Florida 提出的"创意资本理论"认为,创意人才是地区经济发展引擎,无论是创新还是高科技产业,都与创意阶层和创意人才聚集地密切相关。创意阶层就是拥有创意资本的创意人士。创意人士倾向于往多样性强、宽容度高、易于接受新思想的地区聚集,不同技能和观点的创意人才聚在一起,更有可能产生新的人力组合。同时,不同类型创意人才的集聚,将加速知识流动,提升创新速度,进而催生更多高科技企业,企业数量增加将提高区域经济产出,并且创造更多就业机会,从而带动区域经济增长。

第二,创意阶层的创造力来源于生机勃勃的创意生态环境。一个地区若能提供广阔的人才生态体系,那么那里的创意活动将蓬勃发展,因为在好的创意环境中,人的创造力将得到培育和支持,新的创新成果将持续问世,推动地区经济走向繁荣。创意时代下,竞赛是完全开放的,任何国家只要把握得当,都能在比赛中取得领先地位。当前,美国的竞争优势较为明显,然而,芬兰、瑞典、丹麦、荷兰、爱尔兰、加拿大、澳大利亚和新西兰等国也蓄势已久,因为这些国家已经建立起生机勃勃的创意环境。

第三,创意经济的发展离不开"3Ts"。"3Ts"指技术(technology)、人才(talent)和宽容度(tolerance),是由 Florida 提出的,用于了解创新的经济地理分布及其对经济成果的影响。"3Ts"中,技术位列第一位;第二位的生产要素是人才,这里的人才与"人力资本"观点里的人才不同[①],是属于"创意资本"理论范畴的,指从事创意型职业的人员数量;宽容度指一个地区对拥有不同想法的创意人士的包容程度。一个真正意义上的创意中心必须同时具备这三个要素,三要素互相关联,都是吸引创意人才、激发创造力和促进经济发展必不可少的条件。在上述三个要素的基础上,Florida 进一步研究,提出第四个"T",即领域资产(territory assets)。领域资产本质上是指"创新氛围",由一个地区的自然环境、建筑以及心理环境共同构筑而成。领域资产与技术、人才、宽容度组成的"4Ts",成为评价一个地区创意经济发展程度及发展潜力的重要指标。

---

① "人力资本"观点中的"人才"通常指拥有高等教育证书的人。

闽台创意农业合作是创意经济层面的合作。依据 Florida 的观点及研究成果,发展创意经济是一项系统工程,离不开"4Ts"的支撑。当前,中国正由"中国制造"向"中国创造"转型,着力于推动产业转型升级,更加重视创意环境构建和创意人才培育。闽台创意农业合作可借此契机,依托福建、台湾地区现有创意农业发展要素,参照"4Ts"理论,重点发展技术、人才、宽容度、领域资产中较为薄弱的环节,引导四要素均衡发展,使其成为驱动闽台创意农业合作的关键引擎。

3.2.1.3 凯夫斯的创意产业经济学理论

美国哈佛大学经济学与商业管理学教授凯夫斯(Caves)2001年出版的专著《创意产业》(Creative Industries),从另一视角对创意经济展开论述。凯夫斯将创意产业定义为提供具有文化价值、艺术价值或是单纯娱乐价值的商品和服务的产业,并依据文化经济学观点,认为创意产业包括书籍、杂志印刷业,视觉艺术(油画与雕刻),表演艺术(戏剧、歌剧、演唱会、舞蹈),有声唱片,电影和电视节目,时装,玩具,游戏,等等。同 Howkins 和 Florida 相比,凯夫斯对创意产业的定义具有界定具体、范围狭窄的特征。

凯夫斯将美国市场与机构作为研究对象,指出创意产业的产品与业务需要大量创造行为,并将这些创意行为构成的原因视为研究重点,着力探讨创意行为的组织构成。凯夫斯认为,艺术家作为创意行为的主体,与普通人一样,做出抉择的动机也是由某种经济利益驱动的,行为是有目的性的,且是理性的,因为生存是艺术家必须面对的问题,艺术品评估与定价很大程度上由市场决定。艺术与商业融合形成创意产业,在此过程中艺术与商业各取所需,艺术实现生产产业化,而商业从业者看中的是获取丰厚回报的机会。与其他经济活动一样,艺术家所进行的创意行为的形成动机也是获取经济收益,但创意行为同其他经济活动也存在着显著区别,这种区别主要取决于创意行为的基本特点。创意行为具有七大基本经济特点,见表3.5。

表 3.5　凯夫斯创意经济理论中关于创意行为基本经济特点的表述

创意行为的经济特点	具体含义
需求的不确定性	创意性产品推出能否得到消费者青睐具有很大不确定性，这一特征表明创意性产品的投入有极大风险。因此，风险分担方式对于生产的组织形式至关重要
创意产业人员关注产品质量	创意性生产与普通性生产不同，从事创意性生产的艺术家十分关注产品质量，因为产品质量决定着他们的工作投入将取得的报酬
创作产品要求多种技能	很多创意性产品生产需要各种不同技能的专业人员，如电影的拍摄，需要导演、演员、服装师、摄影师、灯光师等一系列专业人员
产品差异性	差异性是创意产品的重要特征，它是创意产品获得消费者青睐的重要因素
不同创意行为对应不同经济价值	从事创意行为的艺术家在技巧性、原创性、熟练程度上存在很大区别，行家或消费者常依据艺术家的水平来判断或预测其作品所处的层次
时间因素至关重要	时间因素对创意产品至关重要，如果出品过程的时间协调紧凑，将保证创意性行为的投资能及时收回，创造可观的经济利润
持久的产品与长期盈利	很多创意性产品，如乐曲等能被持久演奏，乐曲作者在乐曲获得版权保护后，将长期获得版税，可以持久盈利

资料来源：凯夫斯.创意产业经济学：艺术的商业之道[M].孙绯，译.北京：新华出版社，2004。

除对创意产业概念、包括的行业进行界定外，凯夫斯的《创意产业》还试图借助交易理论、现代产业理论、合同理论，对创意行为展开系统分析。合同是为控制经济交易行为而达成的协议，在创意产品经营中，通过订立一系列合同，形成创意产品"艺术家—经纪人—经济组织—消费者"的链式创造及销售过程。

凯夫斯创意经济理论得到一些发达国家与地区的认可，但其研究也存在一些不足。例如,凯夫斯专注于传统文化,其所界定的创意产业范围狭窄,可操作标准模糊,并且忽略了信息革命对生产方式的贡献,凯夫斯的创意经济理论也因此被认为研究的是"旧创意经济"。虽然存在一定局限性,但是凯夫斯的创意经济理论对创意农业发展仍有启发意义,如理论中包含的创意行为的基本特点及创意产业合同理论,对创意农产品生产与创意农业发展过程中交易行为的规范都有借鉴意义。

3.2.1.4 许焯权的创意经济评价理论

许焯权(2004)领导的香港大学文化政策研究中心构建"5Cs"创意指数,旨在揭示创意在社会中的不同体现,说明促进创意增长的不同因素之间的互动关系,评估香港及亚洲其他城市的创意竞争力。香港大学文化政策研究中心在 Florida 的《创意阶层的崛起》、Florida 和 Tinagli(2004)合著的《创意时代的欧洲》(*Europe in the Creative Age*)、Kreidler(2002)主编的《创意社区指数》(*Creative Community Index*)、兰德里的"创意周期理论"[①]等研究成果的基础上,结合香港实际情况,经过主成分分析检验,最终构建由创意成果(manifestations of creativity)、结构或制度资本(structural/institutional capital)、人力资本(human capital)、社会资本(social capital)及文化资本(cultural capital)等五个方面组成的"5Cs"指数。"5Cs"中的结构或制度、人力、社会、文化等四种创意资本形态,是创意增长的决定因素。这些决定因素之间通过互动所产生的累积影响,就是创意的展示,通常以效益和产物的形式呈现。"5Cs"的互动模式如图3.5所示。

"5Cs"指数体系中共有88个测量指标,其中"创意成果"下设3种指标,含17个题项;"结构及制度资本"下设8种指标,含23个题项;"人力资本"下设3种指标,含11个题项;"社会资本"下设3种指标,含21个题项;"文化资本"下设3种指标,含16个题项。"5Cs"每个要素下设的具体指标见表3.6。

---

① 兰德里认为,创意周期包括以下阶段:强化建立观念的能力,将观念转化为实体,为观念建立网络和流通渠道,建立促进机制,推广成果和建立市场与客户群。

人力资本

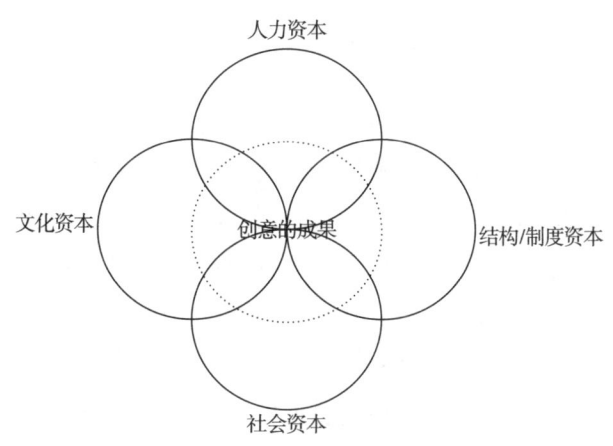

文化资本　创意的成果　结构/制度资本

社会资本

图 3.5　"5Cs"的互动模式

表 3.6　"5Cs"指标体系

创意成果	结构/制度资本	人力资本	社会资本	文化资本
创意的经济贡献；经济层面富创意的活动；创意活动其他成果	司法制度的独立性；对贪污的感觉；表达意见的自由；咨询及通信科技的基础情况；社会及文化基础建设的动力；社区设施的可用性；金融基础；企业管理的动力	研究及发展的支出与教育的支出；知识劳动人口；人力资本的移动	社会资本发展；从世界价值调查得出的习惯与价值；从世界价值调查得出的社区事务的参与	文化支出；对艺术、文化和创意活动的态度；文化与创意活动的环境因素

资料来源：许焯权,方毅.创意指数研究[R].香港：香港特别行政区政府民政事务局,2004:36-47。

许焯权和方毅(2004)指出,全球化影响着大部分城市的社会及经济发展方向,大城市面临前所未有的挑战,为了维持在世界经济发展中的竞争地位,大城市需要进行核心竞争力分析并确立新的国际定位,不断向全球市场提供与众不同的产品和富含创意的服务,而城市发展的转型会间接促进创意经济的产生与繁荣。

3.2.1.5 厉无畏的创意产业理论

厉无畏作为我国创意产业理论研究的领军专家,自 2004 年来,对创意产业理论与实践应用做了大量研究,尤其在结合中国国情、推动中国创意产业发展方面提出了诸多观点。厉无畏的创意产业理论研究及相关观点主要体现在其五本著作中,分别是《创意产业导论》《创意产业:转变经济发展方式的策动力》《创意产业新论》《创意改变中国》《文化资本论》,这五本著作建构了具有中国特色的创意产业理论体系,对我国学者开展创意产业理论研究,以及政府或企业发展创意产业,具有重要的理论指引作用。

厉无畏(2006)认为创意产业与创意工业、创造性产业、创意经济、文化创意产业等有相同含义。他将创意分为两种,即文化创意和科技创意(通常称为科技创新)。知识经济是当今推动经济发展的主要动力,而文化创意和科技创意作为知识经济的核心,是提升产业附加值和竞争力的两大引擎,是经济增长的"车之双轮,鸟之双翼"。创意由来已久,它存在于一切文化与经济活动中,而创意产业则是在社会分工不断深化、文化不断产业化的背景下产生的,经济高度发展是创意产业繁荣的前提条件。厉无畏从产业经济学视角出发,分析创意产业勃兴的市场基础,指出需求升级、科技进步、城市经济转型、全球化趋势等是创意产业获得空前发展的主要推动因素,具体如图 3.6 所示。

创意产业是集知识产权产品和服务的生产、扩散与聚合于一体的现代产业体系,由创意产业集群、创意阶层、创意社区三大要素组成。厉无畏认为,一定数量和规模的同类企业的聚集形成产业集群,并因此产生创意社区,创意社区内的环境和氛围影响着创意阶层的生活(如图 3.7 所示)。厉无畏还对创意产业生产组织、市场交易、投融资、盈利模式、人才资源等进行全面分析,形成更加完善的理论体系。

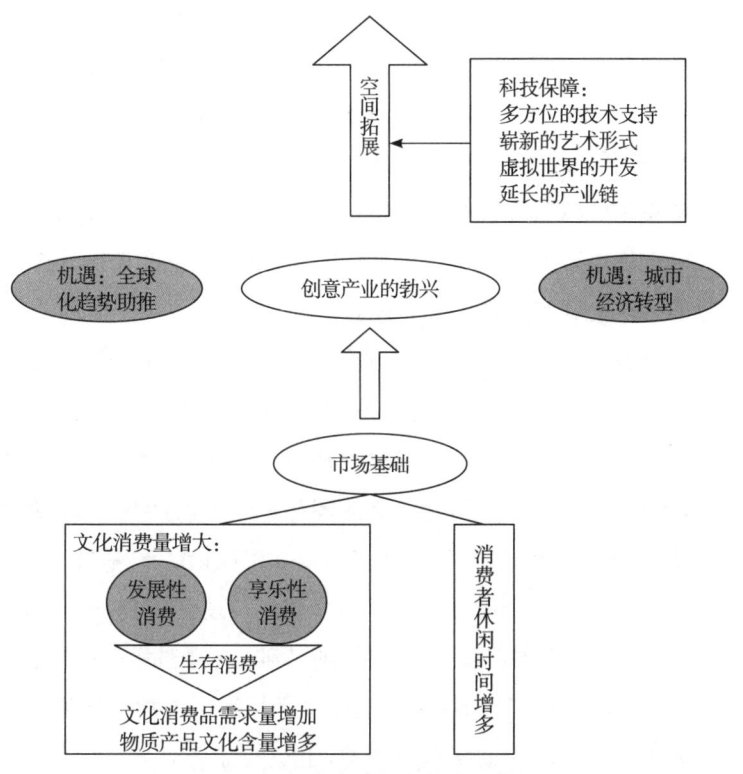

图 3.6 创意产业勃兴的市场基础

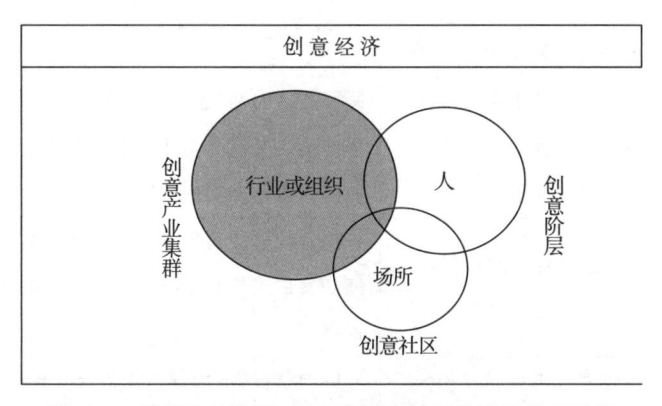

图 3.7 创意产业集群、创意阶层和创意社区的关系示意

通过以上理论梳理可知,由约瑟夫·熊彼特提出的创新理论,为创意经济研究的兴起奠定了重要理论基础。到20世纪后期,随着信息技术的日新月异,世界经济开始转型升级,各经济体不断探索新的经济增长点。受此推动,创意产业异军突起,为全球经济发展注入强劲动力。创意经济的繁荣引起众多学者关注,以霍金斯创意经济理论为代表的理论研究相继问世。霍金斯的突出贡献在于他从知识产权视角出发,对创意经济进行分析,认为创意经济与创意产业具有相同内涵,并将创意产业划分为15个行业,他也因此被誉为"创意产业之父"。凯夫斯的著作《创意产业》与霍金斯的《创意经济》同在2001年出版,从合同理论着手,试图全面阐释创意行为的商业交易流程,但因研究视角较为微观,对创意产业的界定较为狭窄。在霍金斯与凯夫斯之后,佛罗里达的著作《创意阶层的崛起》于2002年出版,从创意人的视角对创意经济进行界定,并提出著名的"3Ts"理论。许焯权深受佛罗里达研究的启发,领导工作小组在"3Ts"的基础上构建评价创意经济的"5Cs"指数。厉无畏在系统梳理以上研究成果的基础上,对创意产业运营模式进行深入剖析,形成完整的理论体系。上述创意经济相关理论概要见表3.7,这是闽台创意农业合作的重要理论基础,也是实证研究环节中指标设置的主要依据。

表3.7 创意经济相关理论概要

学者	相关代表著作(出版年份)	主要贡献
熊彼特	《经济发展理论》(1912)	阐释创新内涵,提出创新理论
霍金斯	《创意经济》(2001) 《创意生态》(2009)	界定创意经济的概念,对创意产业进行分类,提出创意生态理论
佛罗里达	《创意阶层的崛起》(2002)	从创意阶层视角界定创意经济,提出促进创意经济发展的"4Ts"(技术、人才、宽容度、领域资产)要素
凯夫斯	《创意产业经济学——艺术的商业之道》(2001)	分析创意行为的特征,并从合同理论视角对创意行为展开系统研究

续表

学者	相关代表著作(出版年份)	主要贡献
许焯权	《香港创意指数研究》(2004)	构建评价创意经济的"5Cs"(创意成果、结构及制度资本、人力资本、社会资本、文化资本)指标体系
厉无畏	《创意产业导论》(2006)	系统梳理创意产业理论,指出文化与技术是创意产业发展的两大引擎,对创意产业生产组织、市场交易、投融资、盈利模式、人才资源等进行全面分析

资料来源:根据相关文献整理。

3.2.2 区域经济发展理论

3.2.2.1 区位理论

区位理论是研究"一定的经济活动为何会在一定的地方出现"的理论,是经济地理学的核心理论之一。区位理论研究始于19世纪20—30年代,经历了古典区位论、新古典区位论、现代区位论三个发展阶段。

古典区位理论一般是指19世纪20年代至第二次世界大战前的各种区位理论。古典区位理论从空间地理的视角出发,研究市场经济条件下的资源配置规律,其结论对研究区域内部资源配置、促进区域均衡发展相关政策的出台有借鉴意义。虽然古典区位论对理论界及实践有积极贡献,但其不足之处也显而易见,主要体现在可操作性不强,对区位的研究是局部的、静态的分析,以及研究结果缺乏说服力。古典区位论的理论体系概述见表3.8。

表 3.8　古典区位论理论体系概述

代表人物	所提理论	代表作(出版年份)	理论贡献
杜能(德国)	农业区位理论	《孤立国同农业和国民经济的关系》(1826)	生产地到市场的距离是引起农业生产空间分异的主导因素,农业生产者所处位置的级差地租(区位地租、经济地租)为土地资源合理利用提供了重要的经济依据
韦伯(德国)	工业区位理论	《工业区位论》(1909)	费用最小点就是最佳区位点,自然、运输、劳动力、市场、集聚、社会等是决定工业费用的因子
克里斯泰勒(德国)	中心地理论	《德国南部中心地原理》(1933)	系统阐释关于城镇空间分布和结构的中心地理论,揭示第三产业布局的内在规律
勒施(德国)	市场区位理论	《经济空间秩序》(1940)	认为合理的区位是能吸引足够的消费者并且有足够的消费需求产生的地点

资料来源:根据相关文献整理。

第二次世界大战后至20世纪90年代初之间出现的区位理论被称为新古典区位论。在新古典区位论发展的过程中,逐渐形成新古典微观区位论与新古典宏观区位论两个学派。新古典区位论是在韦伯工业区位论的基础上发展起来的,虽然继承了古典区位论思想,但新古典区位论与古典区位论存在显著区别,主要体现在对假设条件的限制程度上,由于新古典区位论放宽假设条件限制,因此其理论成果对现实经济的解释更为准确,具有更强的实用性。

从20世纪90年代初开始,以克鲁格曼(Krugman)为代表的新经济地理学派(New Economic Geography)经济学家把区位因素纳入西方主流经济学的分析框架,使区位理论在不完全竞争和规模报酬递增的框架下获得新发展。克鲁格曼(Krugman,1991)讨论了垄断竞争市场结构条件下的离散空间经济模型,提出解决传统区位问题的分析框架,并建立内生发展模型,为区位理论的一般均衡研究提供微观经济学基础。之后,克鲁格曼(Krugman,1998)构建一般均衡模型,该模型解释了产业聚集的原因,指出在运输成本、规模经济和要素流动等因素驱动下,企业的区位选择以市场导向为主,企业会选择那些容易进入的市场进行生产,并在这一区域形成产业集聚,且产业集中程度与经济规模成正比,经济规模大小主要由市场潜力决定。克鲁格曼的开创性研究使他成为现代区位论的奠基人。

3.2.2.2 区域梯度理论

梯度理论是区域经济学的主要理论,自20世纪70年代创立以来,梯度理论受到诸多经济学家的关注,经过多年发展,其理论体系日趋完善。梯度理论的发展先后经历传统(狭义)梯度理论、反梯度理论、广义梯度理论等阶段的演变。

传统梯度理论也称为区域发展梯度理论,由区域经济学家克鲁默(Krumme)、海特(Hayter)等人创立。经济不平衡发展理论是区域发展梯度理论的思想基础。瑞典学者缪尔达尔(Myrdal,1957)对经济不平衡发展理论进行深入研究,倡导把不平衡增长战略看作经济发展的最佳方式,指出地区发展中同时受到极化效应、扩散效应和回程效应的影响。

梯度理论于20世纪80年代被引入我国,我国学者从不同视角出发,运用梯度理论对不同问题展开研究,形成有关国家间经济发展水平与潜力梯度、国内东西部经济发展梯度差异问题、城市间经济发展水平不平衡问题的研究成果。在国内经济问题研究领域,魏敏和李国平(2004)从初始投资地人缘地缘关系、沉没成本、生产协作网络、基础设施、市场化程度等硬环境和软环境方面着手,对梯度推移黏性展开研究,指出我国不健全的软硬件基础是梯度推移黏性产生的主要原因,健全和完善各项制度是降低黏性的有效措施。另有研究将黏性的产生归因于产业集群效应、文化技术与体制因素、劳动力成本因素和行政因素(曾倩和刘津汝,2021)。此外,张友国(2020)从梯度转移理论出发,提出集聚、扩散、承接、回流、替代等五种产业转移模式。

为弥补传统梯度理论的不足,一些学者展开深入研究,并提出反梯度理论。反梯度理论的思想基础是匈牙利经济学家科尔内(Janos Kornai)提出的观点。科尔内(1988)指出,只要具备有利的外部环境,就可以推动突进式的经济发展。受此观点启发,学者们对反梯度理论展开进一步探讨,逐渐形成完整的理论体系。该理论研究者普遍认为,在承接来自发达地区的高新技术、产业和资本时,欠发达地区可以充分利用周围基础设施、科技、制度等方面的有利条件,改变渐进式发展模式,重点发展高端产业,从而形成较高的产业分工梯度,并不断累积优势,向原转出区反向辐射,推动中间地带快速发展。随着传统梯度理论与反梯度研究的不断深化,学者们分析梯度推移时,更多的是将两种理论结合起来考量,认为考虑到地区间存在的差异,应根据不同时代、不同国家、不同梯度空间分布状况来选择合适的分析工具。

为确定动态的区域梯度等级指标,我国学者李国平和许扬(2002)提出广义梯度理论。广义梯度理论认为区域是一个内部结构关系极其复杂的巨型系统,在这个系统里存在自然要素梯度、经济梯度、社会梯度、人力资源梯度、生态环境梯度、制度梯度等多个子系统,以上子系统之间相互影响、相互制约,形成纵横交错的梯度内部系统网络。广义梯度理论从动态的角度探讨一个地区发展所需的梯度推移程度,认为在不同阶段中,各梯度子系统的比例关系是不同的。广义梯度理论丰富了传统梯度理论的内涵,其提出的巨型梯度系统扩大了传统梯度理论的适用范围,提升了传统梯度理论的适用能力。

3.2.2.3 区域要素流动理论

区域经济学认为区域要素可分为两类:一是指区域单元的组成部分,如经济中心、经济腹地和经济网络,该类要素被称为区域要素;二是指影响区域经济发展的各种要素和资源,包括自然资源、劳动力、资本、科学技术、组织管理、信息以及影响发展的区位、环境,该类要素被称为区域发展要素。区域经济学研究中,第二种分类方式被广泛应用。从要素的本质上看,区位、环境等是不可移动的,因此区域要素流动理论主要研究自然资源、劳动力、资本、组织管理、科学技术、信息等六种生产要素的流动。以上六种生产要素中,自然资源(土地)、资本、劳动力这三种基本生产要素于17世纪被首先提出;组织管理和科学技术于19世纪末和20世纪中叶被分别提出,原因是其在生产中的重要性不断凸显；随着知识经济的兴起和信息高速公路的普及，信息在生产中的地位变得举足轻重，因此被认为是第六项生产要素。可以说，每种生产要素的提出，都是基于特定的时代背景。

从区域发展的角度看，区域要素指区域发展要素。区域要素流动指可流动的区域经济发展要素在区内和区域之间的地域空间的位移。区域要素流动分为区域内要素流动和区际间要素流动两种情况。由于区域内各部分要素拥有量存在差异，为追求效益，在极化、扩散、回流和滴涓作用下，产生了要素流动，并促进区域内部分工和贸易，进而推动区域内经济和社会的发展。同时，区域是一个开放系统，只要区域间存在要素分布的不平衡，就会产生要素流动。对流、传导和辐射是区域间要素流动的主要方式（徐逸智，2022）。从区域要素流动的定义及分类可知，区域要素流动具有两层含义：从增长的意义上讲，是促进区域内或区域间资源优化配置的主要方式；从流动意义上讲，是在比较优势推动下，实现要素在区域市场上的扩散。

任何区域内的生产资源都是有限的，但通过对有限的生产资源进行优化配置，便能获取更多产出。区域经济发展理论正是研究如何在一定空间内优化配置资源、实现资源最大产出的理论。由于对区域内资源的布局存在不同主张，关于区域经济发展理论先后诞生了十种主要理论流派。本书依据研究需要，着重介绍区位理论、区域梯度理论、区域要素流动理论等三种流派的主要理论观点。其中，区位理论研究焦点是企业和消费者的区位选择，但随着政府对区域经济活动的干预不断增多，公共投资区位决策、宏观区位（区域）问题也成为区位理论研究的重要内容。区位理论在取得发展的同时也面临着挑战，区位理论强调运输成本是企业区位选择需要考虑的重要因素，但随着信息经济的出现，许多产品的生产和消费受运输成本的限制越来越小，而是主要受到消费者偏好的影响，这些是区位理论需要解决的问题。区域梯度理论主张通过产业和要素转移的方式，推动发达地区向欠发达地区的经济输出，实现整个区域经济的发展。但区域梯度理论也存在不足，主要体现在难以科学地划分梯度，当划分不合理时，很可能错误定位一个梯度地区所处的发展位置，使地区间的发展差距进一步增大。区域要素流动理论主要研究如何通过要素理性流动，优化经济空间，实现经济快速增长的问题,形成了大量的研究成果。但区域要素流动理论集中关注要素流动的正效应问题,忽略了要素流动可能给流出地区带来的负面影响。总体上看,区位理论、区域梯度理论、区域要素流动理论三种主要的区域经济发展理论虽然存在一定局限性,但其研究成果是开展闽台创意农业合作的重要理论依据,对实践具有指导意义。

3.2.3 演化博弈理论

博弈论又称对策论,是考虑决策主体预测行为和实际行为,并研究其优化策略的理论。由于核心思想蕴含了竞争与冲突,博弈论在经济学研究中被广泛应用。演化博弈是博弈论应用于进化生物学与社会学的产物。演化博弈打破经典博弈强调静态均衡的研究思路,强调动态平衡。传统博弈论中,博弈主体被假定为完全理性的,这个严格的假设在现实中难以得到支持。演化博弈论从更加实际的角度出发,认为个体是有限理性的,其在参与博弈时,并未掌握最有利的策略,但会在博弈过程中学习博弈,因而博弈是一个演化过程。虽然在假设条件上存在显著区别,但演化博弈论却是建立在经典博弈理论的思想基础上,并结合进化生物学的相关理论形成的。

"复制动态"(replicator dynamics)和"演化稳定策略"(evolutionary stable strategy,ESS)是演化博弈论从生物进化理论中引入的两个重要概念。复制动态模型是用来模拟群体类型比较变化过程的工具。复制动态概念认为,当出现一种适应度或回报(Pay off)比种群(Population)平均适应度或回报高的策略时,随着时间的推移,这种策略会被种群中越来越多的参与者所使用。反之,表现不佳的策略会逐渐被种群中的参与者所遗弃(Friedman,1991)。在复制动态中,采用某个策略的个体的单位增长率,与个体的适应度和种群平均适应度之差存在正比关系,可用动态微分方程(3.1)表示:

$$\frac{\mathrm{d}p}{\mathrm{d}t}=p(u_k-\overline{u}) \tag{3.1}$$

其中:p 表示群体中采用特定策略 k 的比例,u_k 是采用特定策略 k 所能得到的收益,$\overline{u}$ 是群体所得到的平均收益。

进化生物学所界定的演化稳定策略,提出种群在演化过程中保持稳定的必要条件。演化博弈中的演化稳定策略指的是,在博弈过程中,有限理性的个体为改善自身收益,会根据既得收益,不断地在边际上对其策略作相应调整,不断实现"较满足的事态"对"较不满足的事态"的替代,达到一种动态平衡状态。演化稳定策略与系统相图中的吸引子相对应。

演化博弈论分析架构中,个体行为和适应度可由策略和收益描述,策略的更替现象体现个体在选择行为发生时择优选择的规律,其中策略更新规则由相应的演化动力学过程决定。经典博弈论认为,理性个体行为的出发点是追逐自身收益的最大化,但当所有个体的决策都是为实现自身收益最大化时,一个有趣的现象发生了,即系统的总体收益反而变少了,这就是所谓的"社会困境"。个体效用最大与全局效用最大间的矛盾是产生"社会困境"的原因,而在这种矛盾状态下,探索合作演化过程中的动力学现象,以及更好促进合作的途径,是演化博弈研究的主要目的。

3.3 闽台创意农业合作演化机理

闽台创意农业合作中,福建和台湾地区作为合作的主体,在有限理性前提下,为追求自身收益最大化,会对合作策略作相应调整。演化博弈强调的博弈均衡是模型改进的结果而非选择的结果,这与闽台创意农业合作的机理相契合,因此,本节将尝试应用演化博弈论分析闽台创意农业合作中的策略选择行为。

3.3.1 博弈主体效用分析

3.3.1.1 合作收益分析

闽台创意农业合作产生并逐渐成为闽台农业合作的重要方向,与闽台传统农业合作边际效用递减有直接关系。图 3.8 展示了闽台传统农业、创意农业合作绩效与时间的关系。闽台传统农业合作初期,台湾地区在资金、技术、管理等方面有优势,而福建在用地、用工成本上远低于台湾地区,两地传统农业生产要素形成极强的互补格局,因此,闽台两地传统农业合作得以不断发展和深入。参与合作的台湾地区企业获得较高的投资收益,福建从中获得的收益则表现为就业增加、农业技术提升、生产管理方式改进、农村经济发展等。但是随着时间推移,在台湾地区农业技术、管理溢出效应持续增加的情况下,闽台传统农业生产差距逐步缩小,福建对台展开合作的意愿逐步减弱。与此同时,福建用工、用地成本不断上升,台资企业获得的收益同步下降,闽台传统农业合作个体收益和全局收益不断减少。图 3.8 中的曲线 A 展示了闽台传统农业合作收益走势。台湾地区创意农业发展早于福建,在创意农业发展政策制定、产业融合、创意人才培养、产业营运等方面存在较大优势。当前闽台创意农业合作已经逐渐兴起,并取得一定成效,其发展趋势如图 3.8 中曲线 B 上的Ⅰ Ⅱ段所示。与闽台传统农业合作发展期的合作绩效相似,当前闽台创意农业合作的合作绩效处于上升趋势,因此两地创意农业具有较强合作动力。

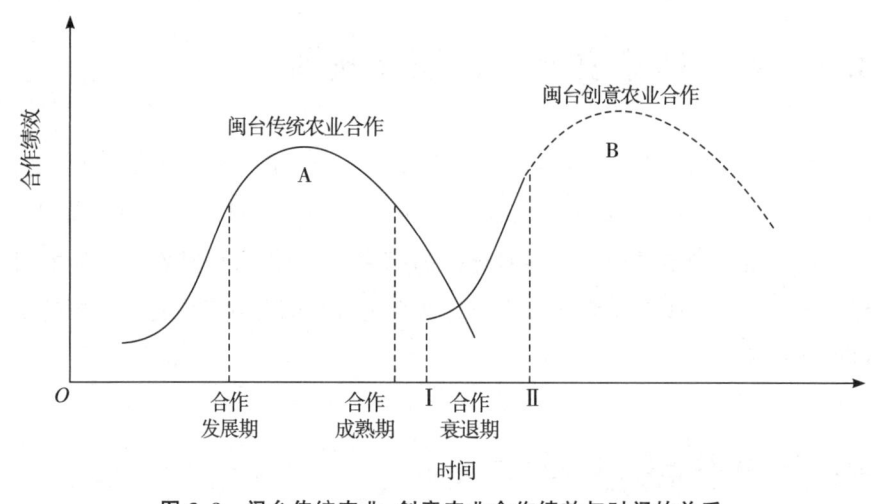

图 3.8 闽台传统农业、创意农业合作绩效与时间的关系

3.3.1.2 福建的成本与收益

闽台创意农业合作中,福建的合作成本主要由基建成本、政策成本和管理成本三块组成。基建指为推动闽台创意农业合作而展开的基础设施建设,其中合作基地建设占较大比重,如福建各地政府投入巨大资金兴建的漳浦、漳平、仙游、清流、福清和惠安台湾农民创业园。政策成本指为吸引台资

创意农业企业投资而出台的土地支持、金融支持、财政补贴、税收减免等扶持政策。管理成本指政府为管理闽台创意农业合作项目所付出的成本,如台湾农民创业园管委会的日常运行费用等。福建的收益可分为长期收益和短期收益,长期收益体现在创意农业产业形成、生态保护和地方知名度提升3个方面,短期收益体现在创意农业生产带动、经济增长、技术提升、就业增加和满足市场需求5个方面。

3.3.1.3 台湾地区的成本与收益

闽台创意农业合作中,台湾地区参与主体主要是来闽投资的台资创意农业企业,因此本书主要考虑台资创意农业企业的成本和收益。合作中,台资创意农业企业成本主要体现在资金、技术和时间三个方面,其中资金是最重要的生产要素。而对于以技术作为合作资本参与闽台创意农业合作项目的企业而言,其技术成本是合作的主要成本。此外,从投产到收成,需要投入大量时间,因此时间成本也应该作为成本的一个重要组成部分。台资创意农业企业的收益主要体现在直接收益和潜在收益上:直接收益指销售收入,以及从福建关于土地支持、金融支持、财政补贴、税收减免等的优惠政策中获得的收益;潜在收益指企业品牌知名度的提升,以及福建省政府可能陆续出台的相关优惠政策。

3.3.2 博弈假设和模型构建

3.3.2.1 博弈假设

和经典博弈理论一样,演化博弈分析同样需要建立在一定的假设条件基础上,根据上述分析结果,本书做出如下假设:

H1:博弈主体为福建各地政府和台资创意农业企业。

H2:自发演化。闽台创意农业合作并不是由官方或某个组织有意安排的,而是自发演化形成的。

H3:有限理性。合作主体在选择合作策略时,总是有限理性的,选择策略的依据是实现自身利益最大化。

3.3.2.2 模型构建

闽台创意农业合作中,假设 R_F、R_T 分别表示福建各地政府和台资创意农业企业独立发展创意农业时的收益,且 $R_F>0$,$R_T>0$。$E_F>0$、$E_T>0$ 分别表示福建各地政府和台资创意农业企业选择合作发展创意农业时所能得到的边际收益。$C_F>0$ 和 $C_T>0$ 分别表示合作双方为搜寻合作策略所付出的成本。因此,可如下支付矩阵,见表 3.9。

表 3.9 闽台创意农业合作中闽方和台方的博弈支付矩阵

台湾地区	福建 策略1:合作	福建 策略2:独立发展
策略1:合作	R_F+E_F,R_T+E_T	R_F-C_F,R_T
策略2:独立发展	R_F,R_T-C_T	R_F,R_T

在支付矩阵中,当双方都选择合作策略时,双方获得的合作收益分别是 R_F+E_F 和 R_T+E_T,即独自发展的收益与边际收益的和。当闽方选择合作而台方选择独自发展时,闽方的收益为 R_F-C_F,台方获得的收益为 R_T。同理可知,当台方选择合作而闽方选择独自发展时,台方获得的收益为 R_T-C_T,闽方得到的收益为 R_F。当双方都选择独立发展时,闽方和台方得到的收益分别为 R_F 和 R_T。

假设 x 表示福建各地政府选择对台合作发展创意农业的比例($0 \leqslant x \leqslant 1$),$1-x$ 表示福建各地政府选择独自发展创意农业的比例;y 表示台资创意农业企业选择和福建合作发展创意农业的比例($0 \leqslant y \leqslant 1$),$1-y$ 表示台资创意农业企业选择独自发展创意农业的比例;(x,y) 表示闽台创意农业合作博弈中合作主体的演化动态,本章的目的就是分析该动态过程的均衡状况。在闽台演化博弈系统中,参与者都是根据自身相对适应性来选择和调整策略的。假设一个策略的增长率等同于参与者自身的相对适应性,那么当另一个策略的适应性高于群体平均适应性时,该策略就会得到发展(Friedman,1991),可以用如下所示的一组微分方程来描述。

福建各地政府采用合作策略的期望收益为：
$$f_1^1 = y(R_F+E_F)+(1-y)(R_F-C_F) = yE_F+yC_F+R_F-C_F$$

福建各地政府采用不合作策略的期望收益为：
$$f_1^2 = yR_F+(1-y)R_F = R_F$$

福建各地政府的平均预期收益为：
$$\overline{f}_1 = x \times f_1^1+(1-x) \times f_1^2 = (xy-x)C_F+xyE_F+R_F$$

所以，福建各地政府选择对台展开创意农业合作策略的复制动态方程为：

$$f_1(x) = \frac{dx}{dt} = x(f_1^1-\overline{f}_1) = x(1-x)(yE_F+yC_F-C_F) \quad (3.2)$$

同理，台资创意农业企业选择和福建展开创意农业合作策略的复制动态方程为：

$$f_2(y) = \frac{dy}{dt} = y(f_2^2-\overline{f}_2) = y(1-y)(xE_T+xC_T-C_T) \quad (3.3)$$

当式(3.2)和式(3.3)为0时，闽台创意农业博弈达到演化均衡状态，此时可得到5个均衡点，分别是 $E_1(0,0)$、$E_2(1,0)$、$E_3(0,1)$、$E_4(1,1)$、$E_5(x_5=\frac{C_T}{E_T+C_T}, y_5=\frac{C_F}{E_F+C_F})$。

式(3.2)和式(3.3)组成的演化系统的雅可比(Jacbian)矩阵如下所示：

$$\boldsymbol{J} = \begin{pmatrix} (1-2x)(yE_F+yC_F-C_F) & x(1-x)(E_F+C_F) \\ y(1-y)(E_T+C_T) & (1-2y)(xE_T+xC_T-C_T) \end{pmatrix}$$

上述雅可比(Jacbian)矩阵的行列式和迹的表达式分别如式(3.4)和式(3.5)所示：

$$|\boldsymbol{J}| = (y+yC_F-C_F)(1-2x)(xE_T+xC_T-C_T)(1-2y)-$$
$$xy(1-y)(1-x)(R_T+E_T)(R_F+E_F) \quad (3.4)$$

$$\text{tr}\boldsymbol{J} = (1-2x)(yE_F+yC_F-C_F)+(1-2y)(xE_T+xC_T-C_T) \quad (3.5)$$

将 $E_1(0,0)$、$E_2(1,0)$、$E_3(0,1)$、$E_4(1,1)$ 和 $E_5(x_5,y_5)$ 5个均衡点分别代入式(3.4)和式(3.5)，计算结果见表3.10。

表 3.10　均衡点对应的行列式值和迹值

均衡点	J 的行列式值($|J|$)	J 的迹值($\mathrm{tr}J$)
$E_1(0,0)$	$C_F C_T$	$-(C_F+C_T)$
$E_2(1,0)$	$E_T C_F$	E_T+C_F
$E_3(0,1)$	$E_F C_T$	E_F+C_T
$E_4(1,1)$	$E_F E_T$	$-(E_F+E_T)$
$E_5(x_5,y_5)$	$-\dfrac{C_T E_T C_F E_F (R_F+E_F)(R_T+E_T)}{(E_T+C_T)^2 (E_F+C_F)^2}$	0

3.3.3　博弈结果分析

当均衡点使得雅可比矩阵 J 的行列式值 $|J|$ 大于 0 和迹值 $\mathrm{tr}J$ 小于 0 时，均衡点处于局部稳定状态，反之，均衡点处于非稳定状态。依据表 3.10 的计算结果，可得系统均衡点的局部稳定性情况，见表 3.11。

表 3.11　闽台创意农业合作演化博弈局部稳定性分析

均衡点	J 的行列式值符号	J 的迹值符号	局部稳定性
$E_1(0,0)$	+	−	稳定点
$E_2(1,0)$	+	+	不稳定点
$E_3(0,1)$	+	+	不稳定点
$E_4(1,1)$	+	−	稳定点
$E_5(x_5,y_5)$	−	0	鞍点

从表 3.11 可知，系统存在 $E_1(0,0)$ 和 $E_4(1,1)$ 2 个局部稳定点，即当双方同时选择合作或不合作策略时，系统处于局部稳定状态。另外，系统还有 $E_2(1,0)$ 和 $E_3(0,1)$ 2 个不稳定点以及 1 个鞍点 $E_5(x_5,y_5)$。依据上述分析，以 x 为横坐标、y 为纵坐标，绘制闽台创意农业合作的复制动态相位图，如图 3.9 所示。

从图 3.9 可知，$E_3 E_5 E_2 E_1$ 部分收敛于 E_1 点，博弈的演化稳定策略是闽台双方都选择不合作；$E_3 E_5 E_2 E_4$ 收敛于 E_4 点，博弈的演化稳定策略是闽台双方都选择合作；这两部分的和为 1。博弈双方选择合作或不合作取

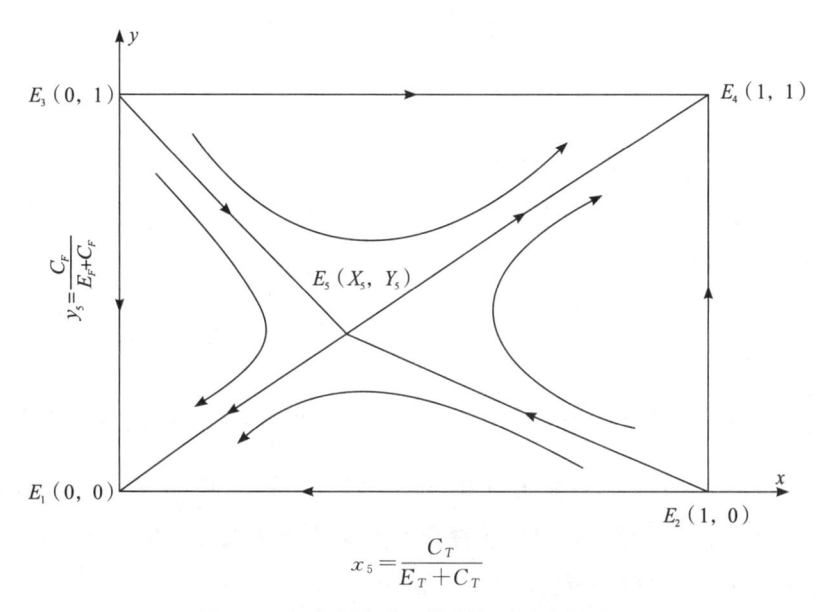

图 3.9　闽台创意农业合作复制动态相位图

决于 E_5 的位置，当 $E_3E_5E_2E_4$ 部分的面积越大，系统收敛于 E_1 的概率越高，闽台选择展开创意农业合作的概率也随之提高。反之，双方可能都选择不合作的策略。系统演化的长期均衡结果可能是双方积极地合作，也可能是双方均选择不合作，以上两个方向的演化路径取决于 x 和 y 的取值。

(1) 当 $x_5 < \dfrac{C_T}{E_T + C_T}$、$y_5 < \dfrac{C_F}{E_F + C_F}$ 时，双方选择合作的比例均小于临界值，处在系统动态演化的 $x_5E_5y_5E_1$ 区域，系统收敛于 $E_1(0,0)$，此时 E_1 是演化稳定均衡点，双方博弈的结果是都倾向选择独自发展创意农业。

(2) 当 $x_5 > \dfrac{C_T}{E_T + C_T}$、$y_5 < \dfrac{C_F}{E_F + C_F}$ 时，系统可能收敛于 $E_1(0,0)$，也可能收敛于 $E_4(1,1)$，系统最终收敛的路径取决于博弈主体的学习速度和策略调整速度，系统会收敛于学习和策略调整速度快的一方，双方的学习和策略调整速度受到双方关系的影响。

(3) 当 $x_5 > \dfrac{C_T}{E_T + C_T}$、$y_5 > \dfrac{C_F}{E_F + C_F}$ 时，双方选择合作的比例均大于临界值，处在 E_5 点的右上方区域，系统收敛于 $E_4(1,1)$，此时 E_5 是演化稳定

均衡点,双方博弈的结果是都倾向于合作发展创意农业。

(4)当 $x_5 < \dfrac{C_T}{E_T+C_T}$、$y_5 > \dfrac{C_F}{E_F+C_F}$ 时,系统可能收敛于 $E_1(0,0)$,也可能收敛于 $E_4(1,1)$,系统最终会收敛于学习和策略调整速度快的一方。

以上四种情况揭示了闽台双方参与合作的比例 x 和 y 变化时系统可能的演化方向。

值得进一步讨论的是 x 和 y 的取值。计算结果显示,$x_5 = \dfrac{C_T}{E_T+C_T}$、$y_5 = \dfrac{C_F}{E_F+C_F}$ 是系统的鞍点。从 $x_5 = \dfrac{C_T}{E_T+C_T}$ 可知:当台资创意农业企业的成本 C_T(C_T 主要指台企的资金、技术和时间)不变时,随着其边际收益 E_T 的不断增大,福建各地政府选择合作策略的比例随之降低,原因是双方的合作收益主要由台企获得;当台企的边际收益 E_T 不变时,随着台企成本 C_T 的不断增加,福建各地政府选择合作策略的比例不断上升,原因是台企投入较多的资金、技术和时间成本后,福建各地政府获得更大收益。$y_5 = \dfrac{C_F}{E_F+C_F}$ 是台企选择合作的比例,从该式可知:当福建各地政府边际收益 E_F 不变时,随着福建各地政府合作策略搜索成本的不断增加,选择合作的台企比例随之增加,原因是台企会从福建各地政府兴建的基础设施,以及有关土地、金融、财政、税收等扶持政策中持续受益;当福建各地政府成本支出不变时,随着其边际收益的增加,台企选择合作的比例不断下降,原因是合作总体收益大部分由福建各地政府获得。

通过博弈主体收益分析、假设提出、模型构建和博弈结果分析等步骤,深入分析闽台创意农业合作的演化机理,可以得到3个主要结论:(1)博弈的初始状况是演化博弈达到稳定状态的重要影响因素之一,当初始状态的参数值(双方选择合作策略的比例)位于临界值的左下角,博弈的稳定状态是所有参与主体都选择不合作。当初始状态的参数值位于临界值的右下角,博弈的稳定状态是所有参与主体都选择合作。如要获取一个较为理想的初始参数值,则双方选择合作策略的比例都要大于临界值。(2)边际收益是整个博弈系统演化的决定性变量,合作方只有在边际收益大于0时,才会考虑选择合作策略。(3)一方选择合作的主体比例取决于另一方的收益和成本。当一方收益提高时,在总收益不变的情况下,另一方的收益会减少,合作动力就自然会减弱,选择合作的主体比例也就随之减小。

依据上述结论可知,在闽台创意农业合作博弈过程中,为让福建各地政府和台资创意农业企业都尽可能参与合作,使合作策略成为双方演化博弈的稳定状态,合作双方应首先积极创造一个良好的宏观合作环境。福建方面可出台相应鼓励台资创意农业企业投资的优惠政策,如土地使用优惠政策、金融支持政策、税收减免政策、财政支持政策等,使台企获得更高的收益预期。台湾地区方面,应该主动与福建进行创意农业相关技术、知识产权的合作,鼓励创意农业人才到福建发展,扩大台湾地区创意农业企业的发展空间,拓展台湾地区创意农业人才就业渠道。此外,闽台创意农业合作中,合作双方在考虑自身收益的同时,还需考虑对方收益,应努力增大总体收益,提高双方选择合作的主体比例,使合作策略成为演化系统收敛的稳定状态。

3.4 闽台创意农业合作绩效理论模型

本书第 2 章文献综述部分系统梳理了创意农业发展的关键影响因素,整理出政策法规、基础设施、中介组织、领导、文化资源、科技资源、人力资源、金融、产业、需求 10 个影响创意农业发展的因素。第 2 章还归纳了影响闽台农业合作成效的因素和能力,即基础设施、政策法规、园区管理、资源、产业、技术、农地、营销等 8 个关键因素,以及远景规划能力、技术创新能力和合作协同能力等重要能力。在上述研究结论的基础上,第 2 章提炼了影响闽台创意农业合作的因素和能力。其中:影响因素包含环境、台湾农民创业园管委会和台资创意农业企业 3 个维度。环境维度由基础设施、政策法规和社会信任 3 个因素组成,台湾农民创业园管委会维度由决策、组织、领导和控制 4 个因素组成,台资创意农业企业维度由资源、产业、技术、营销和文化 5 个因素组成。闽台创意农业合作能力由文化创意能力、技术创新能力和合作协同能力 3 种能力组成。

对闽台创意农业合作展开机理分析的结果显示,福建和台湾地区需要付出的成本和收益是决定双方合作能否顺利开展的关键,即闽台创意农业合作的前景主要由合作绩效决定。依据前文分析,闽台创意农业合作绩效受环境维度、台湾农民创业园管委会维度、台资创意农业企业维度和闽台创意农业合作能力的共同影响,本书根据这种理论关系,提出闽台创意农业合作绩效 FCP[①] 理论模型,如图 3.10 所示。

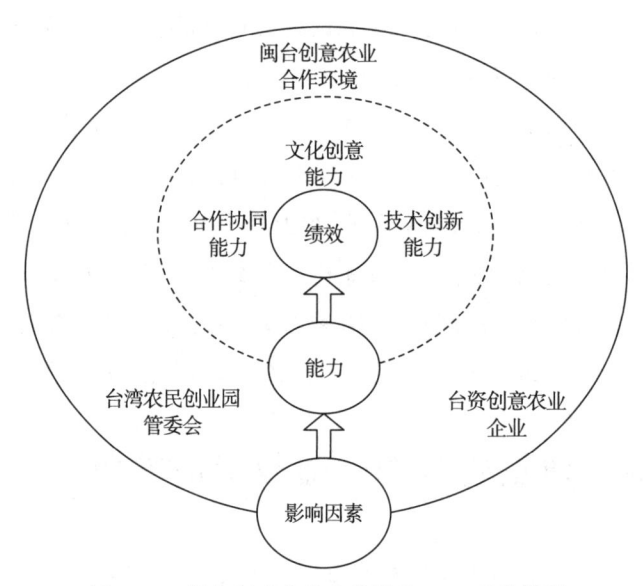

图 3.10 闽台创意农业合作绩效 FCP 理论模型

3.5 本章小结

本章界定了创意、创新和闽台创意农业合作绩效 3 个与研究主题相关的概念,辨析了创意和创新的关系和区别,并揭示了闽台创意农业合作绩效的内涵,认为闽台创意农业合作绩效由经济绩效、社会绩效和环境绩效三个部分组成。本章还系统回顾了创意经济理论、区域经济发展理论和演化博弈理论三大理论,并运用演化博弈理论,对闽台创意农业合作绩效展开机理

---

① FCP 是由 factor(影响因素)、capability(能力)、performance(绩效)三个英文单词的首字母组成的。

分析。分析结果显示,合作预期收益是福建和台湾地区选择是否进行创意农业合作的依据。在上述分析基础上,本章结合第 2 章的研究结论,提出闽台创意农业合作绩效 FCP 理论模型,为闽台创意农业合作概念模型的构建提供理论依据。

4 闽台创意农业合作研究概念模型构建

第 3 章基于闽台创意农业合作影响因素、合作能力和合作绩效之间的关系，提出闽台创意农业合作绩效 FCP 理论模型。本章将依据 FCP 理论模型中潜变量间的内在联系，借鉴相关研究成果，为各影响因素设计测量指标，提出闽台创意农业合作绩效影响因素对合作绩效作用的实证假设。同时，为更全面、严谨地研究闽台创意农业合作影响因素对合作绩效的作用机理，本书引入中介效应检验方法，将闽台创意农业合作能力维度设置为中介变量，假设其在闽台创意农业合作影响因素和闽台创意农业合作绩效的关系中具有中介作用。在以上假设基础上，构建研究概念模型。

4.1 闽台创意农业合作绩效的影响因素及假设

闽台创意农业合作绩效的影响因素由环境、台湾农民创业园管委会和台资创意农业企业 3 个维度组成。

4.1.1 环境维度

环境维度由基础设施、政策法规和社会信任 3 个因素组成。

4.1.1.1 基础设施因素

Florida(2002)指出，由于美国有强大基础设施作为支持，其创意经济增长迅速、影响深远。创意经济发展与"元想法"紧密相关，所谓"元想法"，是指那些促使其他想法产生并进行传播的想法,而科学合理的新制度体系是催生"元想法"的重要基础。厉无畏和王慧敏(2009)指出产业集聚有利于创意产业发展,而创意产业园区建设将促进创意产业集群的形成,在此过程中,应逐步培育与完善创意产业园区的功能,使其满足创意产业集群的成长要求。金元浦(2010)认为,公共基础设施、专业化劳动力市场、科技资本等是创意产业集聚区形成所需的基本要素。徐汉明和周箴(2017)也强调基础设施的重要性,认为创意产业集聚区配套的主要是基础设施。同其他产业一样,创意产业集群基础设施也分为硬件设施和软件设施两种。硬件设施包括场所、完善的设备、吸引和聚集企业的相关政策等;软件设施指对地方历史文化资源的开发和继承等。当前,在闽台创意农业合作中,创意产业园区形式主要表现为创意农业产业园区。此外,土地、劳力、技术等生产要素的有效供给,将为闽台创意农业合作提供重要的要素保障。

在上述研究基础上,本书选取、设置4个题项(具体见表4.1)对闽台创意农业合作影响因素中的基础设施进行测量,并作出假设H1a。

表4.1 基础设施因素的测量题项

因素	测量题项	参考来源
基础设施	创意农业产业园区	Florida(2002)
	创意农业土地供给	厉无畏和王慧敏(2009)
	创意农业劳力供给	金元浦(2010)
	创意农业技术供给	徐汉明和周箴(2017)

资料来源:根据相关文献整理。

H1a:基础设施对闽台创意农业合作绩效具有正向影响。

4.1.1.2 政策法规因素

Bell和Jayne(2009)认为政策对农村文化经济发展至关重要,政府相关政策的制定应该建立在农村实际状况和经济发展需求的基础上。Howkins(2009)指出,创意促使经济生态从机械演化成为有机的构架。为构造适宜创意经济发展的生态,相应的产业政策必不可少。政府可以同企业合作,有针对性地调整相关产业政策和法规,使其符合创意生态需要,进而推动创意经济发展。Howkins(2001)还强调知识产权保护法规的重要性,因为"创意产品都最起码享有知识产权中的一种主要形式(专利、版权、设计和商标)"。资本对创意产业的发展同样重要,政府应为创意企业建立提供资金服务的融资信贷平台,推动创意产业化(厉无畏和王慧敏,2009)。作为创意产业的组成部分,创意农业的发展同样需要得到知识产权保护法规、信贷优惠政策的支持。另外,财政支持也不可或缺,翁旭青(2019)指出农业作为一个弱势产业,其发展离不开政府财政支持,从发达国家经验可知,政府优惠政策和财政上的大力支持对创意农业发展起重要支撑作用。除以上因素外,开展对台创意农业合作,处理好农地问题至关重要(郭晓义,2020)。

在上述研究基础上,本书选取、设置5个题项(具体见表4.2)对环境维度中的政策法规因素进行测量,并作出研究假设H1b。

表4.2 政策法规因素的测量题项

因素	测量题项	参考来源
政策法规	创意农业土地使用优惠政策	Howkins(2001)
	创意农业信贷优惠政策	厉无畏和王慧敏(2009)
	创意农业税收优惠政策	Bell和Jayne(2009)
	创意农业财政补贴政策	Howkins(2009)
	创意农业知识产权保护法规	翁旭青(2019)
		郭晓义(2020)

资料来源:根据相关文献整理。

H1b:政策法规对闽台创意农业合作绩效具有正向影响。

4.1.1.3 社会信任因素

Luhmann(1979)认为私人信任在传统社会占据主流地位,而现代社会则以系统信任或社会信任为主。信任是交换与交流的媒介,信任的本质是信任感(郑也夫,2001)。吕庆华(2004)对商业社会信任的功能进行归纳,认为信任有两方面作用:一是促进商业交易双方达成盈利性交易合同,提高成交效率;二是增进不同文化价值背景的商业交易双方的相互理解和适应,建立长期交易合作关系,节省交易成本。闽台创意农业合作的本质是商业经济行为,良好的社会信任制度以及相应的信任奖惩制度将确保合作的顺利展开。而信任建立需要一个过程,在信任建立之前,行业协会和中介机构必不可少(金元浦,2010),当出现问题时,协会机构可以起到协调和解决问题的作用。

在上述研究的基础上,本书选取、设置4个题项(具体见表4.3)对环境维度中的社会信任因素进行测量,并作出研究假设H1c。

表4.3 社会信任因素的测量题项

因素	测量题项	参考来源
社会信任	社会征信制度	Luhmann(1979)
	信任奖惩制度	郑也夫(2001)
	行业协会	吕庆华(2004)
	仲裁机构	金元浦(2010)

资料来源:根据相关文献整理。

H1c:社会信任对闽台创意农业合作绩效具有正向影响。

4.1.2 台湾农民创业园管委会维度

台湾农民创业园管委会维度由决策、组织、领导和控制4个因素组成。

4.1.2.1 决策因素

孔茨和韦里克(2010)指出决策是计划的核心部分,并将决策解释为在"决策需要"出现时,决策者了解问题和分析问题,明确目标,进而收集相关信息,拟定备选方案,对各种方案进行评估,最终做出决策的管理过程。台湾农民创业园管委会作为闽台创意农业合作的闽方职能部门,在合作项目管理过程中,扮演着管理学中提到的"决策者"的角色,需要全面了解创意农业合作项目,提出相应发展目标和战略。杨军(2018)、林炳坤和吕庆华(2021)也强调发展战略在闽台农业合作中的重要性。

在上述研究基础上,本书选取、设置4个题项(具体见表4.4)对台湾农民创业园管委会维度中的决策因素进行测量,并作出研究假设H2a。

表 4.4　决策因素的测量题项

因素	测量题项	参考来源
决策	管委会管理层对创意农业认知程度	孔茨(2010) 杨军(2018) 林炳坤和吕庆华(2021)
	管委会管理层对创意农业合作项目了解程度	
	管委会创意农业发展目标	
	管委会创意农业发展战略	

资料来源:根据相关文献整理。

H2a:决策对闽台创意农业合作绩效具有正向影响。

4.1.2.2　组织因素

西蒙(1988)认为组织指的是人类群体当中的信息沟通或相互关系的复杂模式。汉纳根(2006)指出组织创立的目的是完成特定目标,在此过程中,任务、方向、目标的阐明是组织取得成功的关键。另外,确保组织成员按照既定要求执行相应任务、采取相应行动至关重要。实践中,组织通常热衷于追求效率。在闽台创意农业合作过程中,创意农业合作项目团队的组建、让团队成员迅速适应新任务、保持团队稳定性、建立科学合理的沟通机制等是推进闽台创意农业合作项目发展的有效途径。

在上述研究基础上,本书选取、设置4个题项(具体见表4.5)对台湾农民创业园管委会维度中的组织因素进行测量,并作出研究假设H2b。

表 4.5　组织因素的测量题项

因素	测量题项	参考来源
组织	管委会创意农业合作项目团队的组建	特西蒙(1988) 汉纳根(2006)
	管委会创意农业合作项目团队对新兴业务的适应性	
	管委会创意农业合作项目团队的稳定性	
	管委会同创意农业企业的互动程度	

资料来源:根据相关文献整理。

H2b:组织对闽台创意农业合作绩效具有正向影响。

4.1.2.3　领导因素

厉无畏(2007)将领导作为创意产业发展的评价指标之一,认为"有无清晰的创意理论与战略理论表述,以及有无详细的行动方案与实施、领导"是创意产业能否成功发展的主要影响因素。领导是管理的一个重要方面,一个合格的管理者应能够有效地进行领导。孔茨和韦里克(2003)将领导定义为"让人们心甘情愿和满怀热情地为实现群体的目标而努力的艺术活动过程"。此定义得到罗宾斯和库尔特(2004)的认可。孔茨认为领导者应该鼓励、激发组织成员自愿、全身心地投入组织工作,并贡献全部经验和技能。领导力是实现有效领导的关键,安东纳基斯和茜安西奥罗(2011)指出领导是领导者和追随者相互影响的过程,在这过程中领导者的经验、能力、领导艺术与追随者的综合素质、责任感相互作用,直至实现组织目标。

在上述研究基础上,本书选取、设置 4 个题项(具体见表 4.6)对台湾农民创业园管委会维度中的领导因素进行测量,并作出研究假设 H2c。

表 4.6　领导因素的测量题项

因素	测量题项	参考来源
领导	管委会创意农业合作项目负责人经验和能力	孔茨和韦里克(2003) 罗宾斯和库尔特(2004) 厉无畏(2007) 安东纳基斯和茜安西奥罗(2011)
	管委会创意农业合作项目负责人领导艺术	
	管委会创意农业合作项目成员综合素质	
	管委会创意农业合作项目成员责任感	

资料来源:根据相关文献整理。

H2c:领导对闽台创意农业合作绩效具有正向影响。

4.1.2.4 控制因素

在管理链条中,控制排在决策、组织和领导之后,是整个链条最后一环。控制包含对活动和行为的规范。希特等(2009)认为控制就是协调组织成员活动,同时指出组织设置的控制过程包括设立标准、衡量绩效、将实际绩效与标准进行比较、评估比较结果并采取必要的纠偏行动。汉纳根(2006)按控制介入时点,将控制分为前馈控制、同步控制和后馈控制。于立新和林武程(2018)认为,缺乏控制、监督机制不完善是目前闽台农业科技项目管理过程存在的主要问题。因此,控制是闽台创意农业合作中不可忽视的重要环节。

在上述研究基础上,本书根据控制过程的四个基本环节,选取、设置 4 个题项(具体见表 4.7)对台湾农民创业园管委会维度中的控制因素进行测量,并作出研究假设 H2d。

表 4.7 控制因素的测量题项

因素	测量题项	参考来源
控制	管委会对创意农业合作项目实施过程的监控	汉纳根(2006)
	管委会创意农业合作项目保障机制	希特等(2009)
	管委会创意农业合作项目修正制度	于立新和林武程(2018)
	管委会创意农业合作项目退出机制	

资料来源:根据相关文献整理。

H2d:控制对闽台创意农业合作绩效具有正向影响。

4.1.3 台资创意农业企业维度

台资创意农业企业维度由资源、产业、技术、营销和文化 5 个因素组成。

4.1.3.1 资源因素

资源是推动产业发展的生产要素,人们对其的认识随着社会经济的发展而不断深化。厉无畏(2009)指出,在农业经济为主的经济环境下,劳力、资金和土地等资源是重要生产要素;在工业社会,人力、金钱、原材料、设备、产销方式、技术等显得更为重要;在知识经济背景下,企业更注重对社会资本、信息资本、文化资本和思想资本的追求。创意经济产业与其他产业一样,需要各种资源的投入和相互作用,才能取得发展(吕庆华 等,2021)。有创意想法的人们需要资金来将这些想法付诸实施(Schumpeter,1942)。知识型经济领域最知名的研究学者彼得·德鲁克(Drucker,1993)指出,基本经济资源,也就是生产资料,在经济学家看来,已不再是资本、自然资源抑或是劳动力;如今,生产资料就是知识,将来也会如此。可见,知识经济背景下,知识对创意农业企业的发展至关重要,是创意农业企业最重要的资源之一。除知识外,创意农业发展还需要多种其他资源的投入,因为创意农业具有一些与传统农业及工业生产相同的特质。

在上述研究基础上,结合农业经济、工业经济、知识经济背景下企业发展所需的生产要素,本书选取、设置5个题项(具体见表4.8)对台资创意农业企业维度中的资源因素进行测量,并作出研究假设H3a。

表4.8 资源因素的测量题项

因素	测量题项	参考来源
资源	创意农业企业拥有的先进设备	熊彼特(1942) Drucker(1993) 厉无畏(2009) 吕庆华等(2021)
	创意农业企业抵(质)押物	
	创意农业企业的财务状况	
	创意农业企业的技术人才储备	
	创意农业企业知识产权	

资料来源:根据相关文献整理。

H3a:资源对闽台创意农业合作绩效具有正向影响。

4.1.3.2 产业因素

安存红和周少燕(2022)指出,产业空间集聚对公司行为和绩效有显著影响。Henderson(2003)等研究发现产业集聚有利于提高企业生产率,并对企业规模的形成有重要影响。Holmes(1999)通过分析美国的数据发现,无论在制造业内部还是不同产业之间,产业集聚和企业规模之间都有正向关系。马仁锋等(2019)指出产业政策、相关产业布局等是影响文化创意产业区位选择的关键因素。张炜和姚海棠(2011)在文献回顾及对创意文化产业影响因素梳理的基础上,建立灰色关联模型,定量研究各影响因素与文化创意产业发展的关系,并提出培育文化创意环境、促进产业集群化发展的政策建议。创意农业产业集群内,企业在生产过程中的不断积累知识,技术能力逐步提高,从而有更多创新。当集群中的个体成员运用知识和信息进行模仿创新和二次创新时,会间接推动创新成果在价值链上的传导,促使个体知识逐步成为集群共同知识,进而实现集群内参与者的共同学习和创新。从影响因素看,创新文化、竞争效应、创新收益、需求拉动和创新积累等五方面因素是集群创新的动因。需要进一步提出的是,集群创新通常不是由单一因素驱动的,而是几个因素共同作用的结果(王松和聂菁菁,2022)。

在上述研究基础上,本书选取、设置4个题项(具体见表4.9)对台资创意农业企业维度中的产业因素进行测量,并作出研究假设H3b。

表4.9 产业因素的测量题项

因素	测量题项	参考来源
产业	创意农业产业集群	Holmes(1999)
	创意农业产业规模	Henderson(2003)
	创意农业产业链	张炜和姚海棠(2011)
		马仁锋和周少燕(2019)
	创意农业与其他产业的联系	安存红和聂菁菁(2022)
		王松等(2022)

资料来源:根据相关文献整理。

H3b:产业对闽台创意农业合作绩效具有正向影响。

4.1.3.3 技术因素

从卡尔·马克思、约瑟夫·熊彼特到罗伯特·索罗、保尔·罗默,这些一流的经济增长研究人员无不把技术当作经济发展的关键推动力量。创意产品凝聚独具个性的创意,并融入一定科技成分,可以说是个人创造力与现代技术的结合。创意农产品也因为相应领域技术的融入、集合才得以超出传统农产品的范畴,获得消费者的青睐。创意农业企业应注重相关技术开发,提高自身技术实力,而技术开发的前提是对技术有充分的认识。Roussel 和 Saad(1991)将技术生命周期归纳为萌芽、成长、成熟、衰退四个阶段。Hamilton 和 Singh(1992)认为在企业生命周期的各个阶段企业所需的技术知识源是不同的。Scott 等(1992)指出企业开放度与技术的变化速度相关:当技术变化速度较快时,企业会提高开放度以获取更多的外部创新资源,而当技术发展缓慢时,企业则将注意力转向市场。Nonaka(1995)对技术复杂程度进行研究后发现,技术复杂程度会影响企业吸收难度,但越复杂的技术越容易保护,因此技术复杂程度与企业技术创新绩效之间具有很强的相关性。此外,标准化是技术应用的重要步骤,技术标准化可以协调不同技术间的结合过程,有利于企业降低生产成本、减少产品差异、降低学习成本。

在上述研究基础上,本书选取、设置4个题项(具体见表4.10)对台资创意农业企业维度中的技术因素进行测量,并作出研究假设 H3c。

表 4.10 技术因素的测量题项

因素	测量题项	参考来源
技术	创意农业技术的生命周期	Roussel 和 Saad(1991)
	创意农业技术的革新速度	Hamilton 和 Singh(1992)
	创意农业技术的复杂程度	Scott 等(1992)
	创意农业技术的标准化程度	Nonaka(1995)

资料来源:根据相关文献整理。

H3c:技术对闽台创意农业合作绩效具有正向影响。

4.1.3.4 营销因素

阿姆斯特朗和科特勒(2004)将市场营销定义为"个人和群体通过创造产品和价值,并同他人进行交换,以满足个人需求的一种社会及管理过程"。厉无畏(2009)将创意产品的实质解释为能打动消费者的内容及其表达方式。创意产品的营销推广主要通过增强故事力、感受力和娱乐力等手段来实现。林炳坤和吕庆华(2015)指出,开展闽台农业合作并进行共同营销,是提升闽台区域农业竞争力的有效途径。童薇和刘用场(2008)认为,闽台两地有特殊的"五缘"优势,构建闽台两地农业品牌联盟可以极大地促进两地文化与经济交流,避免两地农产品恶性竞争,为闽台两地农业经营者创造可观的经济效益。童薇和刘用场(2008)进一步指出,闽台两地可采取直接营销、定制营销、网络营销等相结合的营销模式,推动提升两地农产品知名度和影响力。

在上述研究基础上,本书选取、设置4个题项(具体见表4.11)对台资创意农业企业维度中的营销因素进行测量,并作出研究假设H3d。

表4.11 营销因素的测量题项

因素	测量题项	参考来源
营销	创意农业项目价值	阿姆斯特朗和科特勒(2004)
	创意农业项目市场前景	童薇和刘用场(2008)
	创意农业项目市场定位	厉无畏(2009)
	创意农业组织营销策略	林炳坤和吕庆华(2015)

资料来源:根据相关文献整理。

H3d:营销对闽台创意农业合作绩效具有正向影响。

4.1.3.5 文化因素

Florida(2006)认为文化对经济的重要性在于激发人类的创意。既然每个人都有创造潜能,那么文化的关键作用就是创建一个能激发和释放人们才能的社会,这样的社会将可以塑造开放和包容的文化范围,没有歧视,没有约束,有的只是让人们实现自我发展。文化作用的发挥不是通过约束人类的创造力实现的,而是通过挖掘和激发人类的创造力实现的。

企业文化研究起源于西方,由来已久。大内(1984)在其著作《Z理论——美国企业界如何迎接日本的挑战》中提出其对企业文化的理解,认为一个企业的文化由其传统和风气构成。此外,企业文化还包含一个企业的价值观,如进取性、守势、灵活性,即确定活动、意见和行动模式的价值观。其他学者,如帕斯卡尔和阿索斯(1984)、彼德斯和沃特曼(1985)、迪尔和肯尼迪(1994)等对企业文化的理解与大内基本一致。科特和赫斯克特(2004)指出,当企业文化力量十分雄厚的时候,它能促使企业在同对手竞争或为消费者提供服务的过程中采取敏捷的行为方式,从而提升企业经营业绩。

研究发现,那些重视消费者要素和员工要素的企业,在长期经营过程中,将比没有这些文化特征的企业取得更为卓越的业绩,因为企业文化具有导向、凝聚、融合、规范、守望和辐射等功能。可以认为,经过精心培育的企业文化将显著影响企业经营业绩(刘刚 等,2019)。因此,对创意农业企业而言,通过塑造良好的创新氛围和学习环境、提升员工满意度、提升企业凝聚力等途径,将使其逐步形成具有强劲竞争力的企业文化,进而提升经营效益。

在上述研究基础上,本书选取、设置4个题项(具体见表4.12)对台资创意农业企业维度中的文化因素进行测量,并作出研究假设 H3e。

表 4.12　文化因素的测量题项

因素	测量题项	参考来源
文化	创意农业企业的创新氛围	大内(1984)
	创意农业企业的学习环境	彼德斯和沃特曼(1985)
	创意农业企业员工满意度	迪尔和肯尼迪(1994)
		科特和赫斯克特(2004)
	创意农业企业凝聚力	刘刚等(2019)

资料来源:根据相关文献整理。

H3e:文化对闽台创意农业合作绩效具有正向影响。

综上,绘制闽台创意农业合作影响因素与闽台创意农业合作绩效之间的关系图,如图4.1所示。

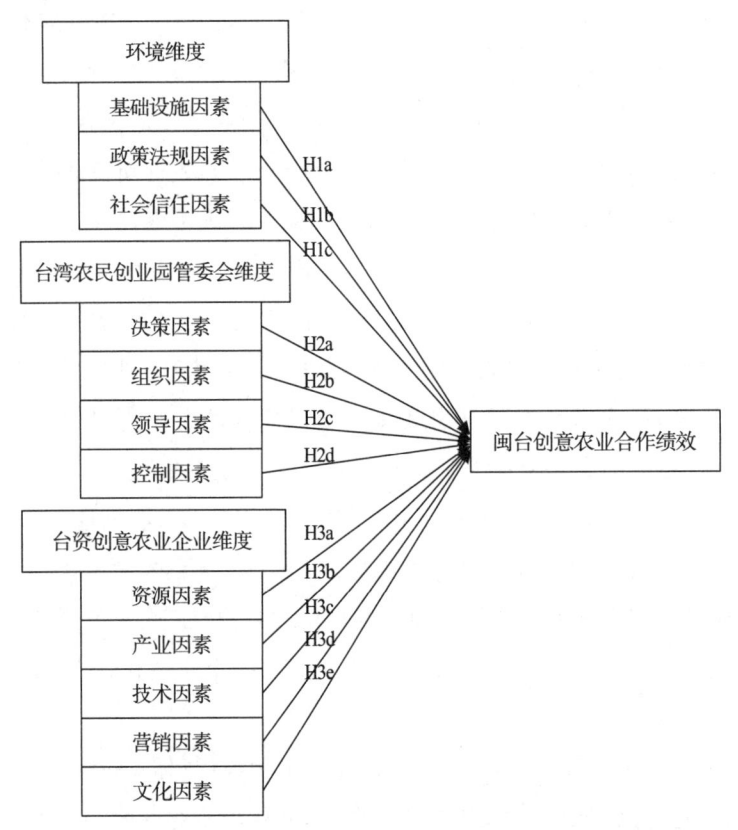

图4.1 闽台创意农业合作影响因素与闽台创意农业合作绩效间的关系

4.2 闽台创意农业合作能力对合作绩效的影响及假设

企业本质上是其拥有的各种资源和能力的集合体,企业能力由知识、经验和技能组成。企业能力是企业管理水平的反映,影响企业绩效(王淑敏,2018;喻登科 等,2022)。合作能力关系到闽台创意农业合作的成效,根据闽台合作实际,结合创意农业行业特点,本书设置文化创意能力、技术创新能力和合作协同能力3个因素,用于测量闽台创意农业合作能力。

4.2.1 文化创意能力

文化创意能力是创新能力的核心,是创意产业发展的基础。英国学者 Landry(2000)在其代表性著作《创意城市:都市创新的工具书》中强调文化的重要性,认为文化是创意的平台和资源,文化为创意在构思与实践过程中提供必要素材,文化中所蕴含的多元价值观、生活方式等使创意得以"施展拳脚",文化是创意形成和发展的温床。林明华和杨永忠(2013)认为文化是创意产品的内核。厉无畏(2009)指出,对各经济体而言,文化都是重要的软实力,而文化创意则是软实力重要的组成部分,文化创意以产品为载体,通过市场扩张和推广等行为,发挥其感召、辐射、渗透等功能,并不断作用于消费者,产生强大影响力。由文化创意所引领的产业具有低消耗、高附加值等特点,在促使产业生产率提高的同时,文化创意还能够使产业创造巨大经济效益,实现产业结构的优化与升级,同时带动相关产业发展,文化创意也因此被誉为知识经济的核心,以及推动经济发展的动力之源。

文化融合能力、文化设计能力、品牌营运能力、创意产业化能力等是文化创意能力的重要组成因素。郑焕钊和孟繁泽(2018)研究发现,在对文化资源进行挖掘并了解不同文化的特点后,将文化融入创意与创新的全过程,是实现文化创意目标的关键所在。文化设计是广义文化产业的核心和灵魂,文化的再设计、再包装是促使民族产业由低端走向高端的有效途径(陈媛媛 等,2021)。品牌营运被认为是实现创意产品市场价值的重要步骤,吕庆华等(2021)指出,名牌价值策略是文化资源产业开发投资所采取的营销策略的重点,名牌体现名望、身份、地位等差异化价值;创造名牌的主要方式是与顾客沟通,具体手段有高质量文化精品限量生产、生产高档商品、专卖店销售等。此外,产业化生产是创意产品发展的关键环节,企业是否具备产业化生产能力决定着创意产品是否具有良好的发展前景。

在上述研究基础上,本书选取、设置 4 个题项(具体见表 4.13)对闽台创意农业合作能力维度中的文化创意能力进行测量,并作出研究假设 H4a。

表 4.13 文化创意能力的测量题项

因素	测量题项	参考来源
文化创意能力	企业内部研发能力	Landry(2000)
	企业新技术消化吸收能力	厉无畏(2009)
		林明华和杨永忠(2013)
	新技术产品开发能力	郑焕钊和孟繁泽(2018)
		陈媛媛等(2021)
	新技术商业化能力	吕庆华等(2021)

资料来源:根据相关文献整理。

H4a:文化创意能力对闽台创意农业合作绩效具有正向影响。

4.2.2 技术创新能力

条件相近且处于同一宏观经济环境下的企业,技术创新效果却大相径庭,这种现象产生的主要原因是不同企业的创新能力存在差异。Leonard(1992)认为技术系统、专业知识人才、管理系统的能力及企业价值观是企业技术创新能力的核心。技术创新能力是企业依靠新技术推动企业发展的能力,具体而言,是指企业为了实现最佳经济效益和社会效益,增强综合竞争力,通过新技术的引进和开发来满足消费者需求并创造市场需求的能力。相关研究认为,企业技术创新能力可分解为3个主要维度,分别是技术创新投入能力、技术创新实施能力、技术创新产出能力(王胜兰 等,2021)。其中:技术创新投入能力指可供投入技术创新过程的各种资源总和及这些资源的质量状况;技术创新实施能力指对创新过程的组织、领导和控制能力;技术创新产出能力由直接产出和间接产出组成,主要指创新带来的直接效应及直接效应经过市场化后带来的效益和影响。

褚劲风(2014)认为创意与技术创新紧密相连,在文化创意、科学创造和经济创意等创意活动中,均或多或少包含技术创新(如图 4.2 所示)。技术创新是定义创意产业和创意经济的重要因子,对创意农业企业至关重要。Florida(2002)提出推动创意经济发展的"3T"要素,即技术(technology)、人才(talent)和宽容度(tolerance)。"3T"要素中,在经济发展中发挥基础性作用的技术排在第一位,其重要性得到经济学家的普遍认可。厉无畏(2006)强调,对创意产业而言,技术创新与文化创意同样重要,两者是经济增长的"车之双轮,鸟之双翼"。Howkins(2009)指出,几乎所有的专利不是来自研发,就是具备研发要素。徐进(2019)指出,高科技和新技术是创意产业实现跨越式发展的科学基础和技术保障。高科技是新兴服务业发展的新载体,是文化传播的新媒介,显著改变新一代消费者的购买方式,促使其形成新的消费习惯和文化生活方式。

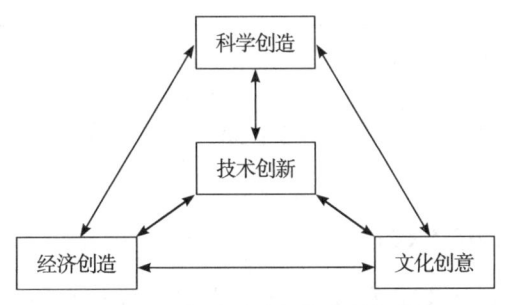

图 4.2 不同创意活动与技术创新的关系

技术创新在创意农业企业发展过程中扮演着不可替代的角色,因此,创意农业企业亟须培育技术创新能力以获取不断发展的动力,而在培育这种能力之前,创意农业企业应首先了解技术创新能力的组成因素。高启杰(2008)对农业科技企业技术创新能力及其影响因素展开实证分析,结果显示,科研人员技术能力、技术引进后消化吸收并改进的能力、新产品开发速度和技术创新成果商品化程度等,分别是农业企业技术创新投入、实施与产出能力的重要组成指标。

在上述研究基础上,本书选取、设置4个题项(具体见表4.14)对闽台创意农业合作能力维度中的技术创新能力进行测量,并作出研究假设 H4b。

表 4.14 技术创新能力的测量题项

因素	测量题项	参考来源
技术创新能力	企业内部研发能力	Leonard(1992)
	企业新技术消化吸收能力	Florida(2002)
		厉无畏(2006)
		高启杰(2008)
	新技术产品开发能力	Howkins(2009)
		褚劲风(2014)
		徐进(2019)
	新技术商业化能力	王胜兰等(2021)

资料来源:根据相关文献整理。

H4b:技术创新能力对闽台创意农业合作绩效具有正向影响。

4.2.3 合作协同能力

合作是指在经济交往中,为实现资源共享、优势互补、风险共担等特定目标,合作双方在技术、资金、信息、人才交流等方面进行密切往来,建立紧密的市场关系。促成合作的主要动因是个体策略无法实现效用最大化。瑞可曼(1998)指明,在工商业发生伟大变革之时,合作成为许多企业发展战略的核心内容。关于协同,Ansoff(1987)提出,协同是指企业通过识别自身能力、机遇和对象的匹配关系来成功地拓展新的事业。

合作协同为企业发展提供新途径。刘云和杨东涛(2018)指出,合作协同降低企业技术创新失败的风险和成本,一些没必要的竞争也得以避免。从物质层面来看,协作的前提条件是生产资料能在更大范围内调配,并有更多人力投入,为同一目标的实现而努力。协作的益处是使生产资料得到更充分的利用,从而提高生产率,并且扩大市场容量。当企业处在复杂竞争环境中时,只有重视合作,才能赢得更大市场容量、创造更多利润、获取更大发展空间。合作协同的作用日益凸显,合作战略也逐渐成为企业战略的重要组成部分(刘瑞佳 等,2022)。合作协同大有裨益,但如果处理不善,也会产生负面影响。为保障合作过程中资源投入、计划实施和项目产出环节的顺利进行,在分配上体现经济收益、社会效益与风险分担三个方面的协同十分必要(贾一伟 等,2013)。

合作协同战略同样适用于创意企业,依据 Howkins(2009)的观点,合作有利于创意生态的形成,因为合作比互利共赢更进一步。合作过程中,合作者互相分享经验,新的构想不断产生,与他人协力合作会更有效率,通常也更容易成功。闽台创意农业合作主要表现为台资创意农业企业与台湾农民创业园管委会之间的合作,虽然不是企业间的合作,但是合作协同能力对双方合作绩效的影响不可忽视。在合作过程中,上述双方应该注重机会把握、资源整合、信息共享、沟通协同等能力的培育。

在上述研究基础上,本书选取、设置 4 个题项(具体见表 4.15)对闽台创意农业合作能力维度中的合作协同能力进行测量,并作出研究假设 H4c。

表 4.15 合作协同能力的测量题项

因素	测量题项	参考来源
合作协同能力	机会把握能力	Ansoff(1987)
	资源整合能力	瑞可曼(1998)
	信息共享能力	Howkins(2009)
		贾一伟等(2013)
	沟通协作能力	刘云和杨东涛(2018)
		刘瑞佳等(2022)

资料来源:根据相关文献整理。

H4c:合作协同能力对闽台创意农业合作绩效具有正向影响。

通过前文对闽台创意农业合作能力的论述,本书绘制闽台创意农业合作能力与闽台创意农业合作绩效之间的关系图,如图 4.3 所示。

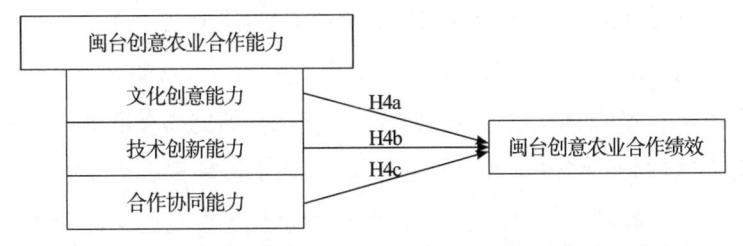

图 4.3 闽台创意农业合作能力与闽台创意农业合作绩效的关系

4.3 闽台创意农业合作能力的中介作用及假设

在管理学关于合作绩效的实证研究中,中介效应检验被广泛应用。中介效应研究的目的是在已知 X 和 Y 存在联系的前提下,探索产生这种联系的内部作用机制。在此过程中,可把原有关于 X 和 Y 关系的相关研究联系在一起,整合已有的用来解释相似问题的理论,充实原有理论体系,使其更为系统和完善。因此,中介变量的研究不仅可以解释关系背后的作用机制,还能整合、夯实现有研究和理论,具有重要的理论意义和实践意义。蔡文伯和甘雪岩(2022)的实证研究结果显示,在产学合作影响因素和合作绩效之间存在中介变量,中介变量对提升合作绩效具有重要促进作用,并且具有显著的中介效应。冯文娜和杨蕙馨(2011)指出,中介变量的作用在企业合作中不容忽视,联盟结构是企业合作的重要中介变量,即在合作影响因素与合作绩效之间起关键的传导作用,对合作行为和合作绩效的关系有中介效应。

刘晓飞(2013)在关于创意农业发展金融支持的实证研究中,提出中介效应的假设,认为在影响因素与金融支持绩效之间存在 3 种重要能力,即创意农业金融支持能力、农业创意与品牌运营能力和管理协同能力,这 3 种能力在创意农业金融支持影响因素和金融支持绩效的关系中起中介作用。实证研究结果显示,创意农业金融支持能力在社会环境维度影响支持绩效的路径中起中介作用,农业创意与品牌运营能力在金融机构维度影响支持绩效的路径中起中介作用,创意农业金融支持能力在创意农业组织维度影响支持绩效的路径中起中介作用,假设得到验证。

以上研究为更全面地探析影响因素和绩效之间关系的产生机理,在实证研究环节引入中介变量,提出中介变量的相应假设,并通过实证分析验证假设,进而揭示影响因素和绩效之间关系的形成机制。本书的研究思路和以上研究存在相似之处,因此以上研究的成果对本书的研究具有重要启示意义。

前文通过文献综述和相关理论分析,提炼了影响闽台创意农业合作绩效的重要因素和能力,并假设了闽台创意农业合作影响因素和合作能力对合作绩效具有显著的正向影响。虽然合作能力作为一个影响因子被提出,但它与影响因素存在差异,即合作能力不易被察觉,是一种潜在影响因子,具有中介变量的属性。为更全面揭示闽台创意农业合作影响因素与合作绩效之间关系产生的机理,依据能力理论,借鉴以上相关研究成果,并结合闽台创意农业合作实际,本书将闽台创意农业合作能力设置为中介变量,下设文化创意能力、技术创新能力和合作协同能力3个因素,认为闽台创意农业合作能力在环境、台湾农民创业园管委会、台资创意农业企业和闽台创意农业合作绩效的关系中起中介效应,并作出如下研究假设:

H5a:闽台创意农业合作能力在环境维度和闽台创意农业合作绩效的关系中起中介作用,如图4.4所示。

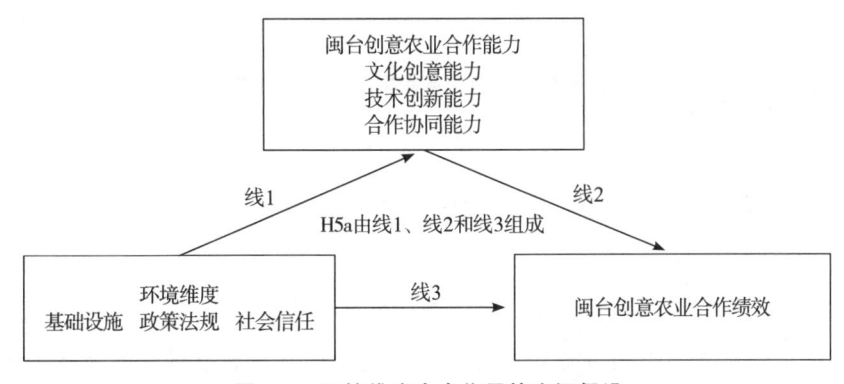

图4.4 环境维度中介作用的实证假设

H5b:闽台创意农业合作能力在台湾农民创业园管委会维度和闽台创意农业合作绩效的关系中起中介作用,如图4.5所示。

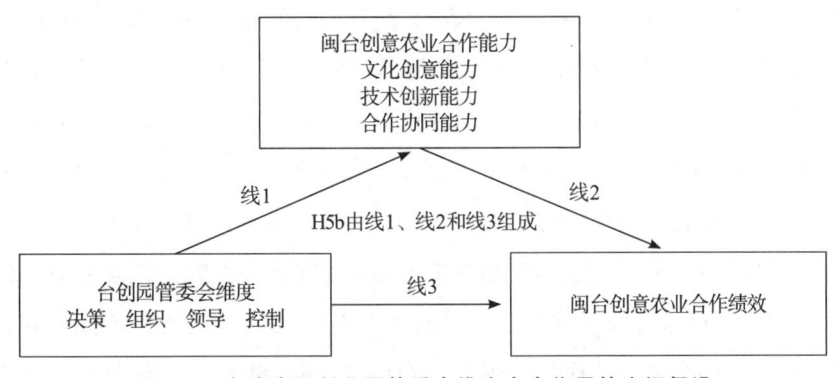

图4.5 台湾农民创业园管委会维度中介作用的实证假设

H5c：闽台创意农业合作能力在台资创意农业企业维度和闽台创意农业合作绩效的关系中起中介作用，如图4.6所示。

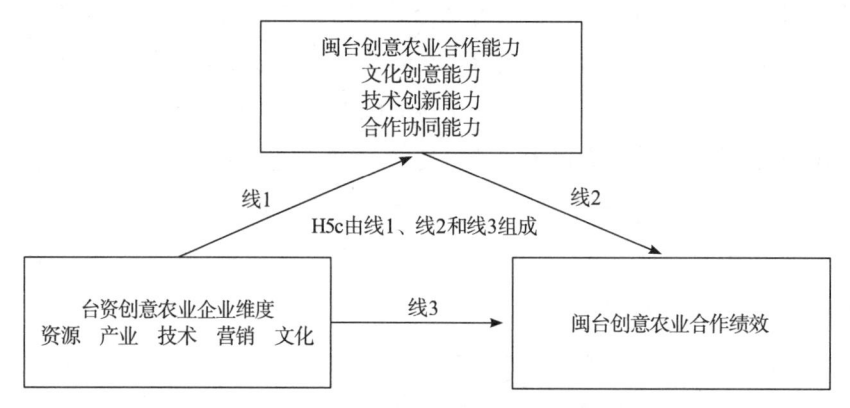

图 4.6 台资创意农业企业维度中介作用的实证假设

4.4 闽台创意农业合作绩效测度

Florida(2002)提出的"创意资本理论"认为创意人才是区域经济增长的驱动力，一个具有较高宽容度并且对新观念持开放态度的地区将逐渐成为创意人才集聚地，创意人才聚集将促进地区高科技产业发展，催生更多就业机会，进而带动地区经济发展。厉无畏和王慧敏(2009)指明，创意产业对传统经济的颠覆和创新，其意义不是一般新兴行业可以比拟的。运用创意产业思维发展创意农业，有效开发农村"生产、生活、生态"等方面的资源，能起到优化产业结构、提升农业附加值、促进经济发展方式转变的作用。Howkins(2001)从马斯洛需求层次理论出发，指出消费者欲望也是阶梯形的，最高级的欲望是娱乐，人们从事创意行业或消费创意产品，是因为他们能在消费过程获得快乐，因此创意经济将成为21世纪经济的主导方式。梁文卓等(2017)指出，塑造品牌、创造市场需求等是发达国家发展创意农业的主要目标，并已取得重大成效。赖晨辉和曾芳芳(2017)认为我国大陆和台湾地区开展创意农业合作将实现双赢局面：我国大陆通过合作可以拓展创意农业发展资金来源渠道，引进先进理念与经营模式，提升创意农业市场知名度;我国台湾地区可以获得开发更多文化资源的机会,拓展创意农业发展空间,降低创意农业发展用工与用地成本,提升创意农产品竞争力。林炳坤和吕庆华(2021)提出,闽台创意农业合作成效主要表现在技术提升、需求扩展、产业集聚等方面。

在上述研究基础上,本书选取、设置9个题项(具体见表4.16)对闽台创意农业合作绩效因素进行测量。

表 4.16　闽台创意农业合作绩效的测量题项

因素	测量题项	参考来源
闽台创意农业合作绩效	创意农业生产效应	Howkins(2001) 厉无畏和王慧敏(2009) Florida(2002) 梁文卓等(2017) 赖晨辉和曾芳芳(2017) 林炳坤和吕庆华(2021)
	创意农业技术提升效应	
	创意农业经济效应	
	创意农业品牌效应	
	创意农业就业效应	
	创意农业生态效应	
	创意农业税收效应	
	创意农业产业带动效应	
	创意农业满足市场需求效应	

资料来源:根据相关文献整理。

综上所述,本章共提出18个假设,见表4.17。

表 4.17　闽台创意农业合作实证研究假设汇总

序号	假设内容
H1a	基础设施对闽台创意农业合作绩效具有正向影响
H1b	政策法规对闽台创意农业合作绩效具有正向影响
H1c	社会信任对闽台创意农业合作绩效具有正向影响
H2a	决策对闽台创意农业合作绩效具有正向影响
H2b	组织对闽台创意农业合作绩效具有正向影响

续表

序号	假设内容
H2c	领导对闽台创意农业合作绩效具有正向影响
H2d	控制对闽台创意农业合作绩效具有正向影响
H3a	资源对闽台创意农业合作绩效具有正向影响
H3b	产业对闽台创意农业合作绩效具有正向影响
H3c	技术对闽台创意农业合作绩效具有正向影响
H3d	营销对闽台创意农业合作绩效具有正向影响
H3e	文化对闽台创意农业合作绩效具有正向影响
H4a	文化创意对闽台创意农业合作绩效具有正向影响
H4b	技术创新对闽台创意农业合作绩效具有正向影响
H4c	合作协同对闽台创意农业合作绩效具有正向影响
H5a	闽台创意农业合作能力在环境维度和闽台创意农业合作绩效的关系中起中介作用
H5b	闽台创意农业合作能力在台湾农民创业园管委会维度和闽台创意农业合作绩效的关系中起中介作用
H5c	闽台创意农业合作能力在台资创意农业企业维度和闽台创意农业合作绩效的关系中起中介作用

4.5 研究概念模型的提出

根据以上假设,闽台创意农业合作影响因素的3个维度,即环境维度、台湾农民创业园管委会维度和台资创意农业企业维度,对闽台创意农业合作绩效有正向影响;闽台创意农业合作能力对闽台创意农业合作绩效有正向影响;闽台创意农业合作能力在闽台创意农业合作影响因素与合作绩效的关系中起中介作用。在上述假设基础上,本书构建研究概念模型,如图4.7所示。

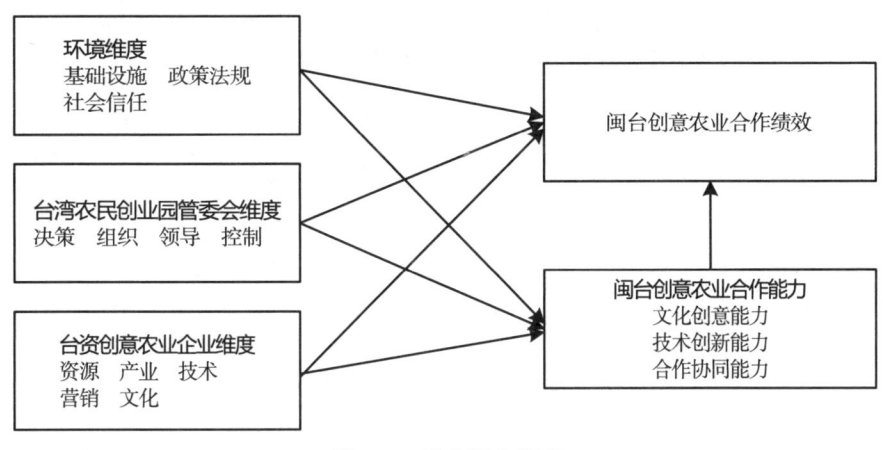

图 4.7　研究概念模型

4.6　本章小结

本章在文献综述与理论回顾的基础上,概括、提炼出闽台创意农业合作影响因素的 3 个维度(由 12 个因素组成),确定闽台创意农业合作能力维度(由 3 个因素组成)。另外,依据相关研究,为各因素及闽台创意农业合作绩效设置 71 个测量题项,提出 18 个研究假设,进而构建研究概念模型,为闽台创意农业合作影响因素问卷设计及实证研究部分奠定基础。

5 闽台创意农业合作绩效研究调研情况

闽台创意农业合作绩效实证研究的数据来自问卷调研,因此,问卷设计过程合理与否、数据收集方式是否正确、收集数据是否有效等,将直接影响研究结果的质量。为获得高质量的调研数据,调研小组严格按照管理研究问卷开发流程,以第 4 章各因素的测量题项为基础,依据专家问卷设计、专家调研、专家调研结果分析、预调研问卷构建、样本企业预调研、预调研数据分析等步骤,确定正式调研问卷;严格把握正式问卷发放与回收程序,确保收集的数据符合研究要求,并对正式调研问卷所得数据进行分析和处理,为闽台创意农业合作绩效实证研究奠定基础。

5.1 问卷设计

对闽台创意农业合作绩效展开研究,除需要规范性理论推理外,还需要运用正确的实证研究方法。范柏乃和蓝志勇(2008)将研究设计基本任务概括为两点:一是选择、确定收集和分析研究数据的方式和方法,保证方法的合理性和可靠性;二是构思、确定实现研究目的的操作程序和控制方案,保证研究的有效性、客观性和明确性。确保被调研者回答研究问题、实现研究目的是研究设计应关注的核心方面。

5.1.1 问卷的基本内容

王重鸣(1990)指出问卷设计的核心是问卷量表的设计,目的和理论依据影响问卷量表总体安排和测量题项内容。荣泰生(2005)认为好的问卷调研必须符合六个原则,即内容与研究概念模型相对应、问卷填写者容易理解并回答问卷中的题项、所问问题不涉及隐私、问题间互不影响、区分清楚开放式题项与封闭式题项、小样本调研结果通过测试后再进行正式调研。

闽台创意农业合作绩效实证研究的问卷设计,主要是围绕闽台创意农业影响因素及其作用路径展开的,问卷内容应能符合各部分研究要求,以便在调研中获取所需的有效数据,需包含以下四个基本方面:(1)填报者与企业基本信息;(2)闽台创意农业合作影响因素调查;(3)闽台创意农业合作能力调查;(4)闽台创意农业合作绩效调查。

5.1.2 问卷设计过程

本书使用的问卷经由文献梳理、理论探析、专家访谈、预调研等环节设计而成,具体步骤如图 5.1 所示。

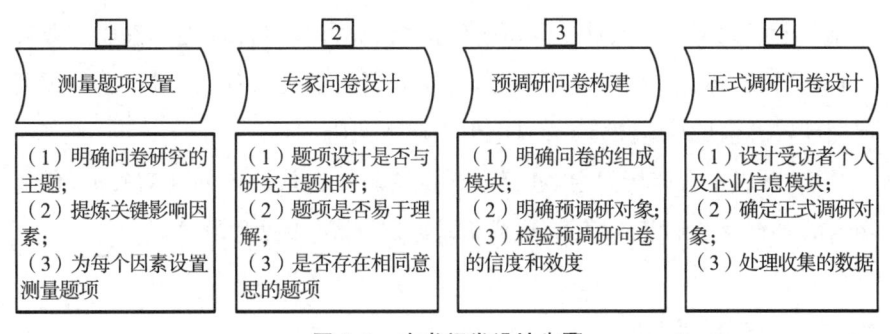

1 测量题项设置	2 专家问卷设计	3 预调研问卷构建	4 正式调研问卷设计
(1)明确问卷研究的主题; (2)提炼关键影响因素; (3)为每个因素设置测量题项	(1)题项设计是否与研究主题相符; (2)题项是否易于理解; (3)是否存在相同意思的题项	(1)明确问卷的组成模块; (2)明确预调研对象; (3)检验预调研问卷的信度和效度	(1)设计受访者个人及企业信息模块; (2)确定正式调研对象; (3)处理收集的数据

图 5.1 本书问卷设计步骤

(1)阅读相关文献,设置测量指标。通过检索收集、查阅创意农业、闽台农业合作研究、闽台创意农业合作研究等方面的文献,将有关闽台创意农业合作影响因素、闽台创意农业合作能力、闽台创意农业合作绩效的研究进行归纳、提炼,设计闽台创意农业合作影响因素、合作能力、合作绩效的测量指标,使其成为专家调研问卷的重要内容。

(2)构建专家问卷,展开专家调研。选择学界、商界、政界等领域专家进行深度访谈。学界访谈对象是闽台高校中专注于闽台农业合作、闽台创意农业合作等方向研究的学者,访谈目的是了解该领域研究最新动向。商界访谈对象是在闽台资创意农业企业及闽台合资创意农业企业中的董事长及其他公司主要成员,访谈目的是了解闽台创意农业合作项目基本情况及企业在合作过程遇到的主要问题。政界访谈对象是福建地方农业局、台湾农民创业园管委会等的领导及合作项目负责人,访谈目的是了解合作相关政策,以及各台湾农民创业园内台资创意农业企业的数量、规模及经营情况。深度访谈过程主要包含两个步骤:一是邀请专家选取专家问卷中其认为最重要的题项(不限题项),同时就专家问卷题项设计、表述方式向专家征求意见,按照专家意见对问卷题项进行修改和完善;二是通过访谈检验闽台创意农业合作绩效研究的实际意义。专家调研结果显示,闽台创意农业合作绩效研究专家问卷题项的设计与实践情况基本相符。

(3)设计预调研问卷,开展企业预调研。依据专家深度访谈结果,对专家问卷内容进行调整,设计量表,形成预调研问卷。预调研是大样本调研前的必要环节,通过预调研,能进一步检验问卷指标设置的合理性,确保大样本调研所得数据的有效性。调研小组选取 20 家在闽台资创意农业企业展开预调研,收集 100 份预调研问卷,对预调研问卷进行信度分析,发现预调研问卷符合信度检验要求,可以用于大样本调研。

(4)形成正式调研问卷,进行大样本调研。在预调研问卷基础上,增加填写者个人及企业基本信息,形成正式调研问卷,参见附录 A。

5.2 专家调研

5.2.1 专家问卷设计与专家调研

基于第 2 章、第 3 章及第 4 章的内容,设计闽台创意农业合作绩效研究专家调研问卷。为科学合理地选择问卷题项,提高问卷信度和效度,调研小组特别邀请 46 位专家参与问卷调研,所邀专家来自高校、政府和企业,由漳州市农业局、福建师范大学、福建农林大学、闽南师范大学、漳浦台湾农民创业园管委会、漳平台湾农民创业园管委会、漳浦税务局、在闽台资创意农业企业的相关人员组成。专家调查问卷包括"闽台创意农业合作影响因素"、"闽台创意农业合作能力"与"闽台创意农业合作绩效"三个部分内容,共含71个题项。其中,闽台创意农业合作影响因素调研部分包括50个测量题项,闽台创意农业合作能力调研部分包括12个测量题项,闽台创意农业合作绩效调研部分包括9个题项。调研小组邀请专家选择其认为最重要的题项,并对问卷维度、因素、题项设置提出相应意见和建议。专家调研问卷的具体题项见表5.1。

表5.1 专家调研问卷题项

一、闽台创意农业合作绩效影响因素调查(50个题项)			
维度	因素	题号	题项
环境	基础设施	A1	创意农业产业园区
		A2	创意农业土地供给
		A3	创意农业劳力供给
		A4	创意农业技术供给
	政策法规	A5	创意农业土地使用优惠政策
		A6	创意农业信贷优惠政策
		A7	创意农业税收优惠政策
		A8	创意农业财政补贴政策
		A9	创意农业知识产权保护法规
	社会信任	A10	社会征信制度
		A11	信任奖惩制度
		A12	行业协会
		A13	仲裁机构
台湾农民创业园管委会	决策	A14	管委会管理层对创意农业认知程度
		A15	管委会管理层对创意农业合作项目了解程度
		A16	管委会创意农业发展目标
		A17	管委会创意农业发展战略

续表

维度	因素	题号	题项
台湾农民创业园管委会	组织	A18	管委会创意农业合作项目团队的组建
		A19	管委会创意农业合作项目团队对新兴业务的适应性
		A20	管委会创意农业合作项目团队的稳定性
		A21	管委会同创意农业企业的互动程度
	领导	A22	管委会创意农业合作项目负责人经验和能力
		A23	管委会创意农业合作项目负责人领导艺术
		A24	管委会创意农业合作项目成员综合素质
		A25	管委会创意农业合作项目成员责任感
	控制	A26	管委会对创意农业合作项目实施过程的监控
		A27	管委会创意农业合作项目保障机制
		A28	管委会创意农业合作项目修正制度
		A29	管委会创意农业合作项目退出机制
台资创意农业企业	资源	A30	创意农业企业拥有的先进设备
		A31	创意农业企业抵(质)押物
		A32	创意农业企业的财务状况
		A33	创意农业企业的技术人才储备
		A34	创意农业企业知识产权
	产业	A35	创意农业产业集群
		A36	创意农业产业规模
		A37	创意农业产业链
		A38	创意农业与其他产业的联系
	技术	A39	创意农业技术的生命周期
		A40	创意农业技术的革新速度
		A41	创意农业技术的复杂程度
		A42	创意农业技术的标准化程度
	营销	A43	创意农业项目价值
		A44	创意农业项目市场前景
		A45	创意农业项目市场定位
		A46	创意农业组织营销策略

续表

维度	因素	题号	题项
台资创意农业企业	文化	A47	创意农业企业的创新氛围
		A48	创意农业企业的学习环境
		A49	创意农业企业员工满意度
		A50	创意农业企业凝聚力

二、闽台创意农业合作能力调查(12个题项)

能力	题号	题项
文化创意能力	B1	文化融合能力
	B2	文化设计能力
	B3	品牌营运能力
	B4	创意产业化能力
技术创新能力	B5	企业内部研发能力
	B6	企业新技术消化吸收能力
	B7	新技术产品开发能力
	B8	新技术商业化能力
合作协同能力	B9	机会把握能力
	B10	资源整合能力
	B11	信息共享能力
	B12	沟通协作能力

三、闽台创意农业合作绩效调查(9个题项)

	题号	题项
合作绩效	C1	创意农业生产效应
	C2	创意农业技术提升效应
	C3	创意农业经济效应
	C4	创意农业品牌效应
	C5	创意农业就业效应
	C6	创意农业生态效应
	C7	创意农业税收效应
	C8	创意农业产业带动效应
	C9	创意农业满足市场需求效应

5.2.2 专家调研结果分析

专家每勾选1个题项,该题项计1分,统计结果见5.2所示。由表5.2可知,题项A17"管委会创意农业发展战略"、A27"管委会创意农业合作项目保障机制"和C8"创意农业产业带动效应"得分最多,分别为39分、37分和35分;题项A7"创意农业税收优惠政策"和题项C7"创意农业税收效应"得分最少,分别为8分和9分,均低于10分。因我国已全面取消农业税,同时,根据专家问卷调研结果,对专家问卷进行修改,删除得分最少的"创意农业税收优惠政策"和"创意农业税收效应"两个题项。另外,有专家提出,题项B11"信息共享能力"属于题项B10"资源整合能力"范畴,因此,根据相应理论,并结合专家建议,对"合作协同能力"维度下的题项进行调整,删除题项"信息共享能力",增加题项"风险防范能力"。

表5.2 专家问卷题项得分表

题号	得分	题号	得分	题号	得分
A1	27	A25	25	A49	11
A2	24	A26	21	A50	29
A3	13	A27	37	B1	17
A4	27	A28	11	B2	15
A5	18	A29	15	B3	18
A6	23	A30	15	B4	29
A7	8	A31	11	B5	18
A8	18	A32	21	B6	18
A9	31	A33	29	B7	25
A10	11	A34	27	B8	25
A11	13	A35	23	B9	23
A12	25	A36	13	B10	33
A13	17	A37	29	B11	13
A14	15	A38	17	B12	25
A15	13	A39	18	C1	23

续表

题号	得分	题号	得分	题号	得分
A16	23	A40	27	C2	18
A17	39	A41	10	C3	33
A18	25	A42	23	C4	29
A19	15	A43	23	C5	15
A20	13	A44	29	C6	25
A21	29	A45	17	C7	9
A22	31	A46	27	C8	35
A23	11	A47	27	C9	27
A24	17	A48	14		

经调整修改，最终形成《闽台创意农业合作绩效研究》调研问卷测量题项（见表5.3），共有69个，其中：闽台创意农业合作影响因素调查部分包括49个题项，闽台创意农业合作能力调查部分包括12个题项，闽台创意农业合作绩效调查部分包括8个题项。

表5.3 《闽台创意农业合作绩效研究》调研问卷测量题项

一、闽台创意农业合作影响因素调查(49个题项)

维度	因素	题号	题项
环境	基础设施	A1	创意农业产业园区
		A2	创意农业土地供给
		A3	创意农业劳力供给
		A4	创意农业技术供给
	政策法规	A5	创意农业土地使用优惠政策
		A6	创意农业信贷优惠政策
		A7	创意农业财政补贴政策
		A8	创意农业知识产权保护法规

续表

维度	因素	题号	题项
环境	社会信任	A9	社会征信制度
		A10	信任奖惩制度
		A11	行业协会
		A12	仲裁机构
台湾农民创业园管委会	决策	A13	管委会管理层对创意农业认知程度
		A14	管委会管理层对创意农业合作项目了解程度
		A15	管委会创意农业发展目标
		A16	管委会创意农业发展战略
	组织	A17	管委会创意农业合作项目团队的组建
		A18	管委会创意农业合作项目团队对新兴业务的适应性
		A19	管委会创意农业合作项目团队的稳定性
		A20	管委会同创意农业企业的互动程度
	领导	A21	管委会创意农业合作项目负责人经验和能力
		A22	管委会创意农业合作项目负责人领导艺术
		A23	管委会创意农业合作项目成员综合素质
		A24	管委会创意农业合作项目成员责任感
	控制	A25	管委会对创意农业合作项目实施过程的监控
		A26	管委会创意农业合作项目保障机制
		A27	管委会创意农业合作项目修正制度
		A28	管委会创意农业合作项目退出机制
台资创意农业企业	资源	A29	创意农业企业拥有的先进设备
		A30	创意农业企业抵(质)押物
		A31	创意农业企业的财务状况
		A32	创意农业企业的技术人才储备
		A33	创意农业企业知识产权
	产业	A34	创意农业产业集群
		A35	创意农业产业规模
		A36	创意农业产业链
		A37	创意农业与其他产业的联系

续表

维度	因素	题号	题项
台资创意农业企业	技术	A38	创意农业技术的生命周期
		A39	创意农业技术的革新速度
		A40	创意农业技术的复杂程度
		A41	创意农业技术的标准化程度
	营销	A42	创意农业项目价值
		A43	创意农业项目市场前景
		A44	创意农业项目市场定位
		A45	创意农业组织营销策略
	文化	A46	创意农业企业的创新氛围
		A47	创意农业企业的学习环境
		A48	创意农业企业员工满意度
		A49	创意农业企业凝聚力

二、闽台创意农业合作能力调查(12个题项)

能力	题号	题项
文化创意能力	B1	文化融合能力
	B2	文化设计能力
	B3	品牌营运能力
	B4	创意产业化能力
技术创新能力	B5	企业内部研发能力
	B6	企业新技术消化吸收能力
	B7	新技术产品开发能力
	B8	新技术商业化能力
合作协同能力	B9	资源整合能力
	B10	沟通协作能力
	B11	机会把握能力
	B12	风险防范能力

三、闽台创意农业合作绩效调查(8个题项)

续表

题号		题项
合作绩效	C1	创意农业生产效应
	C2	创意农业技术提升效应
	C3	创意农业经济效应
	C4	创意农业品牌效应
	C5	创意农业就业效应
	C6	创意农业生态效应
	C7	创意农业产业带动效应
	C8	创意农业满足市场需求效应

5.3 预调研

5.3.1 预调研问卷量表设计

社会调查中,为获取研究数据,需要对问卷进行量化设计。本章研究假设部分为每个潜在变量设置了四个或四个以上测量题项,为更准确地获取被调查者对每个测量题项的态度,问卷采用Likert(李克特)量表进行测量。李克特量表是由李克特于1932年提出的态度测量方式,已经成为社会调查中最常用的测量工具。使用李克特量表调研时,研究者需预先设置问题,让被调查者可以从主观或客观角度回答问题,展示出其偏好程度。问题答案一般包括2～9个不同程度的选项。虽然很多心理测量学家提倡使用李克特七点或者九点量表,但在实践中,李克特五点量表最常被采用,原因是五点量表能表示温和意见与强烈意见之间的区别。因此,在预调研与正式调研问卷设计中,本书都采用李克特五点量表。五点量表采用五级打分法,其中,1代表"非常不重要",2代表"比较不重要",3代表"一般",4代表"比较重要",5代表"非常重要"。

5.3.2 预调研问卷信度分析

调研小组在《闽台创意农业合作绩效研究》测量题项(见表 5.3)基础上,增加量表,形成预调研问卷,然后,向台资创意农业企业发放预调研问卷,共回收有效问卷 100 份。对预调研获取的数据进行信度(reliability)和效度(validity)分析,是检验量表设计是否合理的必要步骤。正式调研前,对量表展开信度和效度检验,能确保闽台创意农业合作绩效研究的准确性。

信度是指测验或量表工具所测得结果的稳定性(stability)及一致性(consistency),量表的信度越大,表示其测量的标准误差越小。内部一致性信度分析是信度分析常用的方法,可用内部一致性系数反映。Cronbach's α 系数、折半信度和复本信度系数常被用于内部一致性信度检验,其中,Cronbach's α 系数最受青睐。Cronbach's α 系数常被用来估计每个因子所属变量间的系统变异,一组变量的 Cronbach's α 系数越高,表示该组变量之间的系统性越好。Cronbach's α 系数的优点在于可以被用来处理多重计分的测量问题,而且该系数是各种可能折半法所得系数的平均值。对于 Cronbach's α 系数的取值为多少才能反映测试量表是可信的,学者们看法各异。吴明隆(2000)指出,如果研究者的测量构思具有开创性,则信度系数超过 0.5 就可以了。他同时指出,在社会科学研究领域,Cronbach's α 系数受到题项个数影响,题项越多,Cronbach's α 值越大。Bagozzi 和 Yi(1998)认为信度系数至少要达到 0.6,黄芳铭(2005)也持同样观点。而 DeVellis(1991)则认为,0.7 是可接受的最小信度系数值。方敏(2009)指出,虽然没有信度评判准则,但多数学者采用一个判断标准,即信度系数在 0.9 以上是优秀,超过 0.8 是非常好,0.7 以上则是适中,0.5 为临界值,低于 0.5 表示至少有一半观察变异来自随机误差(即信度较差)。依据以上研究结果,综合考虑闽台创意农业合作绩效研究的实际,本书采用测量题项的内部一致性信度分析法,并将信度系数值最低接受标准确定为 0.60,对预调研所得数据进行 Cronbach's α 信度检验,结果见表 5.4。

表 5.4　预调研问卷各因素信度检验结果

因素	Cronbach's α 系数
基础设施	0.820
政策法规	0.882
社会信任	0.717
决策	0.809
组织	0.795
领导	0.822
控制	0.841
资源	0.824
产业	0.836
技术	0.774
营销	0.871
文化	0.806
文化创意能力	0.692
技术创新能力	0.851
合作协同能力	0.870
闽台创意农业合作绩效	0.805

从表 5.4 可知,预调研问卷各因素的 Cronbach's α 值除"文化创意能力"因素为 0.692 外,其他均大于 0.70,符合多数学者提出的"适中"接受标准,信度检验通过,说明问卷中的各变量,既能反映闽台创意农业合作影响因素构念,也能反映闽台创意农业合作能力构念。总量表的 Cronbach's α 值为 0.890,表示此量表具有很高信度,而且总量表的 Cronbach's α 值高于所有变量的 Cronbach's α 值,这验证了吴明隆(2000)提出的"题项越多,Cronbach's α 值越大"的观点。

5.3.3 预调研问卷效度分析

效度即有效性,它是指测量工具或手段能准确测出所需测量事物的程度。测量结果与所要研究的内容越吻合,表示效度越高,反之则效度越低。效度分为内容效度、效标关联效度和建构效度三类,其中,建构效度是经济管理科学研究的重要效度指标。建构效度的检验通常包括理论建构、测量工具的编制、实测合适的受试者和实证方法检验四个步骤(吴明隆,2010),其检验流程与经济管理科学的实证研究步骤相似,故在经济管理科学研究中被广泛应用。王保进(2007)指出建构效度是由理论逻辑分析和实际资料验证所得,因此建构效度是一种相当严谨的效度指标。统计学上的因素分析是检验建构效度最常用的方法,常用的判定指标有两个,即KMO值和Bartlett's球形检验卡方值。本书采用SPSS 26.0软件对量表及整体数据进行KMO检验和Bartlett球形检验,以此分析量表效度,检验结果见表5.5。

表5.5 预调研问卷的KMO检验和Bartlett检验结果

KMO检验		0.849
Bartlett球形度检验	近似卡方	21602.894
	自由度	2346
	显著性	0.000

Kaiser(1974)认为,KMO值的度量标准以0.7为界,0.7表示数据适合进行因子分析,0.8表示很适合,0.9以上表示非常适合。从表5.5中可知,KMO值大于0.8,表示本书的数据很适合进行因子分析。同时,所有分项Bartlett球形检验显著性水平均为0.000,表明数据具有一定相关性。由此,可以认为前文建构的研究模型及预调研所得数据效度良好。

5.4 正式调研

5.4.1 正式调研问卷内容

在预调研基础上,增加受访者个人及所在企业基本信息,包含职称、职务、学历、企业所在地、企业成立年限、企业员工数、企业年销售收入等题项,编制形成正式调研问卷(参见附录 A)。正式调研问卷的内容汇总见表 5.6。

表 5.6 正式问卷内容汇总

问卷模块	调研框架	主要内容	问卷类型	问卷题数/个
第一部分	基本信息	受访者个人及企业基本信息	封闭式问题	7
第二部分	影响因素	基础设施、政策法规、设计信任	封闭式问题	12
		决策、组织、领导、控制	封闭式问题	16
		资源、产业、技术、营销、文化	封闭式问题	21
第三部分	合作能力	文化创意、技术创新、合作协同	封闭式问题	12
第四部分	合作绩效	生产效应、技术提升效应、经济效应、品牌效应、就业效应、生态效应、产业带动效应、满足市场需求效应	封闭式问题	8

5.4.2 问卷的发放与回收

调研数据质量好坏关系到实证研究结果的正确与否,选择合适的调研对象将确保研究获得高质量数据,使研究结果更贴近实际,并具有更强的说服力。李怀祖(2004)指出调研对象的选择至关重要,研究者应采用合理的抽样技术选择调查对象,并预判受访者态度,有些受访者虽然有意向提供相关信息,但若认为研究意义不大或未对研究产生兴趣,则会不愿作答。闽台创意农业合作绩效研究的调研对象是福建 6 个台湾农民创业园中的台资创意农业企业,可以看出调研对象的选取与研究主题相符。在实际调研过程中,调研小组历时近两个月,先后走访漳浦、漳平、仙游、清流、福清和惠安 6 个地方的国家级台湾农民创业园,对创业园中的台资创意农业企业进行现场调研,选取企业业主、部门经理、基层员工等作为调研对象,问卷现场发放、现场回收,其间还对受访者进行访谈,了解企业的经营状况及遇到的问题。本次调研共回收问卷 397 份,其中无效问卷 49 份,有效问卷 348 份,有效率为 87.7%。

本书实证研究采用结构方程模型(structural equation modeling,SEM)作为主要研究工具,以 SPSS 软件作为辅助研究工具。与 SPSS 软件相比,结构方程模型对样本数量的要求更高。而关于结构方程模型最低样本量的要求,目前还没有统一规定。学者们普遍认为,应用结构方程模型时,随着样本容量增大,协方差准确性增强,参数估计准确性也随之提高,从而使得到的结果更加可靠。MacCallum 和 Browne(1996)认为样本容量要求与 df(degree of freedom,自由度)紧密相关,自由度大小由模型复杂程度决定,模型越复杂,自由度越大,复杂模型仅需较少样本量就能达到与简单模型一样的统计显著水平。史江涛和杨金凤(2006)研究指出,应尽量避免对小于 200 的样本量作结构方程分析,因为得到的结果不稳定,也缺乏准确性。本书为开展实证研究所收集的有效问卷的数量为 348 份,超过 200 份,又因研究模型较为复杂,较易达到统计显著水平。综上,本书所展开的问卷调研所收集的样本数适合进行 SEM 分析。

5.4.3 数据描述性统计分析

描述性统计是将研究中所得的数据加以整理、归类、简化或绘制成图表,以描述和归纳数据特征及变量之间关系的一种最基本的统计方法。

5.4.3.1 样本数据职称分布

问卷调研所收集的样本数据职称分布情况如下:初级以下占 27.9%、初级占 48.2%、中级占 20.4%、高级占 3.5%,具体见表 5.7。

表 5.7　样本数据职称分布

职称	频数/个	百分比/%	有效百分比/%	累计百分比/%
初级以下	97	27.9	27.9	27.9
初级	168	48.2	48.2	76.1
中级	71	20.4	20.4	96.5
高级	12	3.5	3.5	100.0
合计	348	100.0	100.0	—

5.4.3.2　样本数据职务层次分布

问卷调研所收集的样本数据职务层次分布情况如下：基层占 48.3%、中层占 32.5%、高层占 19.2%，具体见表 5.8。

表 5.8　样本数据职务层次分布

职称	频数/个	百分比/%	有效百分比/%	累计百分比/%
基层	168	48.3	48.3	48.3
中层	113	32.5	32.5	80.8
高层	67	19.2	19.2	100.0
合计	348	100.0	100.0	—

5.4.3.3　样本数据学历分布

问卷调研所收集的样本数据学历分布情况如下：大专以下占 27.3%、大专占 53.7%、本科占 17.5%、硕士研究生及以上占 1.5%，具体见表 5.9。

表 5.9　样本数据学历分布

学历	频数/个	百分比/%	有效百分比/%	累计百分比/%
大专以下	95	27.3	27.3	27.3
大专	187	53.7	53.7	81
本科	61	17.5	17.5	98.5
研究生	5	1.5	1.5	100.0
合计	348	100.0	100.0	—

5.4.3.4 样本数据企业所在地分布

问卷调研所收集的样本数据企业所在地分布情况如下：漳浦占37.9%、漳平占17.0%、仙游占18.1%、清流占15.8%、福清占6.6%、惠安占4.6%，具体见表5.10。

表 5.10　样本数据企业所在地分布

企业所在地	频数/个	百分比/%	有效百分比/%	累计百分比/%
漳浦	132	37.9	37.9	37.9
漳平	59	17.0	17.0	54.9
仙游	63	18.1	18.1	73.0
清流	55	15.8	15.8	88.8
福清	23	6.6	6.6	95.4
惠安	16	4.6	4.6	100.0
合计	348	100.0	100.0	—

5.4.3.5 样本数据企业成立年限分布

问卷调研所收集的样本数据企业成立年限分布情况如下：2年以下占9.2%、2~5年占27.6%、6~10年占56.0%、11~20年占5.5%、20年以上占1.7%，具体见表5.11。

表 5.11　样本数据企业成立年限分布

企业成立年限	频数/个	百分比/%	有效百分比/%	累计百分比/%
2年以下	32	9.2	9.2	9.2
2~5年	96	27.6	27.6	36.8
6~10年	195	56.0	56.0	92.8
11~20年	19	5.5	5.5	98.3
20年以上	6	1.7	1.7	100.0
合计	348	100.0	100.0	—

5.4.3.6 样本数据企业员工数分布

问卷调研所收集的样本数据企业员工数分布情况如下:10人以下占8.0%、10~20人占12.9%、21~50人占21.6%、51~100人占27.6%、101~500人占25.0%、500人以上占4.9%,具体见表5.12。

表5.12 样本数据企业员工数分布

企业员工数	频数/个	百分比/%	有效百分比/%	累计百分比/%
10人以下	28	8.0	8.0	8.0
10~20人	45	12.9	12.9	20.9
21~50人	75	21.6	21.6	42.5
51~100人	96	27.6	27.6	70.1
101~500人	87	25.0	25.0	95.1
500人以上	17	4.9	4.9	100.0
合计	348	100.0	100.0	—

5.4.3.7 样本数据企业年销售收入

问卷调研所收集的样本数据企业年销售收入分布情况如下:100万以下占5.8%、100万~400万占28.2%、500万~900万占41.1%、1000万~5000万占19.5%、6000万~9000万占4.3%、1亿以上占1.1%,具体见表5.13。

表5.13 样本数据企业年销售收入分布

企业年销售收入	频数/个	百分比/%	有效百分比/%	累计百分比/%
100万以下	20	5.8	5.8	5.8
100万~400万	98	28.2	28.2	34.0
500万~900万	143	41.1	41.1	75.1
1000万~5000万	68	19.5	19.5	94.6

续表

企业年销售收入	频数/个	百分比/%	有效百分比/%	累计百分比/%
6000万~9000万	15	4.3	4.3	98.9
1亿以上	4	1.1	1.1	100.0
合计	348	100.0	100.0	—

5.4.3.8 样本数据单变量统计

样本数据单变量统计用于描述各变量存在的缺失值、最小值、最大值、均值、标准差及方差,统计结果见表5.14。

表5.14 样本数据单变量统计

变量	N	缺失值数	最小值	最大值	和	均值统计量	均值标准误	标准差	方差
A1	348	1	1	5	1312	3.77	0.057	1.056	1.115
A2	348	2	1	5	1285	3.69	0.058	1.078	1.163
A3	348	0	1	5	1310	3.76	0.058	1.074	1.154
A4	348	3	1	5	1177	3.38	0.054	1.010	1.020
A5	348	0	1	5	1137	3.27	0.054	1.009	1.019
A6	348	0	1	5	1225	3.52	0.053	0.994	0.987
A7	348	5	1	5	1096	3.15	0.051	0.950	0.903
A8	348	1	1	5	1176	3.38	0.054	1.006	1.012
A9	348	0	1	5	1266	3.64	0.057	1.066	1.136
A10	348	1	1	5	1410	4.05	0.054	1.014	1.029
A11	348	2	1	5	1249	3.59	0.054	1.011	1.023
A12	348	0	1	5	1239	3.56	0.060	1.125	1.267
A13	348	1	1	5	1352	3.89	0.059	1.099	1.209
A14	348	0	1	5	1327	3.81	0.059	1.099	1.207
A15	348	4	1	5	1284	3.69	0.050	0.929	0.864
A16	348	2	1	5	1364	3.92	0.054	0.998	0.996
A17	348	1	1	5	1267	3.64	0.055	1.024	1.049

续表

变量	N	缺失值数	最小值	最大值	和	均值 统计量	均值 标准误	标准差	方差
A18	348	2	1	5	1261	3.62	0.051	0.956	0.914
A19	348	2	1	5	1176	3.38	0.049	0.907	0.822
A20	348	1	1	5	1211	3.48	0.050	0.931	0.866
A21	348	1	1	5	1349	3.88	0.056	1.043	1.088
A22	348	0	1	5	1232	3.54	0.052	0.961	0.923
A23	348	0	1	5	1299	3.73	0.050	0.927	0.859
A24	348	1	1	5	1274	3.66	0.054	1.013	1.026
A25	348	2	1	5	1338	3.84	0.056	1.038	1.077
A26	348	3	1	5	1281	3.68	0.049	0.916	0.839
A27	348	1	1	5	1228	3.53	0.052	0.967	0.935
A28	348	0	1	5	1230	3.53	0.052	0.979	0.958
A29	348	6	1	5	1201	3.45	0.051	0.955	0.913
A30	348	0	1	5	1352	3.89	0.056	1.040	1.082
A31	348	3	1	5	1358	3.90	0.048	0.899	0.809
A32	348	0	1	5	1351	3.88	0.056	1.047	1.096
A33	348	2	1	5	1302	3.74	0.054	1.002	1.003
A34	348	4	1	5	1289	3.70	0.049	0.917	0.841
A35	348	0	1	5	1298	3.73	0.052	0.964	0.930
A36	348	2	1	5	1314	3.77	0.051	0.943	0.889
A37	348	5	1	5	1210	3.48	0.050	0.929	0.863
A38	348	0	1	5	1290	3.71	0.054	0.999	0.997
A39	348	1	1	5	1336	3.84	0.052	0.965	0.931
A40	348	0	1	5	1356	3.90	0.054	1.005	1.009
A41	348	1	1	5	1327	3.81	0.050	0.940	0.884
A42	348	1	1	5	1369	3.93	0.051	0.953	0.909
A43	348	0	1	5	1392	4.00	0.054	1.007	1.014
A44	348	1	1	5	1334	3.83	0.052	0.970	0.940
A45	348	3	1	5	1311	3.77	0.051	0.950	0.903

续表

变量	N	缺失值数	最小值	最大值	和	均值 统计量	均值 标准误	标准差	方差
A46	348	2	1	5	1244	3.58	0.049	0.912	0.832
A47	348	2	1	5	1325	3.81	0.056	1.048	1.099
A48	348	1	1	5	1221	3.51	0.052	0.961	0.924
A49	348	3	1	5	1278	3.67	0.054	1.004	1.009
B1	348	1	1	5	1257	3.61	0.049	0.918	0.843
B2	348	1	1	5	1327	3.81	0.051	0.950	0.902
B3	348	1	1	5	1324	3.80	0.054	1.008	1.016
B4	348	2	1	5	1215	3.49	0.050	0.937	0.879
B5	348	0	1	5	1353	3.89	0.052	0.967	0.936
B6	348	0	1	5	1356	3.90	0.049	0.905	0.819
B7	348	2	1	5	1248	3.59	0.050	0.933	0.870
B8	348	0	1	5	1296	3.72	0.051	0.957	0.915
B9	348	0	1	5	1352	3.89	0.054	1.001	1.001
B10	348	1	1	5	1317	3.78	0.052	0.962	0.925
B11	348	2	1	5	1261	3.62	0.053	0.981	0.962
B12	348	1	1	5	1398	4.02	0.053	0.993	0.985
C1	348	1	1	5	1341	3.85	0.050	0.932	0.869
C2	348	1	1	5	1364	3.92	0.053	0.989	0.979
C3	348	1	1	5	1384	3.98	0.055	1.030	1.060
C4	348	1	1	5	1274	3.66	0.053	0.981	0.962
C5	348	1	1	5	1228	3.53	0.050	0.940	0.883
C6	348	0	1	5	1288	3.70	0.050	0.928	0.861
C7	348	0	1	5	1380	3.97	0.053	0.986	0.973
C8	348	1	1	5	1236	3.55	0.051	0.945	0.894

5.4.4 样本数据缺失值处理

抽样调查过程中,经常会出现数据缺失情况。当缺失数据数量在整个数据数量中所占比例很小时,可以直接删除缺失数据所在的题项。但在实际调研中,数据缺失难以避免,且缺失的数据往往占有较大比重,这种情况下,若采用删除问卷题项的方式对缺失数据进行处理,将丢失大量宝贵信息,并且使分析结果产生偏差,造成不完全观测数据与完全观测数据间产生系统差异。

本书运用结构方程模型对调查数据进行实证分析,结构方程模型对缺失数据非常敏感,因此必须对样本的缺失数据进行检验和处理。侯杰泰等(2004)指出当缺失数据不多而且是随机缺失时,多数处理方法所得结果很相近。在 Lisrel 10.0 软件中,可以采用 EM(expected maximization algorithm)算法或 MCMC(Markov chain Monte Carlo)算法计算缺失值。

表 5.14 显示,样本多数题项都存在缺失值,但多数缺失值的个数小于3,不到样本总量的1%,所占比例很小。此外,用 SPSS 26.0 软件对缺失值的随机性进行 Little 的 MCAR 检验结果为显著性=0.000,这表明数据是随机缺失。根据侯杰泰等(2004)的研究结果,这种情况下,并不要求用一种特定算法来估算缺失值。综上,本书采用 Lisrel 10.0 软件的 EM 算法计算和插补缺失值。

5.4.5 样本数据正态性检验

结构方程模型最常用的参数估计方法是 MLE(maximum likelihood estimation,最大似然估计)法。Bollen(1989)认为,最大似然估计要满足四个条件:(1)变量服从多元正态分布;(2)用协方差矩阵作分析;(3)样本量要足够大;(4)模型为真。本书采用 MLE 法对参数进行估计,因此,需要对各项指标数据进行正态性检验。偏度与峰度通常被用于表示数据的非正态性。偏度反映数据的非对称性,偏度为正值表示分布是右偏态,负值则表示分布是左偏态;峰度表示数据分布的形态,峰度为正值表示高瘦形态,负值表示矮胖形态。本书用 Lisrel 10.0 软件中的 Prelis 程序检验数据的正态性,结果见表 5.15。

表 5.15 样本各指标数据正态性检验

变量	偏度 Z 值	偏度 P 值	峰度 Z 值	峰度 P 值	偏度和峰度 Chi-Square	偏度和峰度 P 值
A1	−5.265	0.000	0.558	0.577	28.035	0.000
A2	−4.749	0.000	−0.386	0.699	22.706	0.000
A3	−4.728	0.000	−0.727	0.467	22.882	0.000
A4	−2.899	0.004	−0.271	0.786	8.478	0.014
A5	−2.164	0.030	−0.683	0.495	5.147	0.076
A6	−3.281	0.001	−0.461	0.645	10.975	0.004
A7	−5.221	0.000	1.951	0.051	31.065	0.000
A8	−2.082	0.037	−0.530	0.596	4.616	0.099
A9	−3.942	0.000	−0.475	0.635	15.762	0.000
A10	−7.161	0.000	2.854	0.004	59.420	0.000
A11	−3.750	0.000	−0.086	0.932	14.071	0.001
A12	−3.968	0.000	−1.782	0.075	18.922	0.000
A13	−5.687	0.000	0.056	0.956	32.343	0.000
A14	−5.466	0.000	0.280	0.780	29.956	0.000
A15	−3.295	0.001	−0.460	0.646	11.071	0.004
A16	−5.001	0.000	−0.181	0.857	25.041	0.000
A17	−4.272	0.000	−0.006	0.995	18.254	0.000
A18	−2.841	0.004	−0.334	0.739	8.183	0.017
A19	−2.525	0.012	0.228	0.820	6.426	0.040
A20	−2.943	0.003	−0.040	0.968	8.663	0.013
A21	−5.973	0.000	1.221	0.222	37.165	0.000
A22	−4.041	0.000	0.316	0.752	16.427	0.000
A23	−3.912	0.00	0.026	0.979	15.307	0.000
A24	−3.804	0.000	−0.658	0.511	14.904	0.001
A25	−5.270	0.000	0.283	0.777	27.856	0.000
A26	−3.822	0.000	0.473	0.636	14.829	0.001
A27	−3.490	0.000	0.337	0.736	12.294	0.002

续表

变量	偏度 Z值	偏度 P值	峰度 Z值	峰度 P值	偏度和峰度 Chi-Square	偏度和峰度 P值
A28	−1.804	0.071	−2.020	0.043	7.333	0.026
A29	−3.098	0.002	0.442	0.659	9.795	0.007
A30	−5.536	0.000	0.520	0.603	30.922	0.000
A31	−5.419	0.000	2.153	0.031	34.003	0.000
A32	−6.455	0.000	2.153	0.031	46.297	0.000
A33	−4.790	0.000	0.937	0.349	23.821	0.000
A34	−3.382	0.001	−0.085	0.932	11.444	0.003
A35	−4.078	0.000	−0.027	0.978	16.631	0.000
A36	−3.875	0.000	0.418	0.676	15.189	0.001
A37	−2.376	0.017	−0.362	0.717	5.777	0.056
A38	−3.694	0.000	−0.840	0.401	14.353	0.001
A39	−4.205	0.000	−0.169	0.866	17.714	0.000
A40	−5.722	0.000	1.174	0.240	34.119	0.000
A41	−4.192	0.000	0.037	0.971	17.574	0.000
A42	−5.792	0.000	1.749	0.080	36.604	0.000
A43	−7.483	0.000	3.310	0.001	66.951	0.000
A44	−5.316	0.000	0.956	0.339	29.169	0.000
A45	−5.363	0.000	1.670	0.095	31.554	0.000
A46	−3.049	0.002	0.256	0.798	9.361	0.009
A47	−5.004	0.000	−0.009	0.992	25.038	0.000
A48	−3.191	0.001	0.037	0.970	10.186	0.006
A49	−3.934	0.000	−0.309	0.757	15.571	0.000
B1	−2.275	0.023	−0.844	0.398	5.887	0.053
B2	−4.412	0.000	0.944	0.345	20.358	0.000
B3	−4.648	0.000	0.099	0.921	21.614	0.000
B4	−1.980	0.048	−0.541	0.588	4.215	0.122
B5	−5.897	0.000	1.976	0.048	38.680	0.000
B6	−4.850	0.000	0.988	0.323	24.498	0.000

续表

变量	偏度 Z值	偏度 P值	峰度 Z值	峰度 P值	偏度和峰度 Chi-Square	偏度和峰度 P值
B7	−3.391	0.001	0.243	0.808	11.561	0.003
B8	−5.025	0.000	1.206	0.228	26.708	0.000
B9	−5.664	0.000	1.591	0.112	34.610	0.000
B10	−4.767	0.000	1.148	0.251	24.041	0.000
B11	−4.135	0.000	0.390	0.697	17.246	0.000
B12	−6.639	0.000	2.260	0.024	49.189	0.000
C1	−5.504	0.000	2.057	0.040	34.522	0.000
C2	−5.752	0.000	1.695	0.090	35.957	0.000
C3	−6.196	0.000	1.217	0.224	39.874	0.000
C4	−4.335	0.000	0.889	0.374	19.585	0.000
C5	−3.144	0.002	0.398	0.691	10.042	0.007
C6	−3.979	0.000	0.317	0.752	15.931	0.000
C7	−6.576	0.000	2.452	0.014	49.264	0.000
C8	−2.381	0.017	−0.438	0.661	5.862	0.053

黄芳铭(2003)指出,通常比较有用的方法是使用偏度绝对值来判断正态性,当偏度绝对值大于3.0时,一般认为是极端偏态。Kline(1998)认为当峰度绝对值大于10.0,表示峰度有问题,若是大于20.0,就可以认为是极端峰度。根据这个标准,以上指标的峰度均小于10.0,不存在问题;偏度值的结果显示,除A4、A5、A8、A18、A19、A20、A28、A37、B1、B4、C8这几个指标外,其余指标的绝对值均超过3.0,未达到正态分布,但偏度超过不多。为改善指标数据分布,采用Lisrel 10.0软件中的Prelis程序对数据进行正态性转换,转换后数据的正态性检验结果见表5.16。

表5.16 样本数据正态化后的正态性检验结果

变量	偏度 Z值	偏度 P值	峰度 Z值	峰度 P值	偏度和峰度 Chi-Square	偏度和峰度 P值
A1	−2.113	0.035	−3.206	0.001	14.746	0.001

续表

变量	偏度 Z 值	偏度 P 值	峰度 Z 值	峰度 P 值	偏度和峰度 Chi-Square	偏度和峰度 P 值
A2	−1.879	0.060	−3.114	0.002	13.230	0.001
A3	−2.248	0.025	−3.477	0.001	17.145	0.000
A4	−0.682	0.495	−1.507	0.132	2.736	0.255
A5	−0.451	0.652	−1.332	0.183	1.977	0.372
A6	−1.073	0.283	−1.619	0.106	3.771	0.152
A7	−0.189	0.850	−0.606	0.545	0.402	0.818
A8	−0.645	0.519	−1.577	0.115	2.902	0.234
A9	−1.585	0.113	−3.155	0.002	12.465	0.002
A10	−3.504	0.000	−3.811	0.000	26.801	0.000
A11	−1.282	0.200	−2.192	0.028	6.450	0.040
A12	−1.497	0.134	−3.339	0.001	13.392	0.001
A13	−3.022	0.003	−4.144	0.000	26.304	0.000
A14	−2.520	0.012	−4.067	0.000	22.887	0.000
A15	−1.401	0.161	−1.710	0.087	4.888	0.087
A16	−2.788	0.005	−3.367	0.001	19.115	0.000
A17	−1.502	0.133	−2.262	0.024	7.372	0.025
A18	−1.204	0.229	−1.851	0.064	4.877	0.087
A19	−0.647	0.517	−0.539	0.590	0.710	0.701
A20	−0.779	0.436	−1.122	0.262	1.866	0.393
A21	−2.577	0.010	−3.220	0.001	17.010	0.000
A22	−1.152	0.249	−0.987	0.324	2.301	0.316
A23	−1.561	0.119	−1.520	0.129	4.747	0.093
A24	−1.582	0.114	−2.339	0.019	7.973	0.019
A25	−2.474	0.013	−3.256	0.001	16.726	0.000
A26	−1.366	0.172	−1.247	0.212	3.421	0.181
A27	−1.000	0.317	−1.346	0.178	2.811	0.245
A28	−1.036	0.300	−1.888	0.059	4.637	0.098

续表

变量	偏度 Z 值	偏度 P 值	峰度 Z 值	峰度 P 值	偏度和峰度 Chi-Square	偏度和峰度 P 值
A29	−0.770	0.441	−1.180	0.238	1.984	0.371
A30	−2.714	0.007	−3.415	0.001	19.026	0.000
A31	−2.087	0.037	−1.807	0.071	7.623	0.022
A32	−2.474	0.013	−3.516	0.000	18.484	0.000
A33	−1.761	0.078	−2.583	0.010	9.775	0.008
A34	−1.403	0.161	−1.614	0.107	4.573	0.102
A35	−1.674	0.094	−1.961	0.050	6.647	0.036
A36	−1.690	0.091	−2.317	0.020	8.224	0.016
A37	−0.818	0.413	−1.090	0.276	1.858	0.395
A38	−1.719	0.086	−2.473	0.013	9.073	0.011
A39	−2.151	0.031	−2.786	0.005	12.389	0.002
A40	−2.564	0.010	−2.900	0.004	14.983	0.001
A41	−1.919	0.055	−2.177	0.029	8.422	0.015
A42	−2.519	0.012	−2.481	0.013	12.500	0.002
A43	−2.888	0.004	−2.821	0.005	16.300	0.000
A44	−2.084	0.037	−1.992	0.046	8.309	0.016
A45	−1.746	0.081	−1.445	0.148	5.136	0.077
A46	−1.019	0.308	−1.020	0.308	2.078	0.354
A47	−2.353	0.019	−3.352	0.001	16.770	0.000
A48	−0.967	0.333	−1.264	0.206	2.534	0.282
A49	−1.589	0.112	−2.338	0.019	7.990	0.018
B1	−1.061	0.289	−1.433	0.152	3.180	0.204
B2	−1.848	0.065	−2.511	0.012	9.719	0.008
B3	−2.162	0.031	−2.915	0.004	13.171	0.001
B4	−0.792	0.428	−1.172	0.241	2.002	0.368
B5	−2.291	0.022	−2.280	0.023	10.447	0.005
B6	−2.133	0.033	−1.898	0.058	8.153	0.017

续表

变量	偏度 Z值	偏度 P值	峰度 Z值	峰度 P值	偏度和峰度 Chi-Square	偏度和峰度 P值
B7	−1.122	0.262	−1.184	0.236	2.660	0.264
B8	−1.627	0.104	−1.313	0.189	4.370	0.112
B9	−2.425	0.015	−3.191	0.001	16.065	0.000
B10	−1.810	0.070	−2.180	0.029	8.031	0.018
B11	−1.340	0.180	−1.624	0.104	4.434	0.109
B12	−3.211	0.001	−3.217	0.001	20.656	0.000
C1	−1.985	0.047	−1.830	0.067	7.289	0.026
C2	−2.580	0.010	−3.273	0.001	17.371	0.000
C3	−3.216	0.001	−3.519	0.000	22.727	0.000
C4	−1.377	0.168	−1.940	0.052	5.660	0.059
C5	−0.934	0.350	−1.135	0.256	2.159	0.340
C6	−1.468	0.142	−1.333	0.183	3.932	0.140
C7	−2.771	0.006	−2.823	0.005	15.647	0.000
C8	−0.961	0.336	−1.423	0.155	2.949	0.229

从表5.16可知,正态化处理后,题项A10、A13、B12、C3偏度绝对值略大于3,但绝大多数题项正态性得到显著改善,满足绝对值小于3的要求,因此,转化后的数据可以采用MLE法进行参数估计。其实,不少研究显示,在多数情况下,尤其是当 N 并未达数千个时,就算变量不是正态分布,采用MLE法仍是合适的,估计结果是稳健、可靠的(Hau et al.,2004;Hu et al.,1992)。因此,本书采用MLE法进行参数估计。

5.4.6 正式调研问卷信效度检验

5.4.6.1 信度检验

信度检验是检验量表的可靠性,用于反映调研数据受到随机误差影响的程度。采用结构方程对数据进行分析前,需要检验数据的信度,只有信度达到要求时,分析结果才可被接受。本书采用 SPSS 26.0 软件对各因素及整体数据进行信度分析,所得结果见表 5.17。

表 5.17 正式调研问卷各因素信度检验结果

因素	Cronbach's α
基础设施	0.837
政策法规	0.820
社会信任	0.715
决策	0.732
组织	0.863
领导	0.687
控制	0.705
资源	0.663
产业	0.722
技术	0.715
营销	0.806
文化	0.864
文化创意能力	0.718
技术创新能力	0.855
合作协同能力	0.850
闽台创意农业合作绩效	0.875

由表 5.17 可知,16 个因素的 Cronbach's α 值均大于 0.6。由此可知,各个指标具有良好的内部一致性,指标的信度符合要求。

5.4.6.2 效度检验

本书采用 SPSS 26.0 软件对量表及整体数据进行效度分析(KMO 检验和 Bartlett 检验),所得结果见表 5.18。

表 5.18　正式调研问卷的 KMO 检验和 Bartlett 检验

KMO 检验		0.924
Bartlett 球形度检验	近似卡方	21602.894
	自由度	2346
	显著性	0.000

Kaise(1974)认为,KMO 值的度量标准以 0.7 为界,0.7 表示数据适合进行因子分析,0.8 表示很适合,0.9 以上表示本书数据很适合进行因子分析。从表 5.18 中可知,KMO 值大于 0.9,表示本书的数据很适合进行因子分析。同时,所有测量题项 Bartlett 球形检验显著性水平均为 0.000,表明数据具有一定相关性。由此,可以认为前文建构的模型及调研所得数据效度良好。

5.5　研究方法介绍

5.5.1　结构方程模型

本书采用结构方程模型(structural equation modeling,简称 SEM)对调研数据进行处理和分析。SEM 方法是由瑞典统计学家 Karl G. Joreskog 于 20 世纪 70 年代中期提出。进入 20 世纪 80 年代,SEM 分析方法发展迅速,成为多元数据分析的重要工具。SEM 方法是评价理论模式与数据一致性的分析方法,在社会科学以及经济管理等研究领域得到广泛应用。结构方程模型具有验证性功能,研究过程中,研究者根据研究主题梳理相关文献和理论,建立理论假设模型,通过调研或其他方式获得所需数据,应用结构方程模型分析数据,获取潜变量之间的关系,从而证实或证伪研究者事先假设的理论模型。

Hoyle(1995)认为 SEM 并非单纯意义上的统计方法,而是一个体系,有效融合了研究方法和不同统计技术,是集方法和技术于一身的综合体。邱皓政和林碧芳(2009)归纳了 SEM 的基本特质,如下所示。

(1)SEM 具有理论验证功能,是用于验证模型适切性的一种统计分析技术。

(2)SEM 适用于大样本分析。

(3)SEM 以协方差运用为核心。

(4)SEM 可以整合处理"测量"与"分析"问题。

(5)SEM 包含许多不同统计技术。

(6)SEM 重视多重统计指标的运用。

应用结构方程时,可以按以下四个主要步骤进行分析:

(1)模型构建。根据理论基础及以往研究成果设计理论模型,建立观测变量与潜变量之间的关系及各潜变量之间的关系。

(2)模型拟合,即求模型的解。该步骤由模型参数估计实现,最大似然法和广义最小二乘法是最常用的参数估计方法。

(3)模型评价。通过拟合指数检视模型拟合优度,即模型与数据之间的适配程度。在现有文献中,已经有 40 多种拟合指数,国内外学者常用卡方值(χ^2)、卡方自由度比(χ^2/df)、近似误差均方根(RMSEA)、非范拟合指数(NNFI)、比较拟合指数(CFI)和标准化残差均方根(SRMR)6 种指数作为模型评价依据(侯杰泰 等,2004;易丹辉,2008)。

χ^2 和 χ^2/df 早期常被作为模型拟合优度的判断标准。不过,χ^2 显著地受到样本容量的影响,敏感地拒绝参数较少的误设模型,倾向于接纳比较复杂的模型。χ^2/df 能调节误设模型复杂程度,在参数不太多的情况下,表现较为突出。曾有研究建议,当 χ^2/df 在 2.0 到 5.0 之间时,表示模型可以接受,但 χ^2/df 对单个模型的评价意义不大,因为它同样容易受到样本容量的影响。相较于 χ^2,研究者更倾向于使用 χ^2/df,特别是在对模型进行比较的情况下。χ^2 和 χ^2/df 两种指数都存在较为明显的不足,虽然它们仍是判断模型拟合优度的参考依据,但已逐渐被表现更好的 RMSEA、NNFI、CFI、SRMR 等拟合指数取代。对以上 4 种拟合指数的判定标准进行整理,可得如表 5.19 所示的常用拟合指数说明。

表 5.19 常用拟合指数说明

拟合指数	判断标准		提出学者
RMSEA	0.05~0.1	拟合较好	Steiger(1990)
	小于 0.05	拟合非常好	Quintana 等(1999)
	小于 0.010	拟合非常出色	Browne 等(1992)
NNFI	大于 0.90	模型可以接受	Bentler 等(1980)
	小于 0.90	模型拟合不佳	温忠麟等(2004)
CFI	大于 0.90	模型可以接受	侯杰泰等(2004)
	小于 0.90	模型拟合不佳	温忠麟等(2004)
			易丹辉(2008)
SRMR	小于 0.08	模型可以接受	Hu 等(1999)
	大于 0.08	模型拟合不佳	易丹辉(2008)

实际上,学术界在模型评价上尚未形成统一标准,传统的临界值并非接受或拒绝模型的唯一依据,特别是当拟合指数处于临界值附近时,不能根据拟合指数机械地做出判断,应综合多种方法检验并修正模型,同时结合模型构建的理论背景和可解释程度,对模型整体拟合效果进行综合评定。

(4)模型修正。拟合不理想的模型需要进行修正,修正的依据是结构方程模型生成的修正指数,还需要考虑相关理论基础。

结构方程模型得到越来越多研究者的青睐,前文实证研究假设思路与 SEM 分析逻辑相符,因此,选择 SEM 作为闽台创意农业合作绩效研究实证分析工具。

5.5.2 中介效应检验

中介变量是一个重要统计概念。在社会学多个领域的研究中,引入中介变量、展开中介效应检验已越来越普及。James(1984)将中介变量定义为:在考虑自变量 X 对因变量 Y 的影响时,如果 X 通过影响变量 M 来实现对 Y 的影响,则 M 为中介变量。假设所有变量都已经中心化(即均值为 0),可用公式(5.1)、(5.2)和(5.3)来表示变量之间的关系,相应的路径如图 5.2 所示。

$$Y = cX + e_1 \tag{5.1}$$

$$M = aX + e_2 \tag{5.2}$$

$$Y = c'X + bM + e_3 \tag{5.3}$$

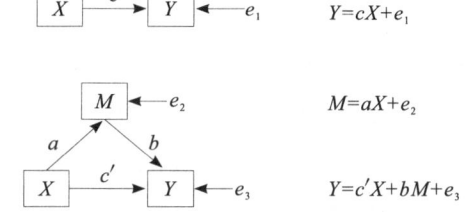

图 5.2 路径示意

中介效应检验有三种传统做法,具体见表 5.20。

表 5.20 三种传统中介效应检验方法

中介效应检验	检验思路	缺点	提出学者
依次检验回归系数	如果 H0:a＝0 被拒绝且 H0:b＝0 被拒绝,则中介效应显著,否则不显著。完全中介效应还要检验 H0:c′=0	中介效应较弱时,检验效率很低	Judd(1981) Baron 等(1986)
检验 H0:ab=0	检验 a、b 乘积是否显著,如果拒绝假设 H0:ab＝0,则中介效应显著	第一类错误率远高于 0.05	Sobel(1982) Sobel(1988) MacKinnon 等(1998)
检验 H0:c−c′=0	检验 c′与 c 差异是否显著,如果拒绝假设 H0:c−c′=0,则中介效应显著	第一类错误率很高	Clogg 等(1992) Freedman 等(1992)

资料来源:温忠麟,张雷,侯杰泰,等.中介效应检验程序及其应用[J].心理学报,2004(5):614-620。

在传统检验方法的基础上,为了有效减少检验过程中出现的第一类错误与第二类错误,温忠麟等(2004)提出一个实用的检验程序,该程序可用于检验部分中介效应和完全中介效应,具体检验程序包括以下 4 个步骤。

(1)检验公式 $Y=cX+e_1$ 中的系数 c，如果该系数显著，则继续下一步的检验，否则停止分析。

(2)做部分中介检验，即依次检验系数 a 和 b，如果两个系数都显著，表示 X 对 Y 的影响至少有一部分是通过中介变量 M 实现的，则继续步骤(3)的检验。如果至少有一个系数不显著，尚不能得出结论，则转到步骤(4)的检验。

(3)做完全中介检验，即检验公式 $Y=c'X+bM+e_3$ 中的系数 c'，如果该系数不显著，说明存在完全中介，即 X 对 Y 的影响都是通过中介变量 M 实现的；如果该系数显著，说明只是部分中介，即 X 对 Y 的影响只有一部分是通过中介变量 M 实现的，检验结束。

(4)做 Sobel 检验，计算 Z 值，$Z=ab/S_{ab}$，如果达到 0.97(MacKinnon,1998)的显著性水平，意味着 M 的中介效应显著，否则中介效应不显著，检验结束。S_{ab} 计算公式如下(Sobel,1982；Sobel,1988)：

$$S_{ab}=\sqrt{a^2S_b^2+b^2S_a^2} \tag{5.4}$$

其中：S_a 和 S_b 分别是 a、b 的标准误。

以上四个检验步骤可以归纳如图 5.3 表示。

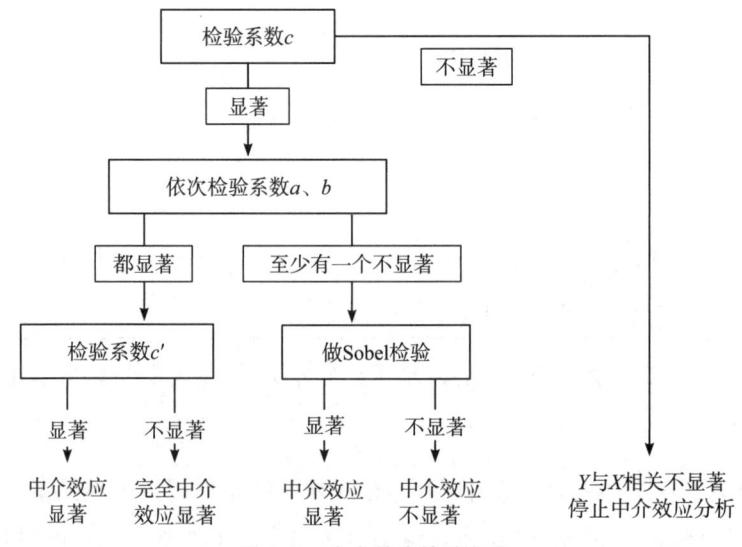

图 5.3 中介效应检验程序

Bollen(1989)指出,由于中介效应是间接效应,无论变量是否涉及潜变量,都可以用 SEM 分析中介效应。前文假设部分,涵盖了闽台创意农业合作能力维度,并提出了相应的假设。在实证研究部分,本书将应用 SEM 分析工具,采用 Lisrel 10.0 SEM 分析软件,按照上述中介作用检验步骤,检验闽台创意农业合作能力在闽台创意农业合作影响因素与闽台创意农业合作绩效之间的中介效应。

5.6　本章小结

本章阐述了实证研究方案的具体步骤。首先是问卷设计环节,包括四个不断修改和测试的阶段:第一步是测量题项设置。依据相关文献,为闽台创意农业合作影响因素下的 12 个因素设置 50 个题项,为合作能力设置 12 个题项,为合作绩效设置 9 个题项。第二步是专家访谈。调研小组在测量题项的基础上构建专家问卷,然后历时一个多月,走访福建省高校、台湾地区高校、有关部门、台湾农民创业园管委会、台资创意农业企业中的专家,征求专家意见。第三步是预调研。调研小组在专家访谈结果基础上,删减和修改问卷题项,形成由 69 个题项组成的预调研问卷,历时一个多月向漳浦、漳平、仙游、清流、福清和惠安 6 个地方的国家级台湾农民创业园中的创意农业企业发放预调研问卷,收回有效问卷 100 份。调研数据的信效度检验结果显示,问卷具有良好的信度和效度,可以基本确保正式调研问卷的合理性和科学性。第四步是正式调研。在预调研问卷基础上,加入个人及企业基本信息,增加 5 分量表,形成闽台创意农业合作正式调研问卷。调研小组历时 2 个多月,向上述 6 个国家级台湾农民创业园中的创意农业企业发放正式调研问卷。正式调研问卷采取现场发放、现场回收的方式,确保调研获得较高质量的数据。最终收回有效问卷 348 份,并对调研数据进行描述性统计分析、缺失值检验、正态性检验和信效度检验,结果表明数据是有效的。其次,简要介绍结构方程模型和中介效应检验方法。以上步骤为进一步的实证研究奠定了基础。

6 闽台创意农业合作绩效实证研究

本章在第 5 章的基础上,对闽台创意农业合作绩效展开实证研究。第一,检验各测量模型拟合情况,并作出相应的修正。第二,对各维度模型进行验证性因素分析,检验环境维度、台湾农民创业园管委会维度、台资创意农业企业维度、闽台创意农业合作能力维度的拟合情况,分析各维度下测量因素之间的关系是否与本书所设计的理论关系相符。第三,分析闽台创意农业合作影响因素、合作能力与绩效之间的关系。第四,在以上分析结果的基础上,检验闽台创意农业合作能力在闽台创意农业合作影响因素的 3 个维度和合作绩效关系中的中介作用。

6.1 各因素测量模型检验

本书所用量表是在文献综述和理论梳理的基础上编制而成的,开发过程严格遵循经济管理研究问卷设计的流程要求,并通过信效度检验。但是,由于问卷较为新颖,需在实证分析前检验问卷设计的科学性和合理性。因此,在各维度模型验证性因子分析、闽台创意农业合作影响因素及合作能力与绩效之间的关系检验、中介效应检验之前,应检验问卷的各因素测量模型,验证各个指标能否组成一个因子。

因素测量模型的检验,可以通过观察因素载荷和模型拟合指数实现。因素载荷反映潜变量与测量指标间的聚敛程度,取值范围为 0~1。因素载荷(完全标准化解,也写为 λ)够大时,表示题项测量指标能很好地把测量潜变量聚敛起来(Bollen,1989)。Hair 等(2006)指出,当因素载荷大于 0.71 时,表示测量题项具有理想的质量,因为此时潜变量能解释测量指标将近 50%的变异量。对于因素载荷的最小接受值,学界并未形成统一标准。Ford 等(1986)提出最小接受值为 0.40,但 Brown(2006)认为最小接受值可以是 0.30。为使各因素具有较高质量,本书采用 Brown 的观点,将 0.4 设为路径接受的临界值,删除小于 0.4 的路径系数,修正相应测量模型。拟合指数方面,本章将采用第 5 章所介绍的常用拟合指数中的 RMSEA、NNFI、CFI 和 SRMR 这 4 种来评价各测量模型拟合程度,各指数判断标准见表 5.19。

6.1.1 环境维度的测量模型检验

环境维度包含基础设施、政策法规和社会信任 3 个因素。

6.1.1.1 基础设施因素

调研问卷中的基础设施因素由创意农业产业园区(A1)、创意农业土地供给(A2)、创意农业劳力供给(A3)和创意农业技术供给(A4)4 个测量指标组成。本书采用结构方程分析软件 Lisrel 10.0 检验潜变量环境因素测量模型的拟合程度,模型的标准化路径系数图如图 6.1 所示。

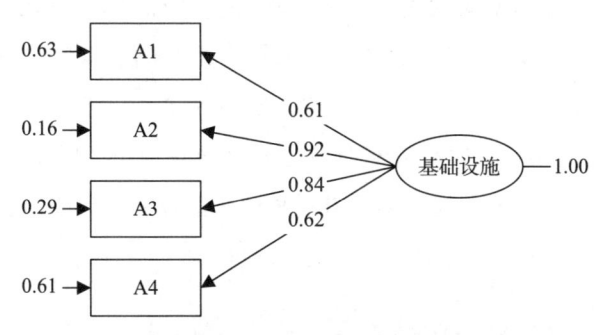

图 6.1 基础设施因素测量模型标准化路径系数图

从图 6.1 可知,基础设施因素的 4 个测量指标中,A1 的因素载荷最小,为 0.61,大于临界值 0.40,这表明各测量指标能很好地把测量潜变量基础设施聚敛起来,项目质量良好。模型拟合结果显示,RMSEA=0.0<0.01,

NNFI＝1.00＞0.90,CFI＝1.00＞0.90,SRMR＝0.012＜0.08,这表示模型拟合效果非常理想。因此,模型可以接受,即基础设施因素的变异能通过其下设置的4个指标进行测量。

6.1.1.2 政策法规因素

调研问卷中的政策法规因素由创意农业土地使用优惠政策(A5)、创意农业信贷优惠政策(A6)、创意农业财政补贴政策(A7)和创意农业知识产权保护法规(A8)4个测量指标组成。本书采用结构方程分析软件Lisrel 10.0检验潜变量政策法规因素的测量模型的拟合程度,模型的标准化路径系数图如图6.2所示。

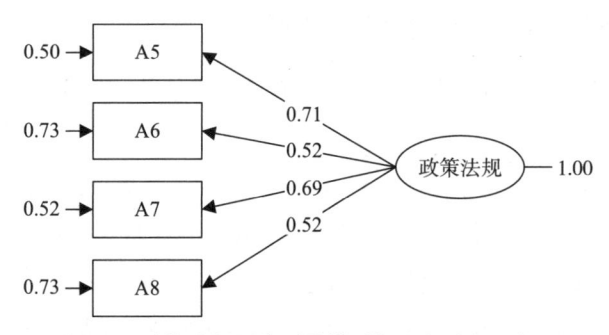

图6.2 政策法规因素测量模型标准化路径系数图

从图6.2可知,政策法规因素的4个测量指标中,A6和A8的因素载荷最小,同为0.52,大于临界值0.40,这表明项目质量良好。模型拟合结果显示,RMSEA＝0.038＜0.05,NNFI＝0.99＞0.90,CFI＝1.00＞0.90,SRMR＝0.019＜0.08,这表示模型拟合效果非常理想。因此,模型可以接受,即各测量指标能较好地把测量潜变量政策法规聚敛起来,政策法规因素的变异能通过其下设置的4个指标进行测量。

6.1.1.3 社会信任因素

调研问卷中的社会信任因素由社会征信制度(A9)、信任奖惩制度(A10)、行业协会(A11)和仲裁机构(A12)4个测量指标组成。本书采用结构方程分析软件Lisrel 10.0检验潜变量社会信任因素的测量模型的拟合程度,模型的标准化路径系数图如图 6.3 所示。

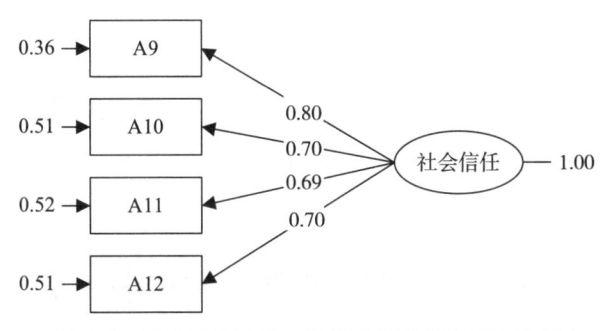

图 6.3　社会信任因素测量模型标准化路径系数图

从图 6.3 可知,社会信任因素的 4 个测量指标中,A11 的因素载荷最小,为 0.69,大于界值 0.40,这表明项目质量良好。模型拟合结果显示,RMSEA=0.079<0.08,NNFI=0.98>0.90,CFI=0.99>0.90,SRMR=0.021<0.08,这表示模型拟合较好。因此,模型可以接受,即各测量指标能较好地把测量潜变量社会信任聚敛起来,社会信任因素的变异能通过其下设置的 4 个指标进行测量。

6.1.2　台湾农民创业园管委会维度的测量模型检验

台湾农民创业园管委会维度包含决策、组织、领导和控制 4 个因素。

6.1.2.1　决策因素

在问卷设置中,决策因素由管委会管理层对创意农业认知程度(A13)、管委会管理层对创意农业合作项目了解程度(A14)、管委会创意农业发展目标(A15)和管委会创意农业发展战略(A16)4 个测量指标组成。本书运用 Lisrel 10.0 软件检验潜变量决策因素测量模型的拟合程度,模型的标准化路径系数图如图 6.4 所示。

从图 6.4 可知,决策因素 4 个测量指标的因子载荷均超过 0.8,这表明项目质量良好,但通过观察模型的拟合指数可以发现,虽然 CFI=0.96>0.90,SRMR=0.033<0.08,但 RMSEA=0.253>0.10,NNFI=0.89<0.90,这说明模型拟合效果不好,需要修正。根据结构方程修正原则,综合考虑理论

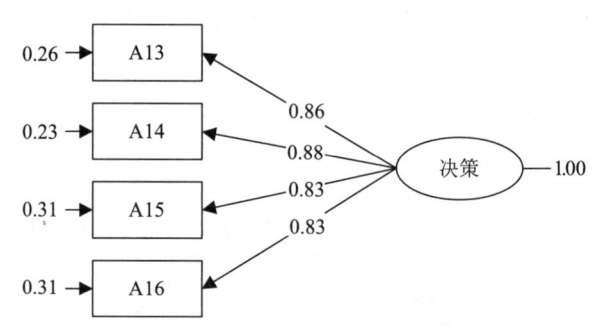

图 6.4 决策因素测量模型标准化路径系数图

假设与现实因素,对该模型进行修正,修正后的路径系数图如 6.5 所示。

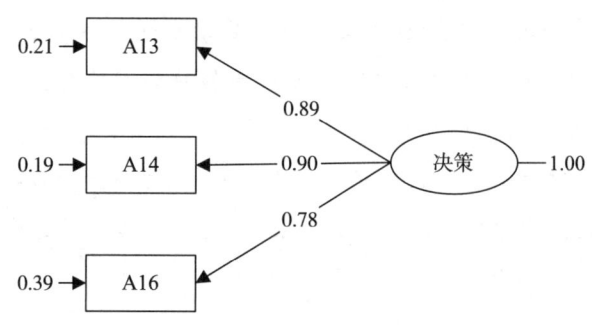

图 6.5 决策因素测量模型修正后的标准路径系数图

修正后的模型删除了管委会创意农业发展目标(A15)。图 6.5 显示,修正后的 3 个测量指标中,A16 的因素载荷最小,为 0.78,大于 0.40,这说明模型质量良好。模型拟合方面,P 值 $=1.00$[①],这表明模型属于饱和模型,拟合完美。因此,修正后的模型可以接受,即 3 个测量指标能较好地把测量潜变量决策因素聚敛起来,决策因素的变异能通过修正后的 3 个指标进行测量。

---

① P 值就是当原假设为真时所得到的样本观察结果或更极端的结果出现的概率,取值在 0 到 1 之间。如果 P 值很小,说明原假设情况的发生概率很小,根据小概率原理,有理由拒绝原假设。P 值越小,拒绝原假设的理由越充分,反之,P 值越大,则接受原假设的理由越充分。在测量模型拟合程度检验中,当 $P=1$ 时,表示测量模型与实际模型近乎吻合,可认为测量模型属于饱和模型。

6.1.2.2 组织因素

在问卷设置中,组织因素由管委会创意农业合作项目团队的组建(A17)、管委会创意农业合作项目团队新兴业务适应性(A18)、管委会创意农业合作项目团队的稳定性(A19)和管委会同创意农业企业的互动程度(A20)4个测量指标组成。本书运用 Lisrel 10.0 检验潜变量组织因素测量模型的拟合程度,模型的标准化路径系数图如图 6.6 所示。

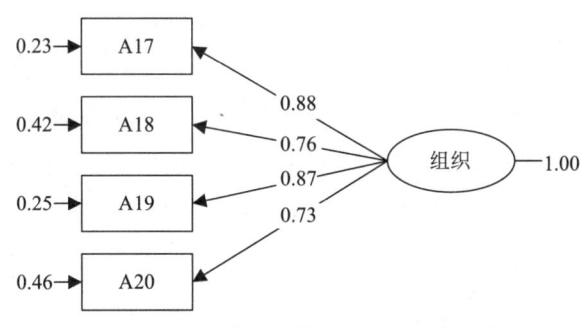

图 6.6 组织因素测量模型标准化路径系数图

从图 6.6 可知,组织因素 4 个测量指标的因子载荷均超过 0.7,这表明项目质量良好。但观察模型拟合指数可以发现,虽然 CFI=0.94>0.90,SRMR=0.054<0.08,但 RMSEA=0.298>0.10,NNFI=0.81<0.90,这说明模型拟合效果不好,需要修正。根据结构方程修正原则,综合考虑理论假设与现实因素,对该模型进行修正,修正后的路径系数图如图 6.7 所示。

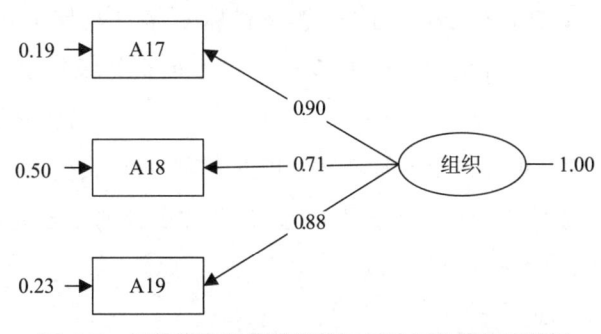

图 6.7 组织因素测量模型修正后的标准路径系数图

修正后的模型删除了"管委会同创意农业企业的互动程度"(A20)。如

图 6.7 所示,修正后的 3 个测量指标中,A18 的因子载荷最小,为 0.71,大于 0.40,这说明模型质量良好。模型拟合方面,P 值＝1.00,这说明模型属于饱和模型,拟合完美。因此,修正后的模型可以接受,即 3 个测量指标能较好地把测量潜变量决策因素聚敛起来,组织因素的变异能通过修正后的 3 个指标进行测量。

6.1.2.3 领导因素

领导因素由管委会创意农业合作项目负责人经验和能力(A21)、管委会创意农业合作项目负责人领导艺术(A22)、管委会创意农业合作项目成员综合素质(A23)和管委会创意农业合作项目成员责任感(A24)4 个测量指标组成。本书运用 Lisrel 10.0 软件检验潜变量领导因素测量模型的拟合程度,模型标准化路径系数图如图 6.8 所示。

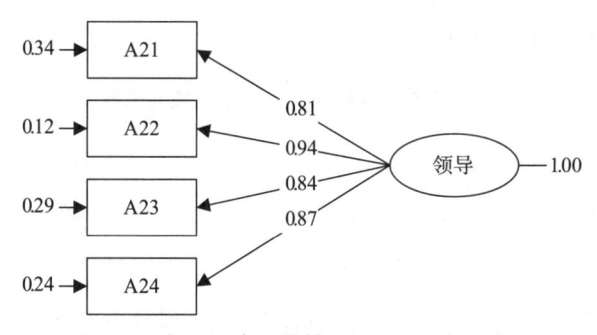

图 6.8 领导因素测量模型标准化路径系数图

从图 6.8 可知,领导因素的 4 个测量指标中,A21 的因子载荷最小,为 0.81,远大于 0.40,说明项目质量良好。模型拟合结果显示,RMSEA＝0.00＜0.01,NNFI＝1.00＞0.90,CFI＝1.00＞0.90,SRMR＝0.0040＜0.08,这表示模型拟合效果非常理想。因此,模型可以接受,即各测量指标能较好地把测量潜变量社会信任聚敛起来,领导因素的变异能通过其下设置的 4 个指标进行测量。

6.1.2.4 控制因素

控制因素由管委会对创意农业合作项目实施过程的监控(A25)、管委会创意农业合作项目保障机制(A26)、管委会创意农业合作项目修正制度(A27)和管委会创意农业合作项目退出机制(A28)4个测量指标组成。本书运用 Lisrel 10.0 软件检验潜变量控制因素测量模型的拟合程度,模型标准化路径系数图如图6.9所示。

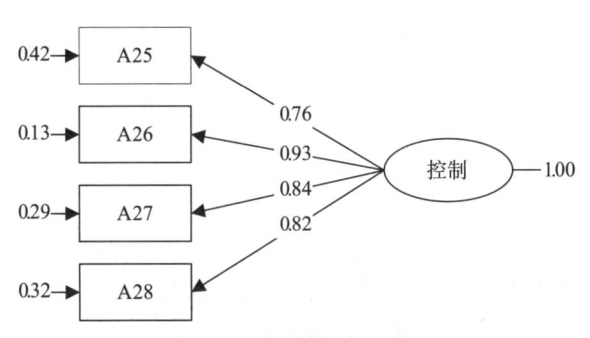

图6.9 控制因素测量模型标准化路径系数图

从图6.9可知,控制因素4个测量指标的因子载荷均超过0.40,这表明项目质量良好,但观察模型的拟合指数可以发现,虽然 NNFI=0.96>0.90,CFI=0.99>0.90,SRMR=0.021<0.08,但 RMSEA=0.14>0.10,这说明模型拟合不够理想,需要修正。根据结构方程修正原则,综合考虑理论假设与现实因素,对该模型进行修正,修正后的路径系数图如图6.10所示。

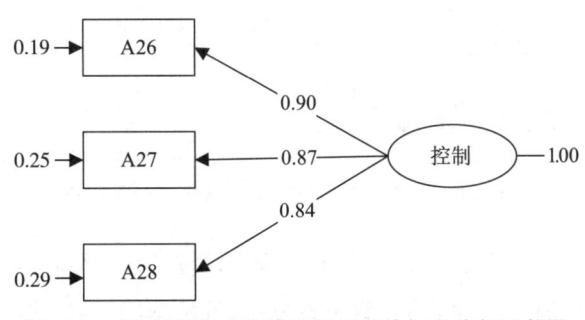

图6.10 控制因素测量模型修正后的标准路径系数图

修正后的模型删除"管委会对创意农业合作项目实施过程的监控"(A25)。如图6.10所示,修正后的3个测量指标的因子载荷均超过0.80,说明模型质量良好。模型拟合方面,P 值=1.00,这说明模型属于饱和模型,拟合完美。因此,修正后的模型可以接受,即3个测量指标能较好地把测量潜变量控制因素聚敛起来,控制因素的变异能通过修正后的3个指标进行测量。

6.1.3 台资创意农业企业维度的测量模型检验

台资创意农业企业维度由资源、产业、技术、营销和文化5个因素组成。

6.1.3.1 资源因素

调研问卷中的资源因素由创意农业企业拥有的先进设备(A29)、创意农业企业抵(质)押物(A30)、创意农业企业的财务状况(A31)、创意农业企业的技术人才储备(A32)和创意农业企业知识产权(A33)5个测量指标组成。本书运用 Lisrel 10.0 软件检验潜变量资源因素测量模型的拟合程度,模型标准化路径系数图如图6.11所示。

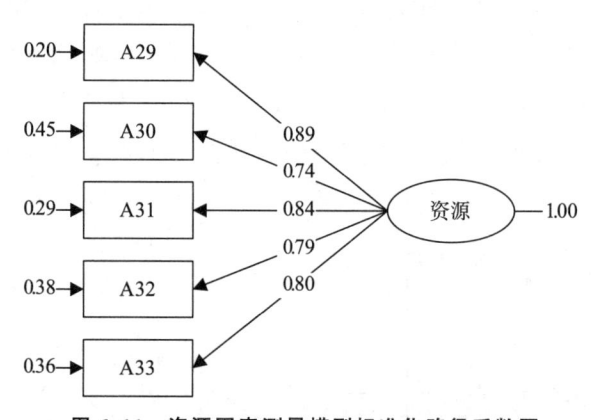

图6.11 资源因素测量模型标准化路径系数图

图6.11中,5个测量指标的因子载荷均超过0.70,大于0.40,这表明项目质量良好,但观察模型拟合指数可以发现,虽然 NNFI=0.96>0.90,CFI=0.99>0.90,SRMR=0.022<0.08,但 RMSEA=0.145>0.10,这说明模型拟合效果不够理想,有待修正。根据结构方程的修正原则,综合考虑理论假设与现实因素,对该模型进行修正,修正后的路径系数图如图6.12所示。

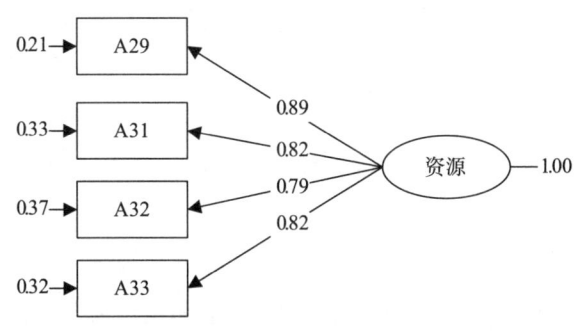

图 6.12　资源因素测量模型修正后的标准路径系数图

修正后的模型删除"创意农业企业抵(质)押物"(A30)。如图 6.12 所示,修正后的 4 个测量指标中,因子载荷最小的为 0.79,说明模型质量良好。模型拟合方面,RMSEA=0.024<0.05,NNFI=1.00>0.90,CFI=1.00>0.90,SRMR=0.0084<0.08,这说明模型拟合效果非常理想。因此,模型可以接受,即各测量指标能较好地把测量潜变量资源聚敛起来,资源因素的变异能通过修正后的 4 个指标进行测量。

6.1.3.2　产业因素

调研问卷中的产业因素由创意农业产业集群(A34)、创意农业产业规模(A35)、创意农业产业链(A36)和创意农业与其他产业的联系(A37)4 个测量指标组成。本书运用 Lisrel 10.0 软件检验潜变量产业因素测量模型的拟合程度,模型标准化路径系数图如图 6.13 所示。

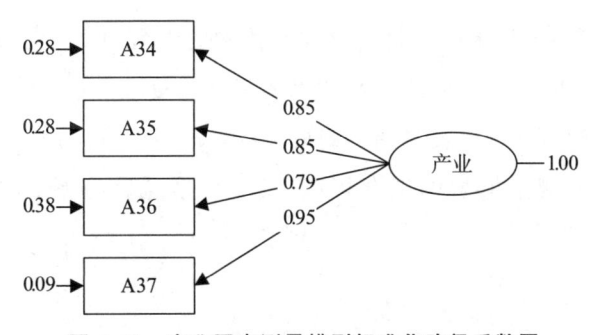

图 6.13　产业因素测量模型标准化路径系数图

从图 6.13 可知,产业因素的 4 个因子载荷都较为理想,超过 0.40,这表明模型质量良好。但观察模型的拟合指数可以发现,虽然 NNFI=0.99＞0.90,CFI=0.99＞0.90,SRMR=0.017＜0.08,但 RMSEA=0.117＞0.10,这说明模型拟合不够理想,有待修正。根据结构方程修正原则,综合考虑理论假设与现实因素,对该模型进行修正,修正后的路径系数图如 6.14 所示。

修正后的模型删除"创意农业产业链"(A36)。如图 6.14 所示,修正后的 3 个测量指标的因子载荷均超过 0.80,这说明模型质量良好。模型拟合方面,P 值=1.00,这说明模型属于饱和模型,拟合完美。因此,修正后的模型可以接受,即 3 个测量指标能较好地把测量潜变量产业因素聚敛起来,产业因素的变异能通过修正后的 3 个指标进行测量。

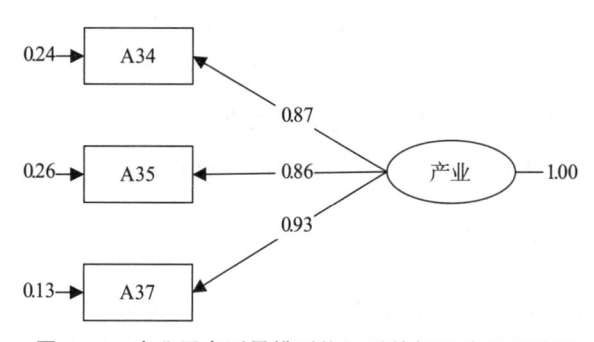

图 6.14 产业因素测量模型修正后的标准路径系数图

6.1.3.3 技术因素

调研问卷中的技术因素由创意农业技术的生命周期(A38)、创意农业技术的革新速度(A39)、创意农业技术的复杂程度(A40)和创意农业技术的标准化程度(A41)4 个测量指标组成。本书运用 Lisrel 10.0 软件检验潜变量技术因素测量模型的拟合程度,模型标准化路径系数图如图 6.15 所示。

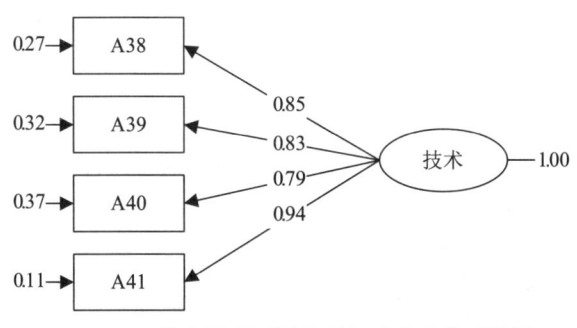

图 6.15 技术因素测量模型标准化路径系数图

从图 6.15 可知,技术因素的 4 个测量指标中,A40 的因子载荷最小,为 0.79,大于 0.40,这说明项目质量良好。在模型拟合方面,RMSEA = 0.088＜0.10,NNFI = 0.99＞0.90,CFI = 1.00＞0.90,SRMR = 0.014＜0.08,这表示模型拟合效果较为理想。因此,模型可以接受,即各测量指标能较好地把测量潜变量技术聚敛起来,技术因素的变异能通过其下设置的 4 个指标进行测量。

6.1.3.4 营销因素

调研问卷中的营销因素由创意农业项目价值(A42)、创意农业项目市场前景(A43)、创意农业项目市场定位(A44)和创意农业组织营销策略(A45)4 个测量指标组成。本书运用 Lisrel 10.0 软件检验潜变量营销因素测量模型的拟合程度,模型标准化路径系数图如图 6.16 所示。

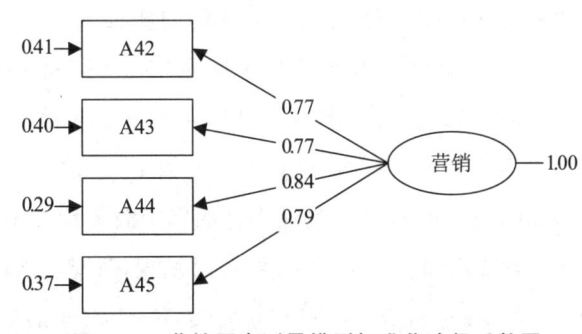

图 6.16 营销因素测量模型标准化路径系数图

从图 6.16 可知,营销因素的 4 个测量指标中,A42 和 A43 的因子载荷最小,为 0.77,大于 0.40,这说明项目质量良好。但观察模型的拟合指数可以发现,虽然 NNFI=0.97>0.90,CFI=0.99>0.90,SRMR=0.022<0.08,但 RMSEA=0.117>0.10,这说明模型拟合效果不够理想,有待修正。根据结构方程修正原则,综合考虑理论假设与现实因素,对该模型进行修正,修正后的路径系数图如 6.17 所示。

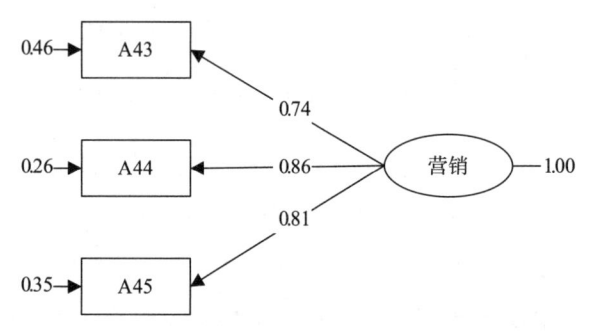

图 6.17 营销因素测量模型修正后的标准路径系数图

修正后的模型删除"创意农业项目价值"(A42)。如图 6.17 所示,修正后的 3 个测量指标的因子载荷均超过 0.70,说明模型质量良好。模型拟合方面,P 值=1.00,这表明模型属于饱和模型,拟合完美。因此,修正后的模型可以接受,即 3 个测量指标能较好地把测量潜变量营销因素聚敛起来,营销因素的变异能通过修正后的 3 个指标进行测量。

6.1.3.5 文化因素

调研问卷中的文化因素由创意农业企业的创新氛围(A46)、创意农业企业的学习环境(A47)、创意农业企业员工满意度(A48)和创意农业企业凝聚力(A49)4 个测量指标组成。本书运用 Lisrel 10.0 软件检验潜变量文化因素测量模型的拟合程度,模型标准化路径系数图如图 6.18 所示。

从图 6.18 可知,文化因素 4 个测量指标的因子载荷均大于 0.40,这表明项目质量良好,但观察模型的拟合指数可以发现,虽然 NNFI=0.94>0.90,CFI=0.98>0.90,SRMR=0.030<0.08,但 RMSEA=0.263>0.10,这说明模型拟合效果不够理想,有待修正。根据结构方程修正原则,综合考虑理论假设与现实因素,对该模型进行修正,修正后的路径系数图如

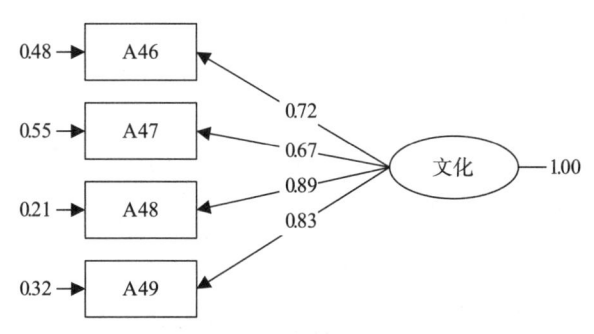

图 6.18　文化因素测量模型标准化路径系数图

6.19 所示。

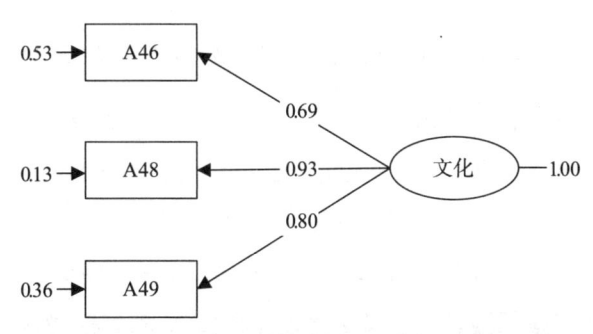

图 6.19　文化因素测量模型修正后的标准路径系数图

修正后的模型删除"指标创意农业企业的学习环境"(A47)。如图 6.19 所示,修正后的 3 个测量指标的因子载荷均超过 0.40,这说明模型质量良好。模型拟合方面,P 值＝1.00,这表明模型属于饱和模型,拟合完美。因此,修正后的模型可以接受,即 3 个测量指标能较好地把测量潜变量文化因素聚敛起来,文化因素的变异能通过修正后的 3 个指标进行测量。

6.1.4　闽台创意农业合作能力的测量模型检验

闽台创意农业合作能力由文化创意能力、技术创新能力和合作协同能力 3 个因素组成。

6.1.4.1　文化创意能力因素

文化创意能力因素包含文化融合能力(B1)、文化设计能力(B2)、品牌营运能力(B3)和创意产业化能力(B4)4个测量指标。本书运用 Lisrel 10.0 软件检验潜变量文化创意能力因素测量模型的拟合程度,模型标准化路径系数图如图 6.20 所示。

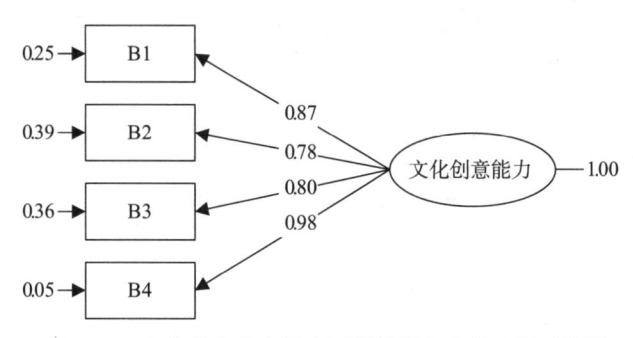

图 6.20　文化创意能力因素测量模型标准化路径系数图

从图 6.20 可知,文化创意能力因素的 4 个测量指标中,B2 的因子载荷最小,为 0.78,大于 0.40,这说明项目质量良好。在模型拟合方面,RMSEA $= 0.000 < 0.01$,NNFI $= 1.00 > 0.90$,CFI $= 1.00 > 0.90$,SRMR $= 0.0050 < 0.08$,这表示模型拟合效果非常理想。因此,模型可以接受,即各测量指标能较好地把测量潜变量文化创意能力聚敛起来,文化创意能力因素的变异能通过其下设置的 4 个指标进行测量。

6.1.4.2　技术创新能力因素

技术创新能力因素包含企业内部研发能力(B5)、企业新技术消化吸收能力(B6)、新技术产品开发能力(B7)和新技术商业化能力(B8)4 个测量指标。本书运用 Lisrel 10.0 软件检验潜变量技术创新能力因素测量模型的拟合程度,模型标准化路径系数图如图 6.21 所示。

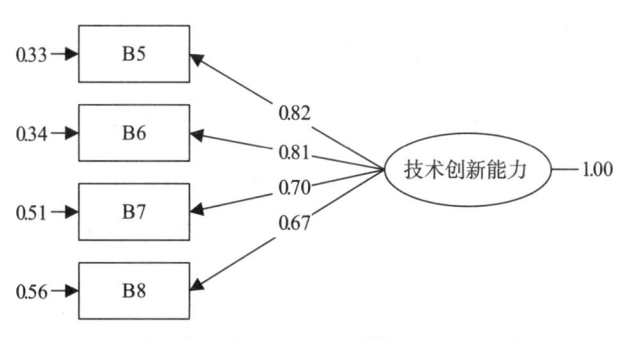

图 6.21　技术创新能力因素测量模型标准化路径系数图

从图 6.21 可知,技术创新能力 4 个测量指标的因子载荷均大于 0.40,这表明项目质量良好,但观察模型的拟合指数可以发现,RMSEA＝0.40＞0.10,NNFI＝0.54＜0.90,CFI＝0.85＜0.90,SRMR＝0.087＞0.08,各种主要拟合指数均未达到接受的界值,这说明模型拟合效果不够理想,有待修正。根据结构方程修正原则,综合考虑理论假设与现实因素,对该模型进行修正,修正后的路径系数图如图 6.22 所示。

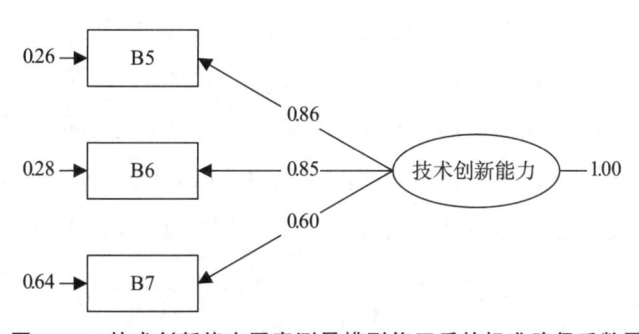

图 6.22　技术创新能力因素测量模型修正后的标准路径系数图

修正后的模型删除"新技术商业化能力"(B8)。如图 6.22 所示,修正后的 3 个测量指标的因子载荷均超过 0.40,这说明模型质量良好。模型拟合方面,P 值＝1.00,这表示模型属于饱和模型,拟合完美。因此,修正后的模型可以接受,即 3 个测量指标能较好地把测量潜变量因素技术创新能力聚敛起来,技术创新能力因素的变异能通过修正后的 3 个指标进行测量。

6.1.4.3 合作协同能力因素

合作协同能力因素包含资源整合能力(B9)、沟通协作能力(B10)、机会把握能力(B11)和风险防范能力(B12)4个测量指标。本书运用Lisrel 10.0软件检验潜变量合作协同能力因素测量模型的拟合程度,模型标准化路径系数图如图6.23所示。

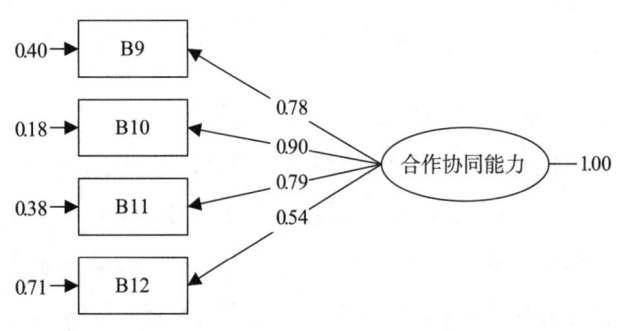

图6.23 合作协同能力因素测量模型标准化路径系数图

从图6.23可知,合作协同能力因素的4个测量指标中,B12的因素载荷最小,为0.54,大于0.40,这说明项目质量良好。在模型拟合方面,RMSEA=0.092<0.10,NNFI=0.97>0.90,CFI=0.99>0.90,SRMR=0.023<0.08,这表示模型拟合效果非常理想。因此,模型可以接受,即各测量指标能较好地把测量潜变量合作协同能力聚敛起来,合作协同能力因素的变异能通过其下设置的4个指标进行测量。

6.1.5 闽台创意农业合作绩效的测量模型检验

闽台创意农业合作绩效包含创意农业生产效应(C1)、创意农业技术提升效应(C2)、创意农业经济效应(C3)、创意农业品牌效应(C4)、创意农业就业效应(C5)、创意农业生态效应(C6)、创意农业产业带动效应(C7)和创意农业满足市场需求效应(C8)8个测量指标。本书运用Lisrel 10.0软件检验潜变量闽台创意农业合作绩效因素测量模型的拟合程度,模型标准化路径系数图如图6.24所示。

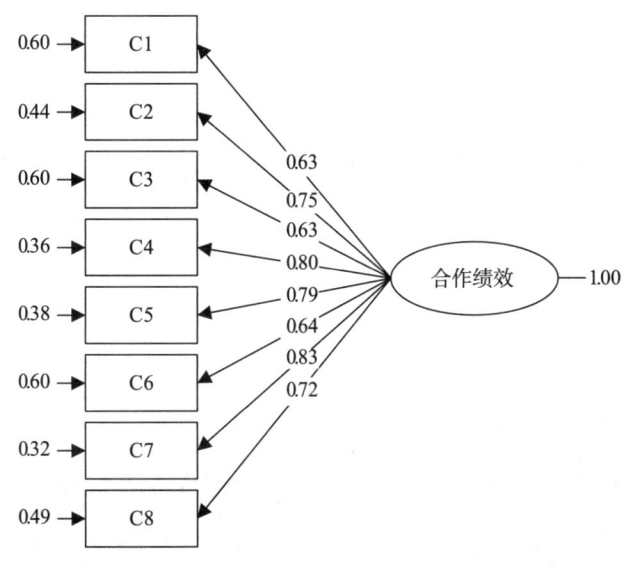

图 6.24　闽台创意农业合作绩效因素测量模型标准化路径系数图

从图 6.24 可知,闽台创意农业合作绩效 8 个测量指标的因子载荷均大于 0.40,这表示项目质量良好,但观察模型拟合指数可以发现,CFI＝0.92＞0.90,SRMR＝0.080＜0.08,RMSEA＝0.191,NNFI＝0.89＜0.90,这说明模型拟合效果不够理想,有待修正。根据结构方程修正原则,综合考虑理论假设与现实因素,对该模型进行修正,修正后的路径系数图如图 6.25 所示。

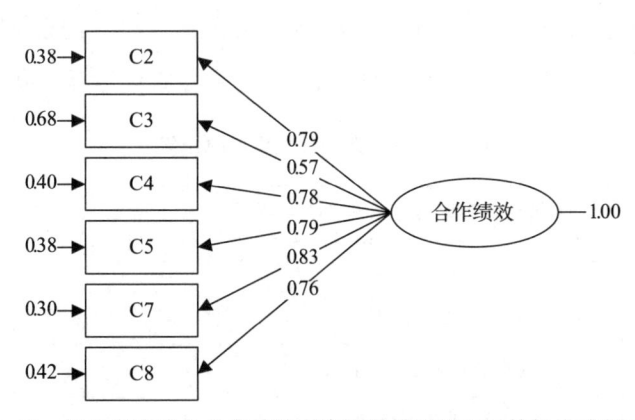

图 6.25　闽台创意农业合作绩效因素测量模型修正后的标准路径系数图

6　闽台创意农业合作绩效实证研究 | 171

修正后的模型删除"创意农业生产效应"（C1）和"创意农业生态效应"（C6）。如图6.25所示，修正后的6个测量指标的因子载荷均超过0.40，这说明模型质量良好。RMSEA＝0.102（略大于0.10这一取值标准），NNFI＝0.95＞0.90，CFI＝0.97＞0.90，SRMR＝0.038＜0.08。整体上看，模型拟合较为良好，因此，修正后的模型可以接受，即6个测量指标能较好地把测量潜变量闽台创意农业合作绩效聚敛起来，闽台创意农业合作绩效因素的变异能通过修正后的6个指标进行测量。

6.1.6 测量模型检验结果汇总

各因素测量模型检验结果见表6.1。根据测量模型检验结果，决策、组织、控制、资源、文化、产业、营销、技术创新能力和闽台创意农业合作绩效9个因素模型的拟合情况不够理想，但在经修正后获得通过。其余7个因素的模型拟合情况达到要求，未经修正即获通过。经修正后，共删除10个测量指标，分别是决策因素中的"管委会创意农业发展目标"（A15），组织因素中的"管委会同创意农业企业的互动程度"（A20），控制因素中的"管委会对创意农业合作项目实施过程的监控"（A25），资源因素中的"创意农业企业抵（质）押物"（A30），产业因素中的"创意农业产业链"（A36），营销因素中的"创意农业项目价值"（A42），文化因素中的"创意农业企业的学习环境"（A47），技术创新能力因素中的"新技术商业化能力"（B8），闽台创意农业合作绩效因素中的"创意农业生产效应"（C1）和"创意农业生态效应"（C6）。

表6.1 各因素测量模型检验结果

一、闽台创意农业合作绩效影响因素调查（42个题项）

维度	因素	题号	题项	检验结果
环境	基础设施	A1	创意农业产业园区	通过
		A2	创意农业土地供给	
		A3	创意农业劳力供给	
		A4	创意农业技术供给	

维度	因素	题号	题项	检验结果
环境	政策法规	A5	创意农业土地使用优惠政策	通过
		A6	创意农业信贷优惠政策	
		A7	创意农业财政补贴政策	
		A8	创意农业知识产权保护法规	
	社会信任	A9	社会征信制度	通过
		A10	信任奖惩制度	
		A11	行业协会	
		A12	仲裁机构	
台湾农民创业园管委会	决策	A13	管委会管理层对创意农业认知程度	通过
		A14	管委会管理层对创意农业合作项目了解程度	
		A16	管委会创意农业发展战略	
	组织	A17	管委会创意农业合作项目团队的组建	通过
		A18	管委会创意农业合作项目团队对新兴业务的适应性	
		A19	管委会创意农业合作项目团队的稳定性	
	领导	A21	管委会创意农业合作项目负责人经验和能力	通过
		A22	管委会创意农业合作项目负责人领导艺术	
		A23	管委会创意农业合作项目成员综合素质	
		A24	管委会创意农业合作项目成员责任感	
	控制	A26	管委会创意农业合作项目保障机制	通过
		A27	管委会创意农业合作项目修正制度	
		A28	管委会创意农业合作项目退出机制	
台资创意农业企业	资源	A29	创意农业企业拥有的先进设备	通过
		A31	创意农业企业的财务状况	
		A32	创意农业企业的技术人才储备	
		A33	创意农业企业知识产权	
	产业	A34	创意农业产业集群	通过
		A35	创意农业产业规模	
		A37	创意农业与其他产业的联系	

维度	因素	题号	题项	检验结果
台资创意农业企业	技术	A38	创意农业技术的生命周期	通过
		A39	创意农业技术的革新速度	
		A40	创意农业技术的复杂程度	
		A41	创意农业技术的标准化程度	
	营销	A43	创意农业项目市场前景	通过
		A44	创意农业项目市场定位	
		A45	创意农业组织营销策略	
	文化	A46	创意农业企业的创新氛围	通过
		A48	创意农业企业员工满意度	
		A49	创意农业企业凝聚力	

二、闽台创意农业合作能力调查(11个题项)

能力	题号	题项	检验结果
文化创意能力	B1	文化融合能力	通过
	B2	文化设计能力	
	B3	品牌营运能力	
	B4	创意产业化能力	
技术创新能力	B5	企业内部研发能力	通过
	B6	企业新技术消化吸收能力	
	B7	新技术产品开发能力	
合作协同能力	B9	资源整合能力	通过
	B10	沟通协作能力	
	B11	机会把握能力	
	B12	风险防范能力	

三、闽台创意农业合作绩效调查(6个题项)

	题号	题项	检验结果
合作绩效	C2	创意农业技术提升效应	通过
	C3	创意农业经济效应	
	C4	创意农业品牌效应	
	C5	创意农业就业效应	
	C7	创意农业产业带动效应	
	C8	创意农业满足市场需求效应	

6.2 验证性因素分析

验证性因素分析是一种统计分析,分析对象是调研所获取的数据,分析目的是检验测量因素之间的关系是否与研究者所设计的理论关系相符。对闽台创意农业合作影响因素中的环境、台湾农民创业园管委会和台资创意农业企业3个维度及闽台创意农业合作能力维度进行验证性因素分析,能检验之前的理论假设是否合理,是中介作用检验的必要环节。本书的验证性因素分析过程包括以下三个步骤。

步骤一:检查模型的拟合指数。报告的拟合指数有 χ^2、df、χ^2/df、RMSEA、NNFI、CFI、SRMR。其中:RMSEA、NNFI、CFI、SRMR 等4种拟合指数将被作为判断模型拟合优度的主要依据,RMSEA、NNFI、CFI、SRMR 可接受的临界值见表5.19。

步骤二:检验变量的聚敛程度。Fornell 和 Larker(1981)指出平均变异萃取量(average variance extracted,AVE 或 ρ_v)是用来反映一个潜变量能否被一组观察变量有效估计的聚敛程度指标。AVE 计算公式如下:

$$\mathrm{AVE} = \rho_v = \frac{\sum \lambda_i^2}{\sum \lambda_i^2 + \sum \Theta_{ii}} \tag{6.1}$$

其中:λ_i 表示各题项完全标准化因素载荷,Θ_{ii} 表示测量误差。因为标准化因素载荷的平方与测量误差之和($\lambda_i^2 + \Theta_{ii}$)为1,所以式中分母 $\sum \lambda_i^2 + \sum \Theta_{ii}$ 为因素所含的题项数。因此,可推知 AVE 就是各题项因素载荷平方的平均值。Anderson 和 Gerbing(1998)、Hair 等(2006)认为当 AVE 大于0.50时,表示潜在变量的聚敛能力十分理想,具有良好的操作性定义化(operationalization)。

步骤三:检验因素间的区别效度。Hair 等(2006)认为做验证性因素分析时,除计算 ρ_v 值来判断模型聚敛能力外,还应该检验因素之间的区分效度,即不同因素之间能否有效分离。现有研究提出一些针对验证性因素分析操作过程中区别效度的检验方法,本书根据邱皓政和林碧芳(2009)的研究成果,采用以下两种方法检验4个维度的区别效度。

第一种是相关关系区间估计法。如果两个潜在变量相关系数的95％置信区间涵盖1.00,表示变量之间缺乏区辨力。95％置信区间(CI)计算公式如下：

$$95\%CI = PHI \pm 1.96SE(PHI) \tag{6.2}$$

其中:PHI为因素之间相关系数,SE(PHI)为因素之间相关系数的标准误。

第二种是平均变异萃取比较法。该方法由Fornell和Larker(1981)提出,具体做法是比较两个潜在变量的ρ_v平均值是否大于两个潜在变量相关系数的平方,如果ρ_v平均值较大,说明各变量之间具有理想的区辨力,反之则表示各变量之间缺乏区辨力。

6.2.1 环境维度的验证性因素分析

6.2.1.1 环境维度模型的拟合指数分析

环境维度包含基础设施、政策法规和社会信任3个因素,在第5章的测量因素模型检验中,3个因素均通过检验。本书采用Lisrel 10.0软件对环境维度下3个因素的相关性进行验证性因素分析,模型拟合结果见表6.2,模型标准化路径系数图如图6.26所示。

表6.2 环境维度验证性因素分析模型拟合结果

χ^2	df	χ^2/df	RMSEA	NNFI	CFI	SRMR
145	51	2.84	0.073	0.97	0.97	0.049

从表6.2可知,环境维度验证性因素分析模型拟合指数中,RMSEA＝0.073＜0.10,NNFI＝0.97＞0.90,CFI＝0.97＞0.90,SRMR＝0.049＜0.08。以上4种拟合指数均达到接受标准,可以认为模型拟合效果较为理想,模型通过检验。

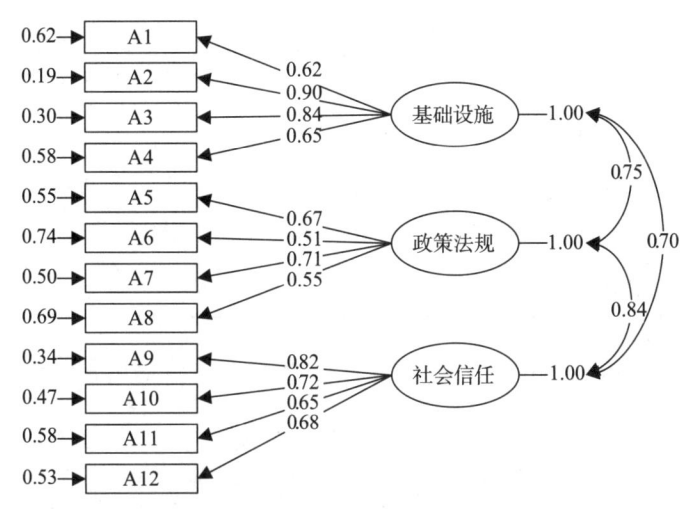

图 6.26 环境维度验证性因素分析模型标准化路径系数图

6.2.1.2 环境维度潜变量的聚敛程度检验

根据环境维度验证性因素分析模型标准化路径系数图,可知各测量题项与因素之间路径系数和残差,依据 AVE 公式,计算各因素平均变异萃取量,所得结果见表 6.3。

表 6.3 环境维度验证性因素分析结果

因素	题项	路径系数	残差	AVE
基础设施	A1 创意农业产业园区	0.62	0.62	0.58
	A2 创意农业土地供给	0.90	0.19	
	A3 创意农业劳力供给	0.84	0.30	
	A4 创意农业技术供给	0.65	0.58	
政策法规	A5 创意农业土地使用优惠政策	0.67	0.55	0.38
	A6 创意农业信贷优惠政策	0.51	0.74	
	A7 创意农业财政补贴政策	0.71	0.50	
	A8 创意农业知识产权保护法规	0.55	0.69	

6 闽台创意农业合作绩效实证研究 | 177

续表

因素	题项	路径系数	残差	AVE
社会信任	A9 社会征信制度	0.82	0.34	0.52
	A10 信任奖惩制度	0.72	0.47	
	A11 行业协会	0.65	0.58	
	A12 仲裁机构	0.68	0.53	

从表6.3中的AVE值可知,环境维度下3个因素中,除政策法规的AVE值小于0.5外,基础设施和社会信任的AVE均大于0.5,这说明各因素之间具有较好的聚敛程度。

6.2.1.3 环境维度潜变量的区别效度检验

从Lisrel软件的输出结果可知环境维度下3个因素之间的相关系数PHI和相关系数标准误差SE(PHI),通过计算可以得出每两个潜变量间相关系数的平方值、每两个潜变量间AVE的平均值和相关系数95%的置信区间,结果见表6.4。

表6.4 环境维度下3个因素的区别效度检验

因素	$r(r^2)$	95%CI	AVE	$r(r^2)$	95%CI	AVE
	基础设施			政策法规		
政策法规	0.75(0.56)	(0.83,0.67)	0.48	—		
社会信任	0.70(0.49)	(0.78,0.62)	0.55	0.84(0.71)	(0.92,0.76)	0.45

注:r指皮尔逊相关系数,CI指置信期间,AVE指平均提取方差值。

从表6.4可知,环境维度下3个因素之间存在较强相关性。政策法规和社会信任之间的相关系数最大,为0.84,基础设施与社会信任之间的相关系数虽然最小,但也达到0.70。观察所有因素之间的相关系数的95%置信区间,可以发现其范围均不涵盖1.00。此外,对比各因素间相关系数的平方及AVE平均值可以发现,政策法规与基础设施间相关系数的AVE平均值略小于相关系数的平方,政策法规与社会信任间相关系数的AVE平均值小于相关系数的平方,基础设施与社会信任间相关系数的 AVE 平均值大于相关系数的平方。总体上看,环境维度下的各因素之间具有较理想的区辨力。

6.2.2 台湾农民创业园管委会维度的验证性因素分析

6.2.2.1 台湾农民创业园管委会维度模型的拟合指数分析

台湾农民创业园管委会维度包含决策、组织、领导和控制 4 个因素,在第 5 章测量因素模型检验中,4 个因素均通过检验。本书采用 Lisrel 10.0 软件对台湾农民创业园管委会维度下 4 个因素的相关性进行验证性因素分析,模型拟合结果见表 6.5,模型标准化路径系数图如图 6.27 所示。

表 6.5 台湾农民创业园管委会维度验证性因素分析模型拟合结果

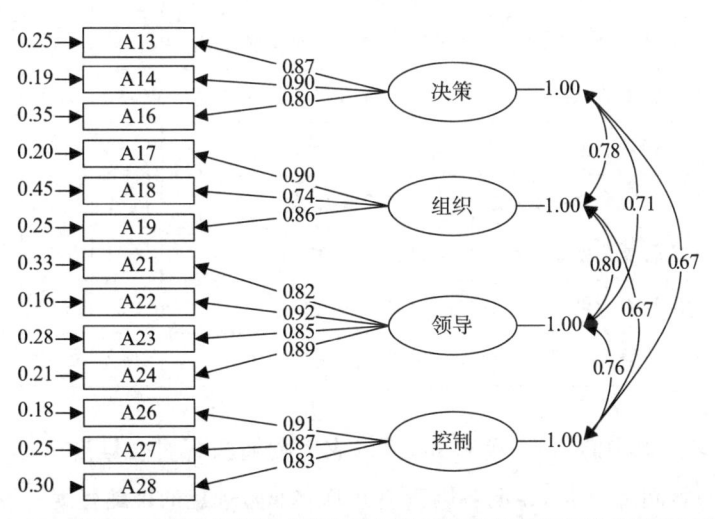

χ^2	df	χ^2/df	RMSEA	NNFI	CFI	SRMR
148.02	59	2.51	0.066	0.99	0.99	0.039

图 6.27 台湾农民创业园管委会维度验证性因素分析模型标准化路径系数图

从表 6.5 可知,台湾农民创业园管委会维度验证性因素分析模型拟合指数中,RMSEA=0.066<0.10,NNFI=0.99>0.90,CFI=0.99>0.90,

SRMR=0.039<0.08。综合上述拟合指数,可以认为模型拟合效果非常理想,模型通过检验。

6.2.2.2　台湾农民创业园管委会维度潜变量的聚敛程度检验

从图 6.27 可知各测量题项与因素之间的路径系数和残差,依据 AVE 公式计算各因素平均变异萃取量,所得结果见表 6.6。

表 6.6　台湾农民创业园管委会维度验证性因素分析结果

因素	题项	路径系数	残差	AVE
决策	A13 管委会管理层对创意农业认知程度	0.87	0.25	0.74
	A14 管委会管理层对创意农业合作项目了解程度	0.90	0.19	
	A16 管委会创意农业发展战略	0.80	0.35	
组织	A17 管委会创意农业合作项目团队的组建	0.90	0.20	0.70
	A18 管委会创意农业合作项目团队对新兴业务的适应性	0.74	0.45	
	A19 管委会创意农业合作项目团队的稳定性	0.86	0.25	
领导	A21 管委会创意农业合作项目负责人经验和能力	0.82	0.33	0.76
	A22 管委会创意农业合作项目负责人领导艺术	0.92	0.16	
	A23 管委会创意农业合作项目成员综合素质	0.85	0.28	
	A24 管委会创意农业合作项目成员责任感	0.89	0.21	
控制	A26 管委会创意农业合作项目保障机制	0.91	0.18	0.77
	A27 管委会创意农业合作项目修正制度	0.87	0.25	
	A28 管委会创意农业合作项目退出机制	0.83	0.30	

从表 6.6 中的 AVE 值可知,台湾农民创业园管委会维度下 4 个因素的 AVE 均超过 0.70,说明各因素之间具有非常理想的聚敛程度。

6.2.2.3 台湾农民创业园管委会维度潜变量的区别效度检验

从 Lisrel 10.0 软件的输出结果可知台湾农民创业园管委会维度下 4 个因素之间的相关系数 PHI 和相关系数的标准误差 SE(PHI),通过计算可以得出每两个潜在变量间相关系数的平方值、每两个潜在变量间 AVE 的平均值和相关系数 95% 的置信区间,所得结果见表 6.7。

表 6.7 台湾农民创业园管委会维度下 4 个因素的区别效度检验

因素	$r(r^2)$	95%CI	AVE	$r(r^2)$	95%CI	AVE	$r(r^2)$	95%CI	AVE
		决策			组织			领导	
组织	0.78 (0.61)	(0.84, 0.72)	0.72	—	—	—	—	—	—
领导	0.71 (0.50)	(0.77, 0.65)	0.75	0.80 (0.64)	(0.86, 0.74)	0.73	—	—	—
控制	0.67 (0.45)	(0.75, 0.59)	0.755	0.67 (0.45)	(0.75, 0.59)	0.735	0.76 (0.58)	(0.82, 0.70)	0.765

注:r 指皮尔逊相关系数,CI 指置信期间,AVE 指平均提取方差值。

从表 6.7 可知,台湾农民创业园管委会维度下的 4 个因素之间存在较强的相关性。其中:组织和领导之间的相关系数最大,为 0.80;决策和控制之间、组织和控制之间的相关系数最小,但均达到 0.67。观察所有因素之间的相关系数的 95% 置信区间,可以发现其范围均不涵盖 1.00。此外,对比各因素间相关系数的平方及 AVE 平均值可以发现,后者均大于前者。以上两个步骤的分析结果显示,台湾农民创业园管委会维度下各因素之间具有非常理想的区辨力。

6.2.3 台资创意农业企业维度的验证性因素分析

6.2.3.1 台资创意农业企业维度模型的拟合指数分析

台资创意农业企业维度包含资源、产业、技术、营销和文化 5 个因素,在第 5 章测量因素模型检验中,5 个因素均通过检验。本书采用 Lisrel 10.0

软件对台资创意农业企业维度下5个因素的相关性进行验证性因素分析，模型拟合结果见表6.8，模型标准化路径系数图如图6.28所示。

表6.8 台资创意农业企业维度验证性因素分析模型拟合结果

χ^2	df	χ^2/df	RMSEA	NNFI	CFI	SRMR
560.21	215	2.60	0.070	0.98	0.98	0.050

从表6.8可知，台资创意农业企业维度验证性因素分析模型拟合指数中，RMSEA＝0.070＜0.10，NNFI＝0.98＞0.90，CFI＝0.98＞0.90，SRMR＝0.050＜0.08。综合上述拟合效果指数，可以认为模型拟合效果非常理想，模型通过检验。

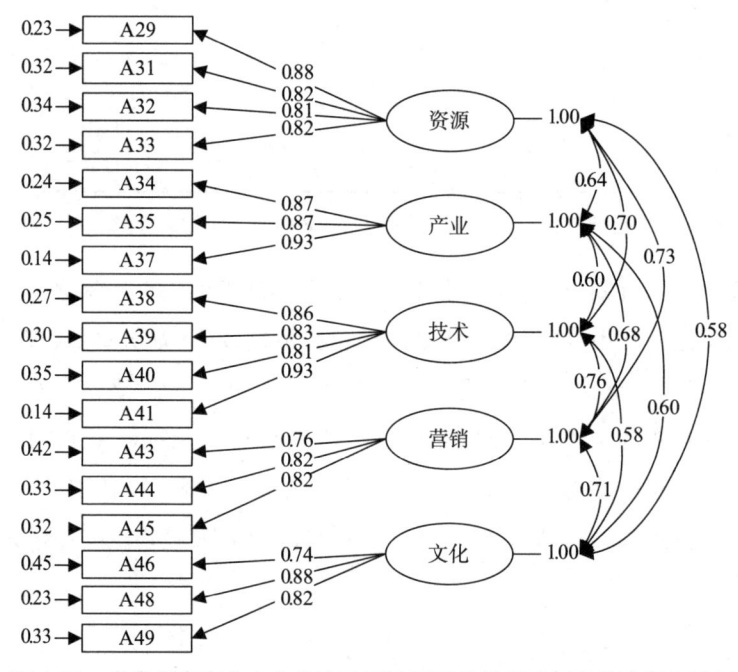

图6.28 台资创意农业企业维度验证性因素分析模型标准化路径系数图

6.2.3.2 台资创意农业企业维度潜变量的聚敛程度检验

根据图6.28可知各测量题项与因素之间的路径系数和残差，依据AVE公式，计算各因素平均变异萃取量，所得结果见表6.9。

表 6.9 台资创意农业企业维度验证性因素分析结果

因素	题项	路径系数	残差	AVE
资源	A29 创意农业企业拥有的先进设备	0.88	0.23	0.69
	A31 创意农业企业的财务状况	0.82	0.32	
	A32 创意农业企业的技术人才储备	0.81	0.34	
	A33 创意农业企业知识产权	0.82	0.32	
产业	A34 创意农业产业集群	0.87	0.24	0.79
	A35 创意农业产业规模	0.87	0.25	
	A37 创意农业与其他产业的联系	0.93	0.14	
技术	A38 创意农业技术的生命周期	0.86	0.27	0.74
	A39 创意农业技术的革新速度	0.83	0.30	
	A40 创意农业技术的复杂程度	0.81	0.35	
	A41 创意农业技术的标准化程度	0.93	0.14	
营销	A43 创意农业项目市场前景	0.76	0.42	0.64
	A44 创意农业项目市场定位	0.82	0.33	
	A45 创意农业组织营销策略	0.82	0.32	
文化	A46 创意农业企业的创新氛围	0.74	0.45	0.66
	A48 创意农业企业员工满意度	0.88	0.23	
	A49 创意农业企业凝聚力	0.82	0.33	

从表 6.9 中的 AVE 值可知,台资创意农业企业维度下 5 个因素的 AVE 均超过 0.60,这说明各因素之间具有较理想的聚敛程度。

6.2.3.3 台资创意农业企业维度潜变量的区别效度检验

从 Lisrel 10.0 软件的输出结果可知台资创意农业企业维度下 5 个因素之间的相关系数 PHI 和相关系数的标准误差 SE(PHI),通过计算可以得出每两个潜在变量间相关系数的平方值、每两个潜在变量间 AVE 的平均值和相关系数 95% 的置信区间,所得结果见表 6.10。

表6.10 合资创意农业企业维度下5个因素的区别效度检验

因素	$r(r^2)$	95%CI	AVE	$r(r^2)$	95%CI	AVE	$r(r^2)$	95%CI	AVE	$r(r^2)$	95%CI	AVE
		资源			产业			技术			营销	
产业	0.64 (0.41)	(0.72, 0.56)	0.74									
技术	0.70 (0.49)	(0.76, 0.64)	0.715	0.60 (0.36)	(0.68, 0.52)	0.765						
营销	0.73 (0.53)	(0.79, 0.67)	0.665	0.68 (0.46)	(0.76, 0.60)	0.715	0.76 (0.58)	(0.82, 0.70)	0.69			
文化	0.58 (0.34)	(0.66, 0.50)	0.6675	0.60 (0.36)	(0.68, 0.52)	0.725	0.58 (0.34)	(0.66, 0.50)	0.70	0.71 (0.50)	(0.79, 0.63)	0.65

注:r指皮尔逊相关系数,CI指置信区间,AVE指平均提取方差值。

从表 6.10 可知,台资创意农业企业维度下 5 个因素之间存在较强相关性。其中:技术和营销之间的相关系数最大,为 0.76;资源和文化之间技术和文化之间相关系数最小,均为 0.58。观察所有因素之间相关系数 95% 的置信区间,可以发现其范围均不涵盖 1.00。此外,对比各因素间相关系数的平方及 AVE 平均值可以发现,后者均大于前者。以上两步骤分析结果显示,台资创意农业企业维度下各因素之间具有较理想的区辨力。

6.2.4 闽台创意农业合作能力维度的验证性因素分析

6.2.4.1 闽台创意农业合作能力维度模型的拟合指数分析

闽台创意农业合作能力维度包含文化创意、技术创新和合作协同 3 个因素,在第 6 章测量因素模型检验中,3 个因素均通过检验。本书采用 Lisrel 10.0 软件对闽台创意农业合作能力维度下 3 个因素的相关性进行验证性因素分析,模型拟合结果见表 6.11,模型标准化路径系数图如图 6.29 所示。

表 6.11 闽台创意农业合作能力维度验证性因素分析模型拟合结果

χ^2	df	χ^2/df	RMSEA	NNFI	CFI	SRMR
142.84	41	3.486	0.086	0.98	0.99	0.035

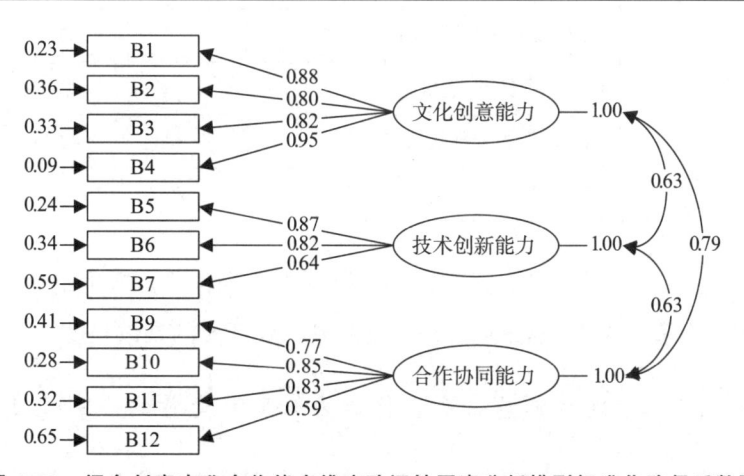

图 6.29 闽台创意农业合作能力维度验证性因素分析模型标准化路径系数图

从表 6.11 可知,闽台创意农业合作能力维度验证性因素分析模型拟合指数中,RMSEA=0.086<0.10,NNFI=0.98>0.90,CFI=0.99>0.90,SRMR=0.035<0.08,因此可以认为模型较为理想。综上可以判断,模型拟合达到要求,模型通过检验。

6.2.4.2 闽台创意农业合作能力维度潜变量的聚敛程度检验

根据图 6.29 可知各测量题项与因素之间的路径系数和残差,依据AVE 公式,计算各因素平均变异萃取量,所得结果见表 6.12。

表 6.12 闽台创意农业合作能力验证性因素分析结果

因素	题项	路径系数	残差	AVE
文化创意能力	B1 文化融合能力	0.88	0.22	0.75
	B2 文化设计能力	0.80	0.36	
	B3 品牌营运能力	0.82	0.33	
	B4 创意产业化能力	0.95	0.09	
技术创新能力	B5 企业内部研发能力	0.87	0.24	0.61
	B6 企业新技术消化吸收能力	0.82	0.34	
	B7 新技术产品开发能力	0.64	0.59	
合作协同能力	B9 资源整合能力	0.77	0.41	0.59
	B10 沟通协作能力	0.85	0.28	
	B11 机会把握能力	0.83	0.32	
	B12 风险防范能力	0.59	0.65	

从表 6.12 中的 AVE 值可知,闽台创意农业合作能力维度下 3 个因素的 AVE 均超过 0.50,这说明各因素之间具有较理想的聚敛程度。

6.2.4.3 闽台创意农业合作能力维度潜变量的区别效度检验

从 Lisrel 10.0 软件的输出结果可知闽台创意农业合作能力维度下 3 个因素之间的相关系数 PHI 和相关系数的标准误差 SE(PHI),通过计算可以得出每两个潜在变量间相关系数的平方值、每两个潜在变量间 AVE 的平均值和相关系数的 95% 置信区间,所得结果见表 6.13。

表 6.13 闽台创意农业合作能力下 3 个因素的区别效度检验

因素	$r(r^2)$	95%CI	AVE	$r(r^2)$	95%CI	AVE
	文化创意能力			技术创新能力		
技术创新能力	0.63(0.40)	(0.71,0.55)	0.68	—		
合作协同能力	0.79(0.62)	(0.85,0.73)	0.67	0.63(0.40)	(0.71,0.55)	0.60

注:r 指皮尔逊相关系数,CI 指置信期间,AVE 指平均提取方差值。

从表 6.13 可知,闽台创意农业合作能力维度下 3 个因素之间存在较强相关性。其中:文化创意能力和合作协同能力之间的相关系数最大,为 0.79;文化创意能力和技术创新能力之间、技术创新能力和合作协同能力之间的相关系数一样,为 0.63。观察所有因素之间相关系数的 95% 置信区间,可以发现其范围均不涵盖 1.00。此外,对比各因素间相关系数的平方及 AVE 平均值发现,后者均大于前者。以上两个步骤的分析结果显示,闽台创意农业合作能力维度下各因素之间具有较理想的区辨力。

6.2.5　验证性因素检验结果汇总

前文首先通过验证性因素分析,检验闽台创意农业合作影响因素中环境、台湾农民创业园管委会和台资创意农业企业 3 个维度的模型,以及闽台创意农业合作能力维度模型的拟合情况。其次,依据测量题项与因素之间的路径系数 λ 和测量误差 Θ,计算各因素平均萃取量 AVE,据此检验模型聚敛程度。最后,通过计算 4 个维度下各因素之间相关系数的平方、相关系数 95% 置信区间和平均变异萃取值,检验各维度下因素之间的区别效度。

验证性分析结果显示,在模型拟合指数方面,环境、台湾农民创业园管委会和台资创意农业企业 3 个维度模型拟合结果较为理想,各主要拟合指数值均达到接受标准,模型通过检验。虽然闽台创意农业合作能力模型的RMSEA较大,但模型拟合应该考虑整体拟合指数情况,因 NNFI 和 CFI 拟合指数较为理想,所以可以接受模型。潜变量聚敛程度方面,环境、台湾农民创业园管委会、台资创意农业企业和闽台创意农业合作能力 4 个维度下的 15 个因素中,除政策法规的 AVE 为 0.38,小于 0.50 外,其他 14 个因素的 AVE 均大于 0.50。从整体上看,台湾农民创业园管委会维度中各因素的 AVE 均超过 0.70,模型聚敛效度最好,台资创意农业企业维度、闽台创意农业合作能力维度和环境维度模型的聚敛效度分别排在第二位、第三位和第四位。区别效度方面,所有因素的 95% 置信区间均不涵盖 1.00。此外,4 个维度下的因素一共组成 22 条因素相关路径,对比各因素之间相关系数的平方及 AVE 平均值可发现,除环境维度下有两组因素之间 AVE 平均值小于相关系数的平方外,其他维度下因素之间 AVE 平均值均大于相关系数的平方。综合以上分析结果,可以认为 4 个维度下各因素之间具有较理想的区辨力,即不同因素之间能有效分离。

从验证性因素分析结果可知,环境维度、台湾农民创业园管委会维度、台资创意农业企业维度和闽台创意农业合作能力维度下各测量因素之间的关系符合本书所设计的理论关系。

6.3 闽台创意农业合作影响因素、合作能力与合作绩效的关系分析

在验证性因子分析基础上,分别对闽台创意农业合作影响因素、闽台创意农业合作能力和闽台创意农业合作绩效之间的关系作全模型分析,以验证第 4 章的理论假设,并为中介效用检验做准备。

6.3.1 环境维度和合作绩效的关系分析

对环境维度下 3 个因素和闽台创意合作绩效之间的关系作全模型分析,所得模型拟合结果见表 6.14,标准化路径系数和相应关系模型 t 检验结果分别如图 6.30 和图 6.31 所示。

表 6.14 环境维度和合作绩效的关系模型拟合结果

χ^2	df	χ^2/df	RMSEA	NNFI	CFI	SRMR
367.76	129	2.85	0.073	0.97	0.97	0.058

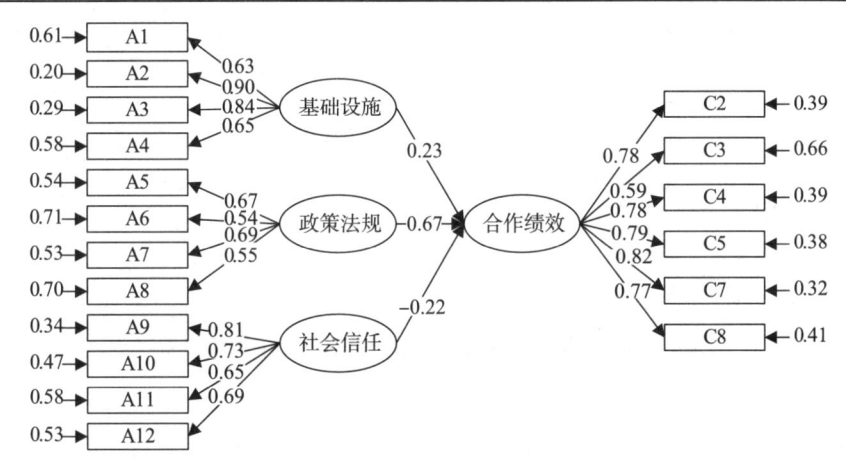

图 6.30 环境维度和合作绩效的关系模型标准化路径系数

从表 6.14 可知，模型拟合指数中，RMSEA=0.073＜0.10，NNFI=0.97＞0.90，CFI=0.97＞0.90，SRMR=0.058＜0.08。综合上述拟合指数，可以认为模型拟合效果非常理想，模型通过检验。

从图 6.30 可知，基础设施、政策法规、社会信任与合作绩效的关系标准化路径系数分别为 0.23、0.67、-0.22。其中，基础设施、政策法规和合作绩效之间的路径系数为正值，表示基础设施、政策法规对闽台创意农业合作绩效存在正向影响。依据路径系数大小可推知，政策法规对合作绩效的影响效果最显著。

从图 6.31 可知，环境维度和合作绩效的关系模型 t 检验结果中，基础设施、政策法规和合作绩效之间的关系 t 值分别为 2.31 和 3.53，均大于 1.96，达到 95% 显著水平，而社会信任和合作绩效之间的关系 t 值为 -1.42，绝对值小于 1.96，未达到 95% 显著水平。

综合上述检验结果可知，基础设施和政策法规对闽台创意农业合作绩效具有显著正向影响，假设 H1a 和假设 H1b 得到验证。社会信任对闽台创意农业合作绩效没有显著正向影响，假设 H1c 未得到验证。

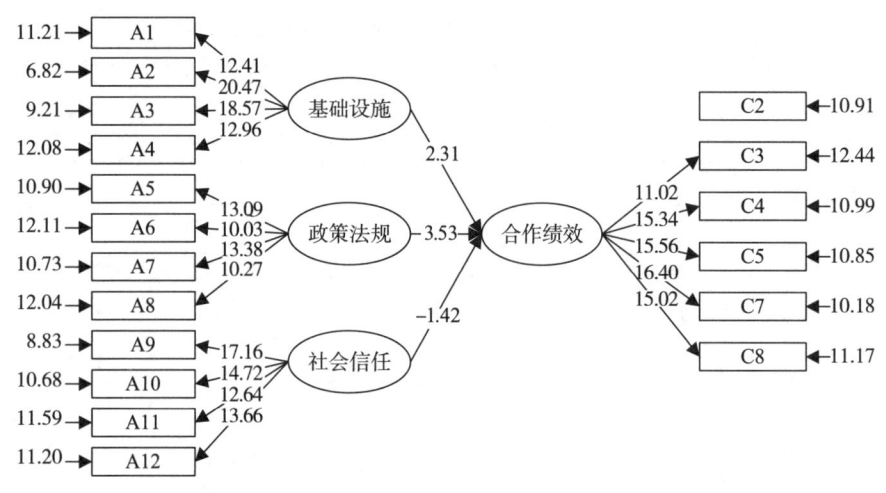

图 6.31 环境维度和合作绩效的关系模型 t 检验结果

6.3.2 台湾农民创业园管委会维度和合作绩效的关系分析

对台湾农民创业园管委会维度下 4 个因素和闽台创意农业合作绩效之间的关系作全模型分析,所得模型拟合结果见表 6.15。

表 6.15 台湾农民创业园管委会维度和合作绩效的关系模型拟合结果

χ^2	df	χ^2/df	RMSEA	NNFI	CFI	SRMR
337.82	142	2.38	0.063	0.99	0.99	0.045

从表 6.15 可知,模型拟合指数中,RMSEA＝0.063＜0.10,NNFI＝0.99＞0.90,CFI＝0.99＞0.90,SRMR＝0.045＜0.08。综合上述拟合指数,可以认为模型拟合效果非常理想,模型通过检验。

台湾农民创业园管委会维度和合作绩效关系模型标准化路径系数如图 6.32 所示。

从图 6.32 可知,决策、组织、领导、控制和合作绩效的关系标准化路径系数分别为 0.43、−0.05、0.20、0.26。其中,决策、领导、控制和合作绩效之间的路径系数为正值,表示决策、领导、控制对闽台创意农业合作绩效存

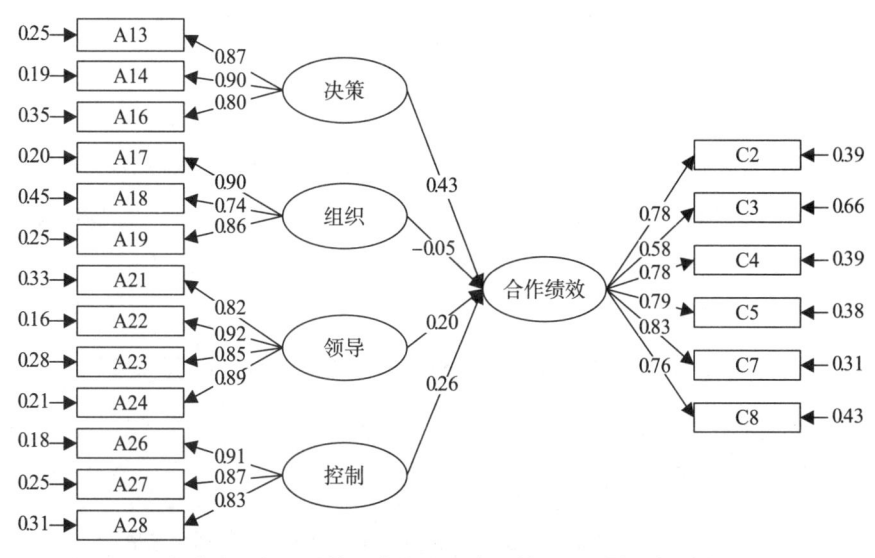

图 6.32 台湾农民创业园管委会维度和合作绩效关系模型标准化路径系数

在正向影响。依据路径系数大小可推知,决策对合作绩效的影响程度最显著,控制因素次之,领导因素最弱。

台湾农民创业园管委会维度和合作绩效关系模型 t 检验结果如图 6.33 所示。

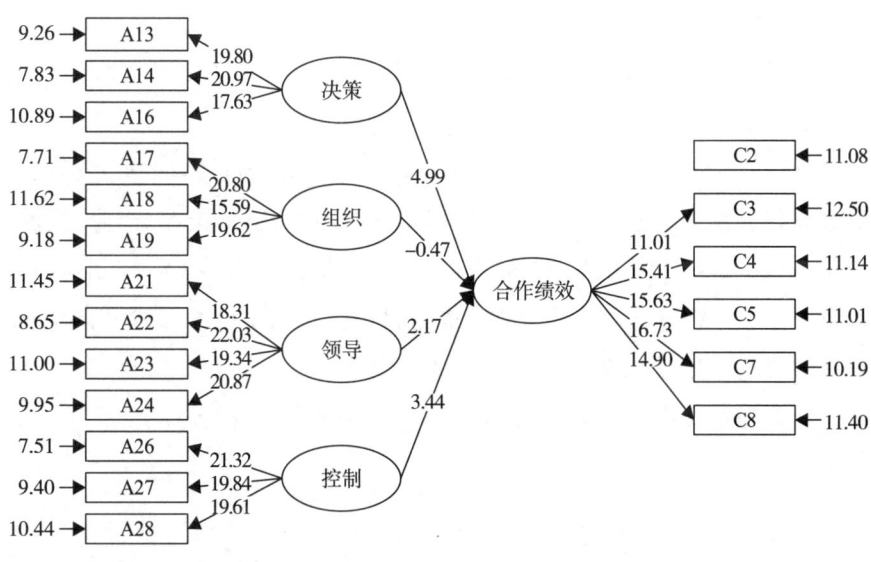

图 6.33 台湾农民创业园管委会维度和合作绩效关系模型 t 检验结果

6 闽台创意农业合作绩效实证研究 | 191

从图 6.33 可知,决策、领导、控制和合作绩效之间的关系 t 值分别为 4.99、2.17 和 3.44,均大于 1.96,达到 95% 显著水平,而组织和合作绩效之间的关系 t 值为 -0.47,绝对值小于 1.96,未达到 95% 显著水平。

综合上述检验结果可知,决策、领导和控制对闽台创意农业合作绩效具有显著正向影响,假设 H2a、假设 H2c 和假设 H2d 得到验证。组织对闽台创意农业合作绩效没有显著正向影响,假设 H2b 未得到验证。

6.3.3 台资创意农业企业维度和合作绩效的关系分析

对台资创意农业企业维度下 5 个因素和闽台创意合作绩效之间的关系作全模型分析,所得模型拟合结果见表 6.16。

表 6.16 台资创意农业企业维度和合作绩效关系模型拟合结果

χ^2	df	χ^2/df	RMSEA	NNFI	CFI	SRMR
560.21	215	2.60	0.070	0.98	0.98	0.050

从表 6.16 可知,模型拟合指数中,RMSEA = 0.070 < 0.10,NNFI = 0.98 > 0.90,CFI = 0.98 > 0.90,SRMR = 0.050 < 0.08。综合上述拟合指数,可以认为模型拟合效果非常理想,模型通过检验。

台资创意农业企业维度和合作绩效关系模型标准化路径系数如图 6.34 所示。

从图 6.34 可知,资源、产业、技术、营销、文化和合作绩效的关系标准化路径系数分别为 0.06、0.17、0.28、0.44、-0.01。其中,资源、产业、技术、营销和合作绩效之间的路径系数为正值,表示资源、产业、技术、营销对闽台创意农业合作绩效存在正向影响。依据路径系数大小可推知,营销对合作绩效的影响最显著,资源对合作绩效的影响最弱。

台资创意农业企业维度和合作绩效关系模型 t 检验结果如图 6.35 所示。

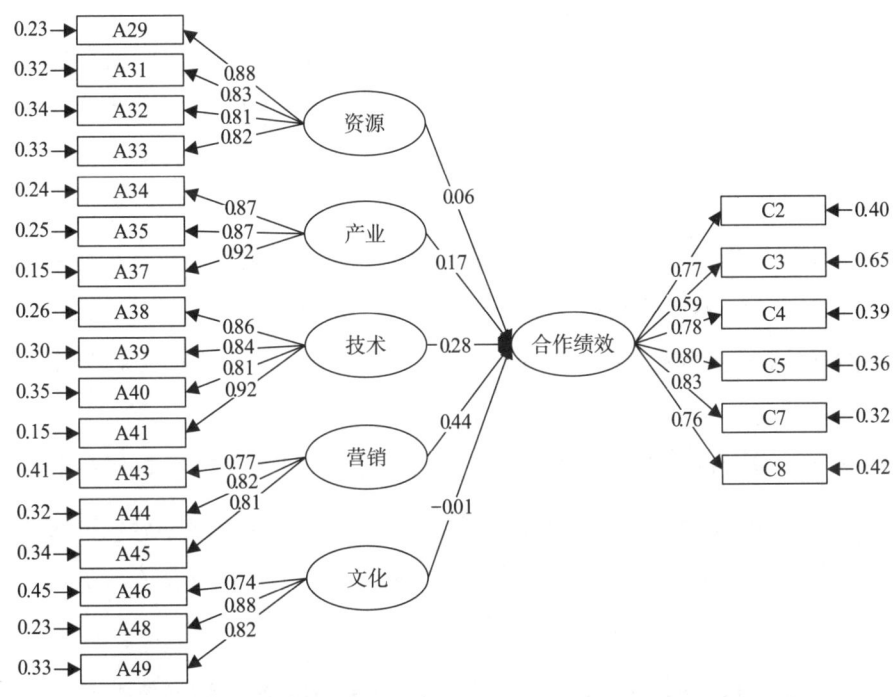

图 6.34 台资创意农业企业维度和合作绩效关系模型标准化路径系数

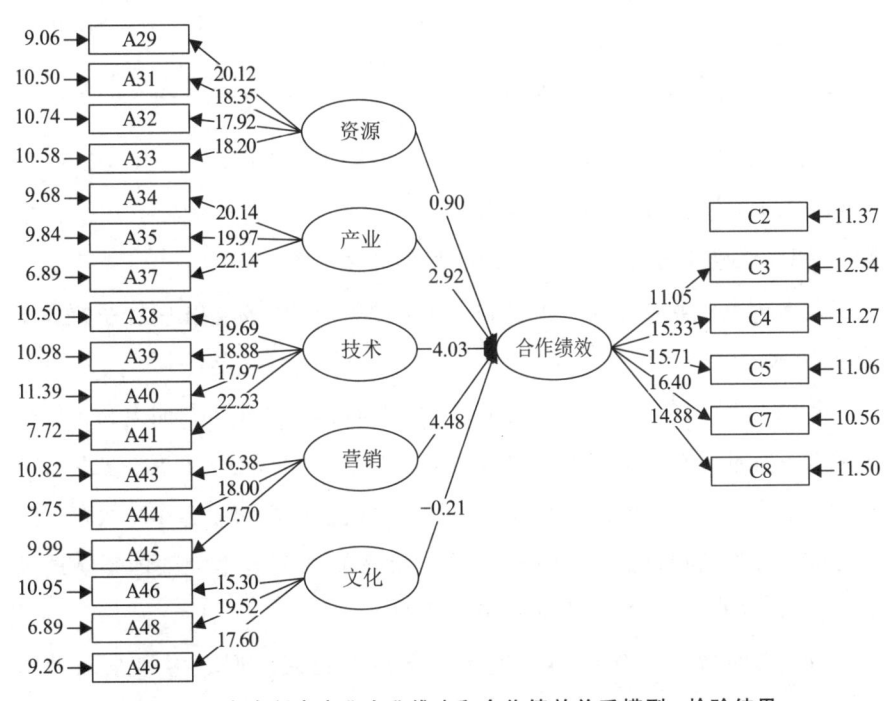

图 6.35 台资创意农业企业维度和合作绩效关系模型 t 检验结果

6 闽台创意农业合作绩效实证研究 | 193

从图 6.35 可知,产业、技术、营销和合作绩效之间的关系 t 值分别为 2.92、4.03 和 4.48,均大于 1.96,达到 95％显著水平,而资源、文化和合作绩效之间的关系 t 值分别为 0.90 和-0.21,绝对值小于 1.96,未达到 95％显著水平。

综合上述检验结果可知,产业、技术和营销对闽台创意农业合作绩效具有显著正向影响,假设 H3b、假设 H3c 和假设 H3d 得到验证。资源和文化对闽台创意农业合作绩效没有显著正向影响,假设 H3a、假设 H3c 未得到验证。

6.3.4 闽台创意农业合作能力维度和合作绩效的关系分析

对闽台创意农业合作能力维度下 3 个能力因素和闽台创意合作绩效之间的关系作全模型分析,所得模型拟合结果见表 6.17。标准化路径系数图和相应关系模型 t 检验结果分别如图 6.36 和图 6.37 所示。

表 6.17 闽台创意农业合作能力和合作绩效之间关系模型拟合结果

χ^2	df	χ^2/df	RMSEA	NNFI	CFI	SRMR
492.69	113	4.36	0.098	0.96	0.97	0.070

从表 6.17 可知,模型拟合指数中,RMSEA＝0.098＜0.10,NNFI＝0.96＞0.90,CFI＝0.97＞0.90,SRMR＝0.070＜0.08。综合上述拟合指数,可以认为模型拟合效果较为理想,模型通过检验。

闽台创意农业合作能力维度和合作绩效关系模型标准化路径系数如图 6.36 所示。

从图 6.36 可知,文化创意能力、技术创新能力、合作协同能力和合作绩效的关系标准化路径系数分别为 0.19、0.36 和 0.34,均为正值,这表示文化创意能力、技术创新能力、合作协同能力对闽台创意农业合作绩效存在正向影响。依据路径系数大小可推知,技术创新能力对合作绩效的影响最显著,合作协同能力次之,文化创意能力最弱。

闽台创意农业合作能力维度和合作绩效关系模型 t 检验结果如图 6.37 所示。

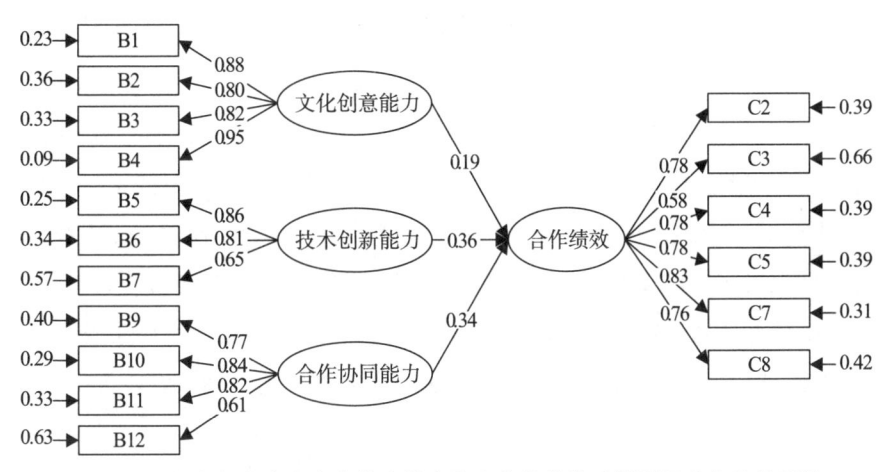

图 6.36 闽台创意农业合作能力维度和合作绩效关系模型标准化路径系数

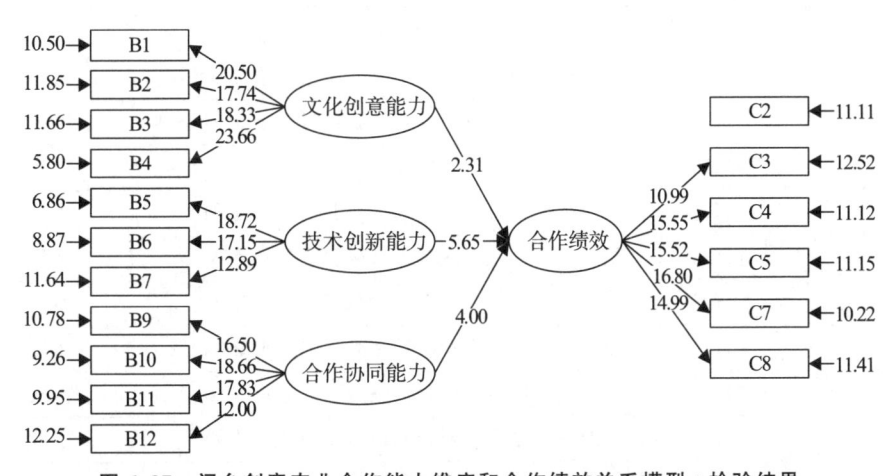

图 6.37 闽台创意农业合作能力维度和合作绩效关系模型 t 检验结果

从图 6.37 可知,闽台创意农业合作能力维度和闽台创意农业合作绩效的关系模型 t 检验结果中,文化创意能力、技术创新能力、合作协同能力和合作绩效之间的关系 t 值分别为 2.31、5.65 和 4.00,均大于 1.96,达到 95% 的显著性水平。

综合上述分析结果可知,文化创意能力、技术创新能力、合作协同能力对闽台创意农业合作绩效具有显著正向影响,假设 H4a、假设 H4b 和假设 H4c 得到验证。

6.3.5　影响因素、合作能力和合作绩效的关系检验结果汇总

在验证性因素分析的基础上,本书分别检验环境维度、台湾农民创业园管委会维度、台资创意农业企业维度、闽台创意农业合作能力维度和闽台创意农业合作绩效之间的关系。检验结果显示,以上4个维度下的15个因素中,共有11个因素(基础设施、政策法规、决策、领导、控制、产业、技术、营销、文化创意能力、技术创新能力和合作协同能力)通过假设检验,即这11个因素对闽台创意农业合作绩效具有显著正向影响,其他4个因素(社会信任、组织、资源和文化)未通过检验,即这4个因素对闽台创意农业合作绩效没有显著正向影响。假设检验结果见表6.18。

表6.18　闽台创意农业合作影响因素和合作能力假设检验结果

维度	假设编号	假设内容	结果
环境	H1a	基础设施对闽台创意农业合作绩效具有正向影响	通过
	H1b	政策法规对闽台创意农业合作绩效具有正向影响	通过
	H1c	社会信任对闽台创意农业合作绩效具有正向影响	拒绝
台湾农民创业园管委会	H2a	决策对闽台创意农业合作绩效具有正向影响	通过
	H2b	组织对闽台创意农业合作绩效具有正向影响	拒绝
	H2c	领导对闽台创意农业合作绩效具有正向影响	通过
	H2d	控制对闽台创意农业合作绩效具有正向影响	通过
台资创意农业企业	H3a	资源对闽台创意农业合作绩效具有正向影响	拒绝
	H3b	产业对闽台创意农业合作绩效具有正向影响	通过
	H3c	技术对闽台创意农业合作绩效具有正向影响	通过
	H3d	营销对闽台创意农业合作绩效具有正向影响	通过
	H3e	文化对闽台创意农业合作绩效具有正向影响	拒绝
闽台创意农业合作能力	H4a	文化创意能力对闽台创意农业合作绩效具有正向影响	通过
	H4b	技术创新能力对闽台创意农业合作绩效具有正向影响	通过
	H4c	合作协同能力对闽台创意农业合作绩效具有正向影响	通过

对通过检验的因素和合作绩效之间的关系系数进行归整,如表6.19所示。

表 6.19 通过检验的因素和合作绩效的关系系数

维　度		标准化路径系数	路径系数 t 值
环境	基础设施	0.23	2.31
	政策法规	0.67	3.53
台湾农民创业园管委会	决策	0.43	4.99
	领导	0.20	2.17
	控制	0.26	3.44
台资创意农业企业	产业	0.17	2.92
	技术	0.28	4.03
	营销	0.44	4.48
闽台创意农业合作能力	文化创意能力	0.19	2.31
	技术创新能力	0.36	5.65
	合作协同能力	0.34	4.00

从表 6.19 可知,通过检验的 11 个因素中,环境维度下的政策法规因素和闽台创意农业合作绩效的关系标准化路径系数最大,为 0.67,可见政策法规对闽台创意农业合作绩效的影响最显著。标准化路径系数介于 0.40 和 0.49 之间的有营销和决策,分别为 0.44 和 0.43。标准化路径系数介于 0.30 和 0.39 之间的有技术创新能力和合作协同能力,分别为 0.36 和 0.34。标准化路径系数介于 0.20 和 0.29 之间的有基础设施、领导、控制和技术,分别为 0.23、0.20、0.26 和 0.28。标准化路径系数介于 0.10 和 0.19 之间的有产业和文化创意能力,分别为 0.17 和 0.19。

6.4　闽台创意农业合作能力的中介作用检验

依据路径分析中效应分解的术语(Bollen,1989;侯杰泰 等,2004),中介效应属于间接效应。温忠麟等(2012)指出,由于中介效应是间接效应,无论变量是否涉及潜变量,都可以用结构方程模型分析中介效应。本书按照温忠麟等(2012)的多重中介效应检验做法,在闽台创意农业合作影响因素、合作能力与合作绩效的关系分析基础上,删除闽台创意农业合作影响因素中与合作绩效的关系路径系数 t 值小于 1.96 的因素。然后，引入闽台创意农业合作能力模型和闽台创意农业合作绩效模型，分别检验合作能力在三个维度影响因素和合作绩效关系中的中介作用。检验过程中，通过观察影响因素对合作能力的关系系数 a，合作能力对合作绩效的关系系数 b，并结合 Sobel 检验结果，来判断是否存在中介效应。具体步骤如下。

第一，考虑多个自变量和多个中介变量的关系，在 a 和 b 都显著的情况下，可认为闽台创意农业合作能力在闽台创意农业合作影响因素与合作绩效的关系中起中介作用，而不用考虑做完全中介检验。

第二，如果 a 和 b 至少有一个不显著，则需要进行 Sobel 检验（计算方式见公式 5.4）。如果 Sobel 检验的 Z 值达到 0.97 的显著性水平，说明存在中介作用；如果 Sobel 检验的 Z 值未达到 0.97 的显著性水平，说明不存在中介作用。

6.4.1 环境维度和合作绩效之间的中介作用检验

由环境维度和闽台创意农业合作绩效的关系模型图可知，环境维度中的社会信任对闽台创意农业合作绩效没有显著影响。根据中介效应检验流程，作为中介变量的闽台创意农业合作能力，不会在社会信任和闽台创意农业合作绩效的关系中起中介作用。因此，下面将检验闽台创意农业合作能力在基础设施、政策法规和闽台创意农业合作绩效关系中的中介作用。中介效应检验模型的拟合结果见表 6.20，模型标准化路径系数和 t 检验结果分别如图 6.38 和图 6.39 所示。

表 6.20 环境维度和合作绩效中介效应检验模型拟合结果

χ^2	df	χ^2/df	RMSEA	NNFI	CFI	SRMR
787.14	260	3.03	0.076	0.97	0.97	0.065

从表 6.20 可知，中介作用检验模型拟合指数中，RMSEA＝0.076＜0.10，NNFI＝0.97＞0.90，CFI＝0.97＞0.90，SRMR＝0.0650＜0.08。综合上述拟合指数，可以认为模型拟合效果较为理想，模型可以接受。

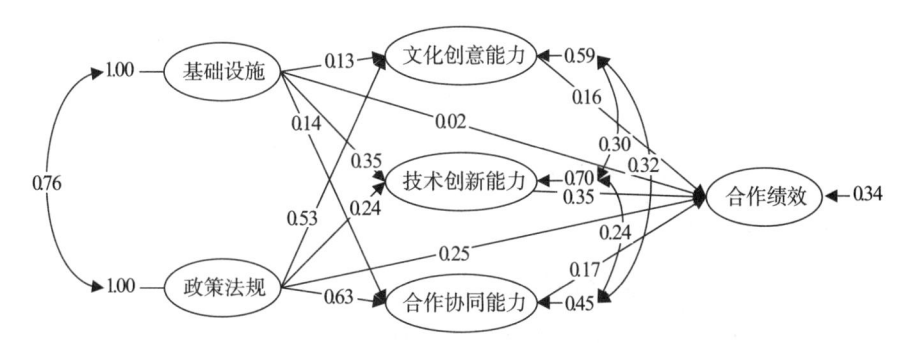

图 6.38　环境维度和合作绩效之间中介效应检验模型标准化路径系数

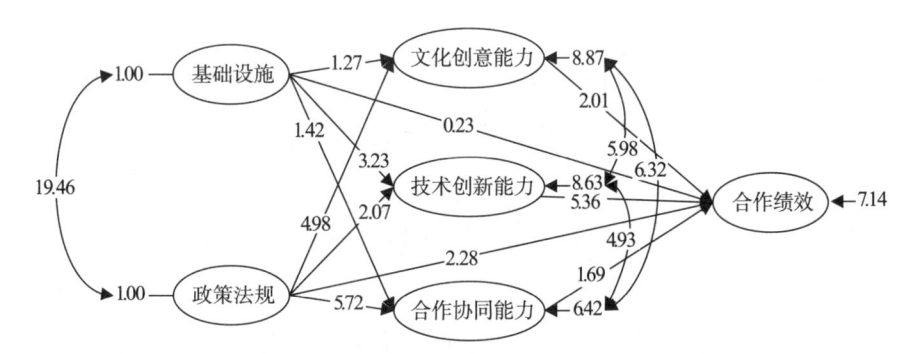

图 6.39　环境维度和合作绩效之间中介效应检验模型 t 检验结果

由图 6.39 可知,政策法规和文化创意能力的路径系数 t 值为 4.98(大于 1.96),文化创意能力和闽台创意农业合作绩效的路径系数 t 值为 2.01(大于 1.96),因此,文化创意能力在政策法规和闽台创意农业合作绩效的关系中起中介作用。同理可知,技术创新能力在基础设施、政策法规和闽台创意农业合作绩效的关系中起中介作用。由于基础设施和文化创意能力的路径系数 t 值为 1.27(小于 1.96),基础设施和合作协同能力的路径系数 t 值为 1.42(小于 1.96),合作协同能力和闽台创意农业合作绩效的路径系数 t 值为 1.69(小于 1.96),没有达到 95% 的显著性,所以有必要进行 Sobel 检验,检验步骤和结果如下:

1. 文化创意能力的 Sobel 检验

文化创意能力的 Sobel 检验,主要检验其在基础设施和闽台创意农业合作绩效关系中的中介作用。公式如下:

6　闽台创意农业合作绩效实证研究 | 199

$$S_{ab}=\sqrt{a^2S_b^2+b^2S_a^2}=\sqrt{0.127^2\times0.078^2+0.157^2\times0.100^2}=0.0186 \quad (6.3)$$
$$Z_1=ab/S_{ab}=0.127\times0.157/0.0186=1.0720>0.97 \quad (6.4)$$

由于 $Z_1=1.0720$,超过 Mackinnon 等(1998)所推荐的中介作用显著性检验临界值 0.97,所以文化创意能力在基础设施和闽台创意农业合作绩效的关系中起中介作用。

2. 合作协同能力的 Sobel 检验

(1)基础设施和闽台创意农业合作绩效之间的中介作用检验

$$S_{ab}=\sqrt{a^2S_b^2+b^2S_a^2}=\sqrt{0.143^2\times0.102^2+0.172^2\times0.101^2}=0.0227$$
$$Z_2=ab/S_{ab}=0.143\times0.172/0.0227=1.0835>0.97$$

由于 $Z_2=1.0835$,超过 Mackinnon 等所推荐的中介作用显著性检验临界值,所以合作协同能力在基础设施和闽台创意农业合作绩效的关系中起中介作用。

(2)政策法规和闽台创意农业合作绩效之间的中介作用检验

$$S_{ab}=\sqrt{a^2S_b^2+b^2S_a^2}=\sqrt{0.628^2\times0.102^2+0.172^2\times0.110^2}=0.0668$$
$$Z_3=ab/S_{ab}=0.628\times0.172/0.0668=1.6170>0.97$$

由于 $Z_3=1.6170$,超过 Mackinnon 等(1998)所推荐的中介作用显著性检验临界值,所以合作协同能力在政策法规和闽台创意农业合作绩效的关系中起中介作用。

通过上述检验可知,闽台创意农业合作能力维度下的文化创意能力、技术创新能力和合作协同能力,分别在环境维度下的基础设施、政策法规和闽台创意农业合作绩效的关系中起中介作用。所以,闽台创意农业合作能力在基础设施、政策法规和闽台创意农业合作绩效的关系中起中介作用。综上可知,闽台创意农业合作能力在环境维度与合作绩效的关系中起中介作用,即假设 H5b 得到验证。

6.4.2 台湾农民创业园管委会维度和合作绩效之间的中介作用检验

由台湾农民创业园管委会维度和闽台创意农业合作绩效的关系模型图可知,台湾农民创业园管委会维度中的组织因素对闽台创意农业合作绩效没有显著影响。根据中介效应检验流程,作为中介变量的闽台创意农业合作能力,不会在组织和闽台创意农业合作绩效的关系中起中介作用。因此,下面将检验闽台创意农业合作能力在决策、领导、控制和闽台创意农业合作绩效的关系中的中介作用。中介效应检验模型的拟合结果见表6.21。台湾农民创业园管委会维度和合作绩效中介作用模型标准化路径系数如图6.40所示。台湾农民创业园管委会维度和合作绩效间中介作用模型 t 检验结果如图6.41所示。

表6.21 台湾农民创业园管委会维度和合作绩效中介效应检验模型拟合结果

χ^2	df	χ^2/df	RMSEA	NNFI	CFI	SRMR
831.65	303	2.74	0.07	0.98	0.98	0.0586

从表6.21可知,中介作用检验模型拟合指数中,RMSEA=0.07<0.10,NNFI=0.98>0.90,CFI=0.98>0.90,SRMR=0.0586<0.08。综合上述拟合指数,可以认为模型拟合效果较为理想,模型可以接受。

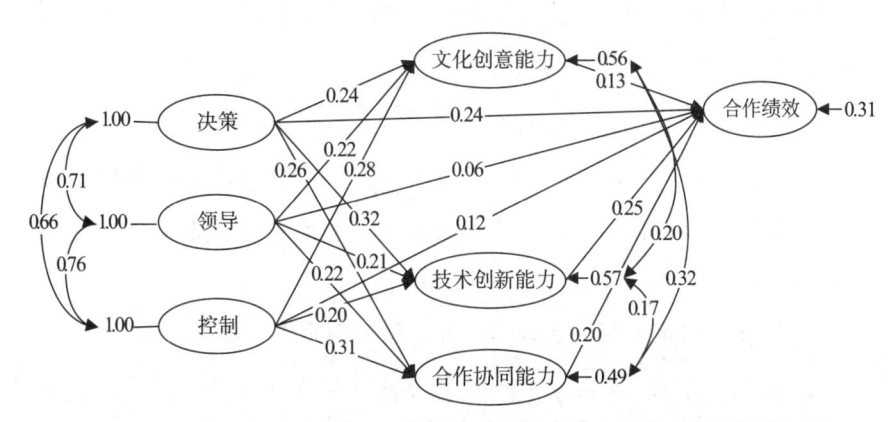

图6.40 台湾农民创业园管委会维度和合作绩效间中介作用模型标准化路径系数

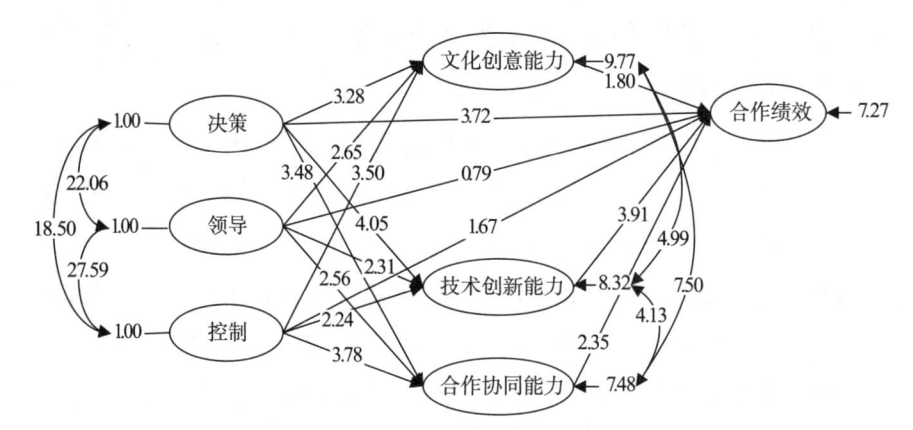

图 6.41 台湾农民创业园管委会维度和合作绩效间中介作用模型 t 检验结果

由图 6.41 可知,决策和技术创新能力之间路径系数 t 值为 4.05(大于 1.96),技术创新能力和闽台创意农业合作绩效之间路径系数 t 值为 3.91 (大于 1.96),因此,技术创新能力在决策和闽台创意农业合作绩效的关系中起中介作用。同理,可知技术创新能力在领导、控制和闽台创意农业合作绩效的关系中起中介作用,合作协同能力在决策、领导、控制和闽台创意农业合作绩效的关系中起中介作用。因为文化创意能力和闽台创意农业合作绩效之间路径系数 t 值为 1.80(小于 1.96),没有达到 95% 的显著性,所以有必要进行 Sobel 检验,检验步骤和结果如下。

(1)决策和闽台创意农业合作绩效之间的中介作用检验

$$S_{ab} = \sqrt{a^2 S_b^2 + b^2 S_a^2} = \sqrt{0.237^2 \times 0.072^2 + 0.129^2 \times 0.072^2} = 0.0194$$

$Z_4 = ab/S_{ab} = 0.237 \times 0.129/0.0194 = 1.576 > 0.97$

由于 $Z_4 = 1.576$,超过 Mackinnon 等(1998)所推荐的中介作用显著性检验临界值,所以文化创意能力在决策和闽台创意农业合作绩效的关系中起中介作用。

(2)领导和闽台创意农业合作绩效之间的中介作用检验

$$S_{ab} = \sqrt{a^2 S_b^2 + b^2 S_a^2} = \sqrt{0.225^2 \times 0.072^2 + 0.129^2 \times 0.085^2} = 0.0196$$

$Z_5 = ab/S_{ab} = 0.225 \times 0.129/0.0196 = 1.481 > 0.97$

由于 $Z_5 = 1.481$,超过 Mackinnon 等(1998)所推荐的中介作用显著性检验临界值,所以文化创意能力在领导和闽台创意农业合作绩效的关系中起中介作用。

(3)控制和闽台创意农业合作绩效之间的中介作用检验

$$S_{ab} = \sqrt{a^2 S_b^2 + b^2 S_a^2} = \sqrt{0.283^2 \times 0.072^2 + 0.129^2 \times 0.081^2} = 0.0229$$

$$Z_6 = ab/S_{ab} = 0.283 \times 0.129/0.0229 = 1.594 > 0.97$$

由于 $Z_5 = 1.594$,超过 Mackinnon 等(1998)所推荐的中介作用显著性检验临界值,所以文化创意能力在控制和闽台创意农业合作绩效的关系中起中介作用。

通过上述检验可知,闽台创意农业合作能力维度下的文化创意能力、技术创新能力、合作协同能力,在台湾农民创业园管委会维度下的决策、领导、控制和闽台创意农业合作绩效的关系中起中介作用,即闽台创意农业合作能力在决策、领导、控制和闽台创意农业合作绩效的关系中起中介作用。综上可知,闽台创意农业合作能力在台湾农民创业园管委会维度与合作绩效的关系中起中介作用。假设 H5b 得到验证。

6.4.3 台资创意农业企业维度和合作绩效之间的中介作用检验

由台资创意农业企业维度和闽台创意农业合作绩效之间的关系模型图可知,台资创意农业企业维度中的资源和文化对闽台创意农业合作绩效没有显著影响。根据中介效应检验流程,作为中介变量的闽台创意农业合作能力,不会在资源、文化和闽台创意农业合作绩效的关系中起中介作用。因此,下面将检验闽台创意农业合作能力在产业、技术、营销和闽台创意农业合作绩效的关系中的中介作用。中介效应检验模型拟合结果见表 6.22。

表 6.22 台资创意农业企业维度和合作绩效中介效应检验模型拟合结果

χ^2	df	χ^2/df	RMSEA	NNFI	CFI	SRMR
1739.286	356	4.886	0.106	0.955	0.961	0.0679

从表 6.22 可知,中介作用检验模型拟合指数中,RMSEA = 0.106,略大于 0.10 的界值,但 NNFI = 0.955 > 0.90,CFI = 0.961 > 0.90,SRMR =

0.0679<0.08,可见拟合情况良好。综合上述拟合指数,可以认为模型拟合情况较为理想,模型可以接受。

台资创意农业企业维度和合作绩效间中介作用模型标准化路径系数如图 6.42 所示。

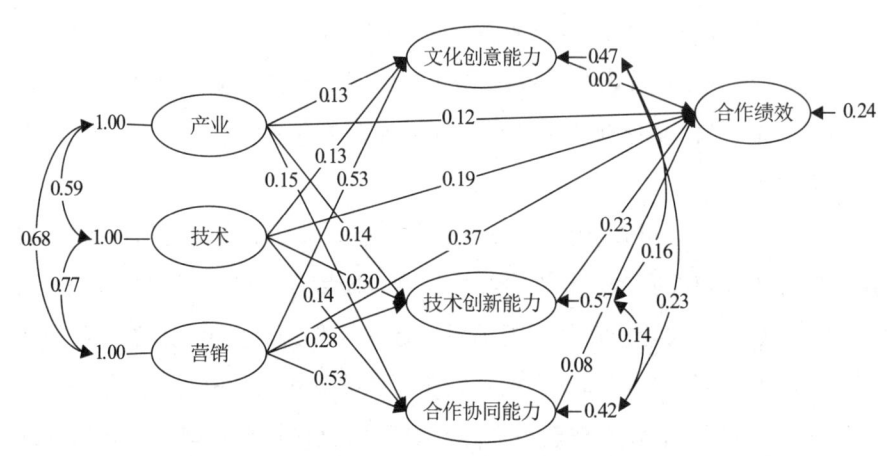

图 6.42　台资创意农业企业维度和合作绩效间中介作用模型标准化路径系数

台资创意农业企业维度和合作绩效间中介作用模型 t 检验结果如图 6.43 所示。

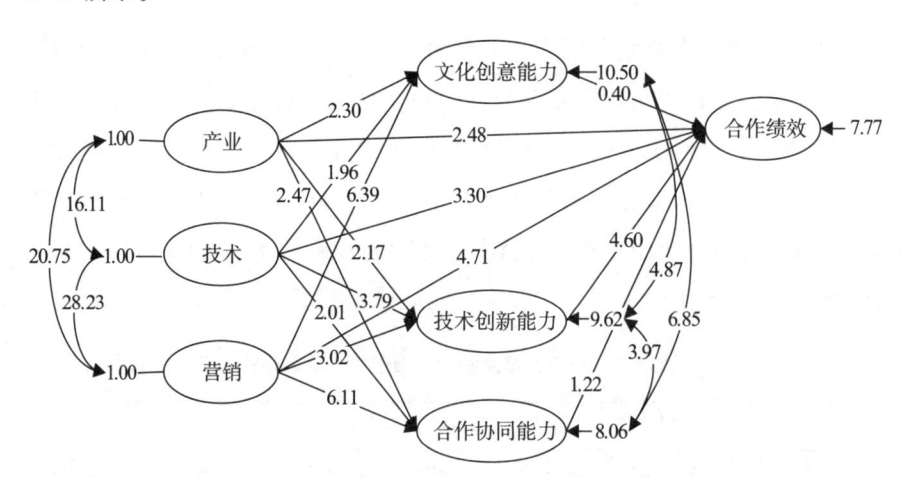

图 6.43　台资创意农业企业维度和合作绩效之间中介作用模型 t 检验结果

由图 6.43 可知,产业和技术创新能力之间路径系数的 t 值为 2.17(大于 1.96),技术创新能力和闽台创意农业合作绩效之间路径系数的 t 值为

4.60(大于1.96),因此,技术创新能力在产业和闽台创意农业合作绩效的关系中起中介作用。同理可知,技术创新能力在技术、营销和闽台创意农业合作绩效的关系中起中介作用。由于文化创意能力、合作协同能力和闽台创意农业合作绩效之间路径系数的 t 值均小于1.96,没有达到95%的显著性,所以有必要进行Sobel检验,检验步骤和结果如下。

1. 文化创意能力的中介作用检验

(1)产业和闽台创意农业合作绩效之间的中介作用检验

$S_{ab}=\sqrt{a^2S_b^2+b^2S_a^2}=\sqrt{0.131^2\times0.059^2+0.024^2\times0.057^2}=0.0079$

$Z_7=ab/S_{ab}=0.131\times0.024/0.0079=0.398<0.97$

由于 $Z_7=0.398<0.97$,未达到Mackinnon等(1998)所推荐的中介作用显著性检验临界值,所以文化创意能力在产业和闽台创意农业合作绩效的关系中不起中介作用。

(2)技术和闽台创意农业合作绩效之间的中介作用检验

$S_{ab}=\sqrt{a^2S_b^2+b^2S_a^2}=\sqrt{0.133^2\times0.059^2+0.024^2\times0.068^2}=0.0080$

$Z_8=ab/S_{ab}=0.133\times0.024/0.0080=0.399<0.97$

由于 $Z_8=0.399<0.97$,未达到Mackinnon等(1998)所推荐的中介作用显著性检验临界值,所以文化创意能力在技术和闽台创意农业合作绩效的关系中不起中介作用。

(3)营销和闽台创意农业合作绩效之间的中介作用检验

$S_{ab}=\sqrt{a^2S_b^2+b^2S_a^2}=\sqrt{0.527^2\times0.059^2+0.024^2\times0.083^2}=0.0312$

$Z_9=ab/S_{ab}=0.527\times0.024/0.0312=0.403<0.97$

由于 $Z_9=0.403<0.97$,未达到Mackinnon等(1998)所推荐的中介作用显著性检验临界值,所以文化创意能力在营销和闽台创意农业合作绩效的关系中不起中介作用。

2. 合作协同能力的中介作用检验

(1)产业和闽台创意农业合作绩效之间的中介作用检验

$S_{ab}=\sqrt{a^2S_b^2+b^2S_a^2}=\sqrt{0.148^2\times0.067^2+0.082^2\times0.060^2}=0.0115$

$Z_{10}=ab/S_{ab}=0.132\times0.084/0.0115=1.06>0.97$

由于 $Z_{10}=1.06>0.97$,达到 Mackinnon 等(1998)所推荐的中介作用显著性检验临界值,所以合作协同能力在产业和闽台创意农业合作绩效的关系中起中介作用。

(2)技术和闽台创意农业合作绩效之间的中介作用检验

$$S_{ab}=\sqrt{a^2S_b^2+b^2S_a^2}=\sqrt{0.144^2\times0.067^2+0.082^2\times0.071^2}=0.0116$$

$$Z_{11}=ab/S_{ab}=0.144\times0.082/0.0116=1.02>0.97$$

由于 $Z_{11}=1.02>0.97$,达到 Mackinnon 等(1998)所推荐的中介作用显著性检验临界值,所以合作协同能力在技术和闽台创意农业合作绩效的关系中起中介作用。

(3)营销和闽台创意农业合作绩效之间的中介作用检验

$$S_{ab}=\sqrt{a^2S_b^2+b^2S_a^2}=\sqrt{0.535^2\times0.067^2+0.082^2\times0.088^2}=0.0381$$

$$Z_{12}=ab/S_{ab}=0.535\times0.082/0.0381=1.15>0.97$$

由于 $Z_{12}=1.15>0.97$,达到 Mackinnon 等(1998)所推荐的中介作用显著性检验临界值,所以合作协同能力在营销和闽台创意农业合作绩效的关系中起中介作用。

通过上述检验可知,闽台创意农业合作能力维度下的技术创新能力、合作协同能力,在台资创意农业企业维度下的产业、营销、文化和闽台创意农业合作绩效的关系中起中介作用,而文化创意能力在产业、营销、文化和闽台创意农业合作绩效的关系中不起中介作用。综上可知,闽台创意农业合作能力在台资创意农业企业维度和闽台创意农业合作绩效的关系中起中介作用。假设 H5c 得到验证。

6.4.4 中介作用检验结果汇总

中介作用检验是实证研究部分的最后环节,本书对闽台创意农业合作能力在环境维度、台湾农民创业园管委会维度、台资创意农业企业维度与闽台创意农业合作绩效的关系中的中介作用进行检验,检验结果见表 6.23。

表 6.23 中介作用检验结果

维度	因素和合作绩效的关系	闽台创意农业合作能力		
		文化创意能力	技术创新能力	合作协同能力
环境	基础设施和合作绩效关系	具有中介作用	具有中介作用	具有中介作用
	政策法规和合作绩效关系	具有中介作用	具有中介作用	具有中介作用
台湾农民创业园管委会	决策和合作绩效关系	具有中介作用	具有中介作用	具有中介作用
	领导和合作绩效关系	具有中介作用	具有中介作用	具有中介作用
	控制和合作绩效关系	具有中介作用	具有中介作用	具有中介作用
台资创意农业企业	产业和合作绩效关系	不起中介作用	具有中介作用	具有中介作用
	技术和合作绩效关系	不起中介作用	具有中介作用	具有中介作用
	营销和合作绩效关系	不起中介作用	具有中介作用	具有中介作用

从表 6.23 可知,由于文化创意能力、技术创新能力、合作协同能力在基础设施、政策法规、决策、领导、控制同合作绩效的关系中起中介作用,因此,可以认为闽台创意农业合作能力在环境维度、台湾农民创业园管委会维度和闽台创意农业合作绩效的关系中起中介作用。由于文化创意能力在产业、技术、营销同合作绩效的关系中不起中介作用,而技术创新能力、合作协同能力在产业、技术、营销同合作绩效的关系中起中介作用,因此,可以认为闽台创意农业合作能力在台资创意农业企业维度和闽台创意农业合作绩效的关系中起部分中介作用。综上,闽台创意农业合作能力在闽台创意农业影响因素下属的三个维度同闽台创意农业合作绩效的关系中均起中介作用,即第 4 章提出的假设 H5a、H5b、H5c 得到验证,检验结果见表 6.24。

表 6.24 闽台创意农业合作能力的中介作用假设检验结果

序号	假设内容	结果
H5a	闽台创意农业合作能力在环境维度和闽台创意农业合作绩效的关系中起中介作用	通过
H5b	闽台创意农业合作能力在台湾农民创业园管委会维度和闽台创意农业合作绩效的关系中起中介作用	通过
H5c	闽台创意农业合作能力在台资创意农业企业维度和闽台创意农业合作绩效的关系中起中介作用	通过

6.5 本章小结

本章作为全书重点,在第 5 章调研样本数据处理的基础上,运用结构方程模型,对调研数据展开实证分析,具体分为四个步骤。

第一,检验各测量模型拟合情况,并作相应修正。

第二,依据测量模型检验结果,展开验证性因子分析,逐步检验环境维度模型、台湾农民创业园管委会维度模型、台资创意农业企业维度模型和闽台创意农业合作能力维度模型的拟合情况、聚敛程度和各维度中因素之间的区别效度。

第三,分析影响因素、合作能力与合作绩效之间的关系,旨在检验环境、台湾农民创业园管委会和台资创意农业企业 3 个维度中 12 个影响因素,以及闽台创意农业合作能力中的 3 种能力是否对闽台创意农业合作绩效具有显著正向影响。检验结果显示:闽台创意农业合作的 12 个影响因素中,基础设施、政策法规、决策、领导、控制、产业、技术和营销 8 个因素对闽台创意农业合作绩效具有显著正向影响,相应的 8 个假设,即 H1a、H1b、H2a、H2c、H2d、H3b、H3c、H3d 得到验证,而社会信任、组织、资源和文化 4 个因素对合作绩效不具有显著正向影响,相应的 4 个假设,即 H1c、H2b、H3a、H3e 未得到验证。闽台创意农业合作能力包括的 3 种能力中,文化创意能力、技术创新能力和合作协同能力对合作绩效具有显著正向影响,相应的 3 个假设,即 H4a、H4b、H4c 得到验证。

第四,中介效用分析,旨在检验闽台创意农业合作能力的中介作用。检验结果显示,闽台创意农业合作能力在环境维度、台湾农民创业园管委会维度、台资创意农业企业维度同闽台创意农业合作绩效的关系中均起中介作用,相应的假设 H5a、H5b、H5c 得到验证。

7 结果分析与对策建议

本书第 6 章在调研数据基础上,应用结构方程建模逐一验证第 4 章所提出的理论假设。研究结果显示,18 个理论假设中,共有 15 个得到实证支撑,其余 3 个没有通过实证检验。为进一步探索闽台创意农业合作影响因素和合作绩效关系中的作用机理,揭示中介变量产生的原理,本章将深入分析第 6 章实证研究结果,并以实证研究结果为依据,提出提升闽台创意农业合作绩效的对策和建议。

7.1 实证研究结果分析

本书第 6 章有关闽台创意农业合作绩效的实证研究部分由四个步骤组成:第一步,分析各因素测量模型拟合程度;第二步,根据第一步分析结果,检验环境维度、台湾农民创业园管委会维度、台资创意农业企业维度和闽台创意农业合作能力维度的模型拟合情况;第三步,分别分析闽台创意农业合作影响因素下的 3 个维度、闽台创意农业合作能力维度和合作绩效之间的因果关系;第四步,分别检验闽台创意农业合作能力在环境维度、台湾农民创业园管委会维度、台资创意农业企业维度和合作绩效关系中的中介作用。

7.1.1 各因素测量模型检验结果分析

本书为闽台创意农业合作影响因素、闽台创意农业合作能力和闽台创意农业合作绩效这 3 个维度共设置 16 个因素,并依据相关文献,为每个因素设计相应的测量题项,各因素的测量题项组成一个测量模型。为检验各测量题项设置是否合理,在正式调研数据收集完毕之后,本书首先检验各测量模型拟合程度。检验结果显示:决策、组织、控制、资源、文化、产业、营销、技术创新能力和闽台创意农业合作绩效 9 个因素的模型拟合情况不够理想,经修正后获得通过;其余 7 个因素的模型拟合情况达到要求,未经修正即获通过。具体见表 7.1。

表 7.1 各因素测量模型检验结果对照表

因素	检验结果	因素	检验结果
基础设施	直接通过	产业	修正后通过
政策法规	直接通过	技术	直接通过
社会信任	直接通过	营销	修正后通过
决策	修正后通过	文化	修正后通过
组织	修正后通过	文化创意能力	直接通过
领导	直接通过	技术创新能力	修正后通过
控制	修正后通过	合作协同能力	直接通过
资源	修正后通过	合作绩效	修正后通过

7.1.1.1 闽台创意农业合作影响因素各测量模型检验结果分析

闽台创意农业合作影响因素由环境、台湾农民创业园管委会和台资创意农业企业 3 个维度组成,环境维度包括基础设置、政策法规和社会信任 3 个因素,台湾农民创业园管委会维度包括决策、组织、领导和控制 4 个因素,台资创意农业企业维度包括资源、产业、技术、营销和文化 5 个因素。以上 12 个因素中,除资源因素包括 5 个测量题项外,其余 11 个因素各包括 4 个测量题项。

各测量题项组成的测量模型检验结果显示:环境维度下 3 个因素的测量模型拟合效果非常理想,说明各因素的变异能很好地通过其下设置的指标进行测量,即"创意农业产业园区"、"创意农业土地供给"、"创意农业劳力供给"和"创意农业技术供给"4 个题项能较全面地测量基础设施因素的变异;"创意农业土地使用优惠政策"、"创意农业信贷优惠政策"、"创意农业财政补贴政策"和"创意农业知识产权保护法规"4个题项能较全面地测量政策法规因素的变异;"社会征信制度"、"信任奖惩制度"、"行业协会"和"仲裁机构"4个题项能较全面地测量社会信任因素的变异。

  台湾农民创业园管委会维度下的4个因素中:领导因素模型拟合结果非常理想,说明"管委会创意农业合作项目负责人经验和能力"、"管委会创意农业合作项目负责人领导艺术"、"管委会创意农业合作项目成员综合素质"和"管委会创意农业合作项目成员责任感"4个题项能较全面地测量领导因素的变异。其他3个因素的模型拟合结果不够理想,在将决策因素中的题项"管委会创意农业发展目标"删除后,模型才达到接受水平,说明"管委会创意农业发展目标"并不能同其他3个题项组成一个理想的测量模型。有受访者指出,难以区分"管委会创意农业发展目标"和"管委会创意农业发展战略"。另外,实证研究发现,题项"管委会创意农业发展目标"和题项"管委会创意农业发展战略"同决策之间的路径系数均为0.83,说明多数受访者认为以上两个题项具有相同含义,两个题项可以合并。在将组织因素中的题项"管委会同创意农业企业的互动程度"删除后,模型达到接受水平,说明"管委会同创意农业企业的互动程度"并不能同其他3个题项组成一个理想的测量模型。在将控制因素中的题项"管委会对创意农业合作项目实施过程的监控"删除后,模型达到接受水平,说明"管委会对创意农业合作项目实施过程的监控"并不能同其他3个题项组成一个理想的测量模型。

  台资创意农业企业维度下的5个因素中:技术因素的模型拟合结果非常理想,说明"创意农业技术的生命周期"、"创意农业技术的革新速度"、"创意农业技术的复杂程度"和"创意农业技术的标准化程度"4个题项能较全面测量技术因素的变异。其他4个因素拟合结果均不够理想,需要修正。在将资源因素中的题项"创意农业企业抵(质)押物"删除后,模型获得通过。有受访者认为,先进设备和知识产权都可以作为创意农业企业的抵押物,因此,"创意农业企业抵(质)押物"表示的含义与"创意农业企业拥有的先进设备"、"创意农业企业知识产权"存在重叠之处。在将产业因素中的题项"创意农业产业链"删除后,模型获得通过,说明题项"创意农业产业链"并不能同其他3个题项组成一个理想的测量模型。在将营销因素中的题项"创意农业项目价值"删除后,模型获得通过。通过观察模型拟合结果,发现题项"创意农业项目价值"和"创意农业项目市场前景"与营销因素之间的路径系数相同。另外,有不少受访者认为这两个题项含义相似,可以合并。在将文化因素中的题项"创意农业企业的学习环境"删除后,模型获得通过,说明题项"创意农业企业的学习环境"并不能同其他3个题项组成一个理想的测量模型。

7.1.1.2 闽台创意农业合作能力各测量模型检验结果分析

闽台创意农业合作能力由文化创意能力、技术创新能力和合作协同能力3个因素组成,以上3个因素各包括4个测量题项。检验各测量题项组成的测量模型的结果显示,文化创意能力因素各种拟合指数均达到理想状态,说明"文化融合能力"、"文化设计能力"、"品牌营运能力"和"创意产业化能力"4个题项能组成一个良好模型,并较好地测量文化创意能力因素的变异。合作协同能力模型拟合质量良好,说明"资源整合能力"、"沟通协同能力"、"机会把握能力"和"风险防范能力"4个题项所组成的模型能较准确地测量合作协同能力因素的变异。技术创新能力模型的拟合效果不佳,在删除题项"新技术商业化能力"后,模型拟合效果达到要求,获得通过,修正后的模型由"企业内部研发能力"、"企业新技术消化吸收能力"和"新技术产品开发能力"3个题项组成。

7.1.1.3 闽台创意农业合作绩效测量模型检验结果分析

闽台创意农业合作绩效下设的测量题项,分别从生产效应、技术提升效应、经济效应、品牌效应、就业效应、生态效应、产业带动效应和满足市场需求效应8个方面测量闽台创意农业合作成效。检验8个测量题项所组成模型的拟合程度的结果显示,各方面拟合指数不太理想,说明题项设置有待改进。模型经过修正之后,删除题项"创意农业生产效应"和"创意农业生态效应",这表明题项"创意农业生产效应"和"创意农业生态效应"不能同其他题项组成一个理想的测量模型。

7.1.2 验证性因素分析结果分析

验证性因素分析是本书实证分析的第二步,目的是在各测量模型检验结果的基础上,检验经过修正的各因素能否和同一维度中其他因素组成一个模型,以有效测量其所对应的维度。基于问卷调研所得的348个样本数据,对闽台创意农业合作环境维度模型、台湾农民创业园管委会维度模型、台资创意农业企业维度模型和闽台创意农业合作能力维度模型展开分析,结果显示,以上4个维度的模型均通过检验。

7.1.2.1 闽台创意农业合作环境维度模型验证性因素分析结果分析

闽台创意农业合作环境维度模型拟合结果显示,各类拟合指数均达到要求,模型拟合非常理想,模型可以接受。模型聚敛效度检验结果中,基础设施、政策法规和社会信任的平均变异萃取量(AVE)分别为0.58、0.38和0.52,说明各因素间具有较好收敛效度。另外,观察所有因素之间相关系数95%的置信区间,可以发现其范围均不涵盖1.00。以上分析结果说明,闽台创意农业合作环境维度下各因素之间具有较理想的聚敛效度和区辨效度。也就是说,基础设施、政策法规和社会信任3个潜变量能较好地解释闽台创意农业合作环境的构念,理论假设得到验证。

7.1.2.2 台湾农民创业园管委会维度模型验证性因素分析结果分析

台湾农民创业园管委会维度模型的拟合结果显示,各类拟合指数均达到要求,模型拟合效果非常理想,模型可以接受。模型聚敛效度检验结果中,决策、组织、领导和控制的平均变异萃取量(AVE)分别为0.74、0.70、0.76和0.77,均大于0.70,远超0.50的理想水平。另外,观察所有因素之间相关系数95%的置信区间,可以发现其范围均不涵盖1.00。以上分析结果说明,台湾农民创业园管委会维度下各因素之间具有较理想的聚敛效度和区辨效度。也就是说,决策、组织、领导和控制4个潜变量能较好地解释台湾农民创业园管委会的构念,理论假设得到验证。

7.1.2.3 台资创意农业企业维度模型验证性因素分析结果分析

台资创意农业企业维度模型拟合效果结果显示,各类拟合指数均达到要求,模型拟合效果非常理想,模型可以接受。模型聚敛效度检验结果中,资源、产业、技术、营销和文化的平均变异萃取量(AVE)分别为0.69、0.79、0.74、0.64和0.66,均超过0.50的理想水平。另外,观察所有因素之间相关系数95%的置信区间,可以发现其范围均不涵盖1.00。以上分析结果显示,台资创意农业企业维度下各因素之间具有较理想的聚敛效度和区辨效度。也就是说,资源、产业、技术、营销和文化5个潜变量能较好地解释台资创意农业企业维度的构念,理论假设得到验证。

7.1.2.4 闽台创意农业合作能力维度模型验证性因素分析结果分析

闽台创意农业合作能力维度模型拟合结果显示,各类拟合指数均达到要求,模型可以接受。模型聚敛效度检验结果中,文化创意能力、技术创新能力和合作协同能力的平均变异萃取量(AVE)分别为0.75、0.61和0.59,均超过0.50的理想水平。另外,观察所有因素之间相关系数95%的置信区间,其范围均不涵盖1.00。以上分析结果显示,闽台创意农业合作能力维度下各因素之间具有较理想的聚敛效度和区辨效度。也就是说,文化创意能力、技术创新能力和合作协同能力3个潜变量能较好地解释闽台创意农业合作能力维度的构念,理论假设得到验证。

7.1.3 影响因素、合作能力和合作绩效之间关系检验结果分析

影响因素、合作能力和合作绩效之间关系的全模型分析是本书实证研究的第三步,也是本书研究的重点,意图是探索闽台创意农业合作的关键影响因素,并揭示影响闽台创意农业合作的关键能力。研究结果显示,提出的15个假设中,有11个假设获得通过,其余4个假设未获通过,整体上看,大部分假设都获得支持。

7.1.3.1　闽台创意农业合作环境维度下政策法规潜变量对闽台创意农业合作绩效的影响程度最显著

从实证研究结果可知,基础设施和闽台创意农业合作绩效之间关系的标准化路径系数为0.23,即基础设施对闽台创意农业合作绩效具有显著正向影响,假设H1a得到支持。自创意产业概念被提出以后,基础设施就被认为是创意产业发展的重要影响因素,公共基础设施同专业化的劳动力市场、科技资本等组成创意产业集聚所需的基本要素。

政策法规和闽台创意农业合作绩效之间关系的标准化路径系数为0.67,即政策法规对闽台创意农业合作绩效具有显著正向影响,假设H1b得到支持。因政策法规对闽台创意农业合作绩效的影响系数远大于基础设施和社会信任,所以政策法规是环境维度下对闽台创意农业合作绩效影响最显著的因素。创意农业既是新兴产业也是弱势产业,其发展需要政府的优惠政策和财政上的大力支持,但相关政策法规的制定须具有针对性,政府在制定针对农村文化经济发展的相关政策时,应综合考虑农村的实际状况和经济发展需求。唯有对政策法规进行相应调整,使其符合创意生态需要,才能推动创意经济发展。

社会信任和闽台创意农业合作绩效之间关系的标准化路径系数为-0.22,对闽台创意农业合作绩效的影响程度未达到显著性水平,因此社会信任对闽台创意农业合作绩效不具有显著正向影响,假设H1c没有得到支持。信任是商业交易得以顺利展开的重要保障,但本书的实证研究结果拒绝了假设H1c,可能是因为调研数据的质量存在问题,也可能是因为在闽台创意农业合作中,社会信任发挥的作用还未充分显现。

7.1.3.2　台湾农民创业园管委会维度下决策潜变量对闽台创意农业合作绩效的影响程度最显著

从实证研究结果可知,决策和闽台创意农业合作绩效之间关系的标准化路径系数为0.43,决策对闽台创意农业合作绩效具有显著正向影响,假设H2a得到支持。因为决策对闽台创意农业合作绩效的影响系数大于组织、领导和控制,所以决策成为台湾农民创业园管委会维度下对闽台创意农业合作绩效影响最显著的因素。决策是计划的核心部分,职能部门在做出管理决策前,应全面分析组织所面临的问题,明确管理目标。闽台创意农业合作中,台湾农民创业园管委会作为创意农业合作项目的管理部门,不仅要对创意农业发展模式有充分认识,而且要有的放矢,制定适合园区实际情况的发展战略。

组织和闽台创意农业合作绩效之间关系的标准化路径系数为-0.47,即组织对闽台创意农业合作绩效的影响程度未达到显著性水平,因此组织对闽台创意农业合作绩效不具有显著正向影响,假设 H2b 没有得到支持。相关研究显示,组织职能在管理团队建设中具有重要推动作用,但这一观点并未在本书研究中得到支持,原因可能是调研数据的质量存在问题,也可能是用于测量组织潜变量的题项设置不够合理。

领导和闽台创意农业合作绩效之间关系的标准化路径系数为 0.20,领导对闽台创意农业合作绩效具有显著正向影响,假设 H2c 得到支持。领导潜变量的测量题项由两个方面组成:一方面是台湾农民创业园管委会闽台创意农业合作项目负责人的经验、能力和领导艺术,这三种素质是实现有效领导的关键;另一方面是台湾农民创业园管委会闽台创意农业合作项目成员的综合素质和责任感,这是实现组织目标的重要保障。

控制和闽台创意农业合作绩效之间关系的标准化路径系数为 0.26,控制对闽台创意农业合作绩效具有显著正向影响,假设 H2d 得到支持。控制是管理的四个核心步骤的最后一个,其主要目的是协调组织成员的活动。闽台创意农业合作的很多项目存在"重引进,轻跟进"的问题,缺乏必要的控制和监督机制,有待改善。

7.1.3.3 台资创意农业企业维度下营销潜变量对闽台创意农业合作绩效的影响程度最显著

从实证研究结果可知,资源和闽台创意农业合作绩效之间关系的标准化路径系数为 0.06,对闽台创意农业合作绩效的影响程度未达到显著性水平,因此资源对闽台创意农业合作绩效不具有显著正向影响,假设 H3a 没有得到支持。在测量模型检验环节,资源潜变量有 4 个测量指标通过检验,各测量指标均能在较高程度上解释资源的变异。出现这个研究结果的原因可能是多数台资创意农业企业认为资源因素与企业发展密切相关。

产业和闽台创意农业合作绩效之间关系的标准化路径系数为 0.17,产业对闽台创意农业合作绩效具有显著正向影响,假设 H3b 得到支持。可见,创意农业产业集群和产业规模等会影响闽台创意农业合作绩效,打造富有竞争力的产业集群成为提升闽台创意农业合作绩效的有效措施。

技术和闽台创意农业合作绩效之间关系的标准化路径系数为 0.28,技术对闽台创意农业合作绩效具有显著正向影响,假设 H3c 得到支持。创意农业生产环节融合多个领域技术,技术是推动创意农业发展的重要引擎。闽台创意农业合作中,台资创意农业企业若能驾驭创意农产品生产所需的技术,并持续革新,保持技术领先优势,扩大技术溢出效应,带动地方经济发展,将有助于促进闽台创意农业合作绩效的提升。

营销和闽台创意农业合作绩效之间关系的标准化路径系数为 0.44,营销对闽台创意农业合作绩效具有显著正向影响,假设 H3d 得到支持。因为相较于资源、产业、技术和文化,营销对闽台创意农业合作绩效的影响系数更大,所以营销成为台资创意农业企业维度下对闽台创意农业合作绩效影响最显著的因素。为提升闽台创意农业合作绩效,台资创意农业企业应充分重视营销的作用。

文化和闽台创意农业合作绩效之间关系的标准化路径系数为 -0.01,文化对闽台创意农业合作绩效的影响程度非常微弱,未达到显著性水平,据此可以判断文化对闽台创意农业合作绩效不具有显著正向影响,假设 H3e 没有得到支持。产生这一结论的原因可能是文化潜变量主要对台资创意农业企业运行绩效存在影响,而对闽台创意农业合作绩效的影响十分微弱。

7.1.3.4 闽台创意农业合作能力维度下的潜变量技术创新能力对闽台创意农业合作绩效的影响程度最显著

从实证研究结果可知,文化创意能力和闽台创意农业合作绩效之间关系的标准化路径系数为 0.19,文化创意能力对闽台创意农业合作绩效具有显著正向影响,假设 H4a 得到支持。文化创意被认为是知识经济的核心,是推动创意经济发展的动力源。对创意农业企业而言,文化创意能力是其创新能力的重要组成部分,创意农产品在嵌入文化创意元素之后,其产品内涵得到显著提升,现有消费者和潜在消费者购买的欲望被进一步激发,产品市场需求不断扩大,销售收入持续提升,企业获得可观的经济回报。取得经济收益是闽台创意农业合作得以开展的根本动因。文化创意能力与创意农业企业经济收益具有紧密联系的现实,充分说明文化创意能力对闽台创意农业合作绩效存在显著影响的研究结论与实际情况相符,具有逻辑上的一致性。

技术创新能力和闽台创意农业合作绩效之间关系的标准化路径系数为 0.36,技术创新能力对闽台创意农业合作绩效具有显著正向影响,假设 H4b 得到支持。技术创新能力和企业发展绩效之间的关系已经得到充分论证。本书关于技术创新能力和闽台创意农业合作绩效之间关系的假设,不仅得到相关文献支撑,而且通过实证检验,说明技术创新能力在闽台创意农业合作中扮演着重要的角色,其作用不容忽视。此外,实证研究结论显示,技术创新能力对闽台创意农业合作绩效的影响程度大于文化创意能力和合作协同能力,技术创新能力成为闽台创意农业合作能力维度下对闽台创意农业合作绩效影响最显著的能力。

合作协同能力和闽台创意农业合作绩效之间关系的标准化路径系数为 0.34,合作协同能力对闽台创意农业合作绩效具有显著正向影响,假设 H4c 得到支持。福建和台湾地区为实现资源共享、优势互补、风险共担等目标,在技术、资金、信息、人才交流等方面紧密往来,共同发展创意农业。在合作过程中,双方能否有效协同,并在机会把握、资源整合、信息共享和沟通协作等方面默契配合,将直接影响两地创意农业合作成效。此外,合作协同还有利于创意农业产业园区内创意生态的形成,创意生态被认为是评价创意经济能否持续增长的重要指标。

7.1.4 中介作用检验结果分析

本书依据相关研究成果指出,在闽台创意农业合作影响因素和闽台创意农业合作绩效之间可能存在中介变量,即闽台创意农业合作影响因素对合作绩效的影响通过中介变量实现。为揭示这种内在规律,本书提出闽台创意农业合作能力构念,将其设置为中介变量,由文化创意能力、技术创新能力和合作协同能力3种能力组成,并作出相应假设。实证研究结果显示,有关中介作用的3个假设全部得到支持。

7.1.4.1 环境维度通过闽台创意农业合作能力的中介作用影响合作绩效

在环境维度和闽台创意农业合作绩效关系的全模型检验中,基础设施和政策法规这两个潜变量获得通过,进入中介作用检验环节。检验结果显示,文化创意能力、技术创新能力、合作协同能力在基础设施、政策法规同闽台创意农业合作绩效的关系中起中介作用,进而可推知闽台创意农业合作能力在环境维度和闽台创意农业合作绩效的关系中起中介作用,假设H5a得到支持。对这一结论可作如下解释:一方面,基础设施潜变量下的创意农业产业园区、土地供给、劳力供给和技术供给等指标作为基础要素,为闽台创意农业合作中的文化创意、技术创新和合作协同等提供支撑,使闽台创意农业合作能力维度下的三种能力逐步增强,这三种能力对台资创意农业企业和福建地方经济发展的贡献程度不断提高,进而提升闽台创意农业合作绩效。另一方面,政府在创意农业企业土地使用、银行贷款、财政补贴、知识产权等方面出台的相关政策法规,也有助于闽台创意农业合作能力的提升。

7.1.4.2 台湾农民创业园管委会维度通过闽台创意农业合作能力的中介作用影响合作绩效

在台湾农民创业园管委会维度和闽台创意农业合作绩效关系的全模型检验中,决策、领导和控制潜变量获得通过,进入中介作用检验环节。检验结果显示,文化创意能力、技术创新能力、合作协同能力分别在决策、领导、控制同闽台创意农业合作绩效的关系中起中介作用,进而可推知闽台创意农业合作能力在台湾农民创业园管委会维度和闽台创意农业合作绩效的关系中起中介作用,假设 H5b 得到支持。对这一结论可作如下解释:文化创意能力下包括文化融合能力、文化设计能力、品牌营运能力和创意产业化能力,技术创新能力下包括企业内部研发能力、企业新技术消化吸收能力和企业新技术产品开发能力,合作协同能力下包括资源整合能力、沟通协作能力、机会把握能力和风险防范能力。在对闽台创意农业合作项目管控的过程中,通过台湾农民创业园管委会行之有效的决策、领导和控制,以上各种能力都将得到培育和提升,进而更好地作用于闽台创意农业合作绩效的提升上。

7.1.4.3 台资创意农业企业维度通过闽台创意农业合作能力的中介作用影响合作绩效

在台资创意农业企业维度和闽台创意农业合作绩效关系的全模型检验中,产业、技术和营销潜变量获得通过,进入中介作用检验环节。检验结果显示,文化创意能力在产业、技术、营销同闽台创意农业合作绩效的关系中不具有中介作用,但技术创新能力、合作协同能力分别在产业、技术、营销同闽台创意农业合作绩效的关系中起中介作用。总体而言,闽台创意农业合作能力在台资创意农业企业维度同闽台创意农业合作绩效的关系中起中介作用,假设 H5c 得到支持。对这一结论可作如下解释:文化创意能力的中介作用不显著,说明文化创意能力可能不是中介变量,而是闽台创意农业合作绩效的直接影响因素。技术创新能力的中介作用显著,说明产业、技术和营销潜变量与技术创新能力具有紧密联系。产业通过产业集群的功能影响技术创新能力,产业集群的构建促进园区内创意农业企业间的技术交流,进而提升企业技术创新能力。技术潜变量主要用于测量台资创意农业企业能否驾驭创意产品生产所需的相关领域技术,并进行持续革新,这正是技术创新能力的体现。营销潜变量主要用于测量闽台创意农业合作项目市场前景及台资创意农业企业营销水平,有效的营销策略是创意农业项目获取经济回报的重要保障,而经济收益又是创意农业企业技术创新项目的主要资金来源,会影响技术创新能力。合作协同能力的中介作用显著,说明产业、技术和营销潜变量影响合作双方的资源整合能力、沟通协作能力、机会把握能力和风险防范能力,进而作用于闽台创意农业合作绩效。

7.2 提升闽台创意农业合作绩效的对策分析

闽台创意农业合作的主要形式是福建通过提供相应的硬、软件设施支持,吸引台湾地区的资金进入福建创办的创意农业企业,逐步形成创意农业产业集群,实现闽台创意农业合作的生产效应、技术提升效应、经济效应、品牌效应、就业效应、生态效应、产业带动效应和满足市场需求效应等多方面的效应。从上述实证结果分析可知,政策法规是闽台创意农业合作环境维度中对闽台创意农业合作绩效影响最显著的因素,决策是台湾农民创业园管委会维度中对闽台创意农业合作绩效影响最显著的因素,营销是台资创意农业企业维度中对闽台创意农业合作绩效影响最显著的因素,文化创意能力、技术创新能力和合作协同能力均对闽台创意农业合作绩效具有显著正向影响,并且闽台创意农业合作能力在闽台创意农业合作环境维度、台湾农民创业园管委会维度、台资创意农业企业维度同闽台创意农业合作绩效的关系中起中介作用。针对以上实证结论,本书提出如下提升闽台创意农业合作绩效的对策和建议。

7.2.1 政府应进一步完善相应的政策法规,为闽台创意农业合作提供支持

台湾农民创业园已经成为各省市开展对台农业合作,特别是创意农业合作的重要载体。为更好地支持台湾农民创业园工作,政府部门每年都密集推出多项支持台湾农民创业园建设的相关政策,以促进台湾农民创业园健康有序发展。当前,我国已经设立29个国家级台湾农民创业园,其中,福建设有6个,江苏设有5个,浙江和广东各设有3个,安徽和四川各设有2个,山东、广西、黑龙江、云南、湖北、湖南、河南、重庆等地各设有1个。根据台湾农民创业园的分布情况来看,福建的数量最多,原因是福建同台湾地区农业合作由来已久,具有与台湾地区地理位置相近、气候相宜、民俗相通等

优势,且福建与台湾地区农业合作长期得到政策支持。但从比例上看,福建省台湾农民创业园数量仅占总数的20%,这说明其他省份,尤其是沿海的江苏、广东、浙江等地也希望同台湾地区展开农业领域合作,力图通过优惠政策吸引台湾地区的资金、优良品种、先进技术、现代管理模式等进入本地农业。然而,台湾地区的农业生产要素总量是有限的。因此,各省市在吸引台湾地区农业发展要素上存在竞争关系。依据实证研究结果,福建省政府应进一步完善相应政策法规,为闽台创意农业合作提供良好环境。

7.2.1.1 构建创意农业发展金融支持体系

发展创意农业,符合保护农村生态环境、增加农民收入、实现农村经济转型的现实要求。我国市场巨大,创意农业需求强劲,闽台创意农业合作具有广阔前景。创意农业运营模式有别于传统农业,要求通过提升农业科技含量、融合地域文化资源等方式实现规模生产,并不断提高市场占有率,获取经济效益,这些方面都需要大量资金支持。此外,新品种培育、品牌推广等环节,也需要投入大量资金。然而,在闽投资创意农业的主体以中小企业和台湾地区农民为主,这些企业和个人大多资金有限,难以展开大规模的长期投资,迫切需要资金支持。信贷是企业获得发展资金的主要方式,但在福建的台资创意农业企业由于缺少必要的抵押物,大多面临融资难问题。另外,银行对台资创意农企的放贷周期通常为1年,导致企业难以投资收效周期长的产业。现代市场经济条件下,所有行业的培育和发展都离不开金融机构的支持,创意农业也不例外。传统农业由于存在收益劣势,融资供给不足,而创意农业拥有完整的产业链和一定产业基础,能够通过地域资源开发实现价值增值,有利于获得金融机构信贷支持。鉴于此,构建完善的创意农业金融支持体系,使台资创意农业企业获取必要的发展资金,是十分必要的。

(1)建立创意农业金融支持组织体系

地方政府可通过整合社会资本,设立创意农业银行、创意农业信贷担保机构等,重点发放小额贷款,为台资创意农业企业、闽台创意农业合作项目提供金融支持服务。可由政府主导,探索成立"福建省创意农业投资中心

(公司)",集中运作创意农业发展资金,引导金融资本投资创意农业,参与重点创意农业项目规划、建设和管理,协助政府深入开发各地农耕文化资源,打造创意农业知名品牌。福建创意农业发展资金主管部门、金融机构应与省内各台湾农民创业园紧密合作,重点支持产业关联度大、产业带动效应显著、能促进农民增收、有较大市场潜力和增值空间的创意农业项目。各地可尝试设立创意农业发展合作社,吸引创意农业企业所在地周边农民的闲散资金入股创意农业项目,作为创意农业金融支持体系的重要补充,此举有利于进一步拓展农民投资渠道、增加农民预期收益,并可促使更多人了解、投身创意农业,提升产业知名度、认可度和影响力。

(2)健全创意农业信贷体系

商业银行是创意农业组织的主要融资机构,但为追求利润最大化,基于投资报酬率及风险性等考虑,商业银行普遍不愿对创意农业组织融通充分资金。为增强商业银行对台资创意农业企业支持力度,政府可出台相应政策,规定商业银行每年安排一定比例的创意农业发展信贷资金,同时建立相应机制对商业银行进行补偿。商业银行层面,可通过创意农业信贷制度的创新建设,与台资创意农业企业实现双赢。首先,优化信贷配给结构,从区域、行业、期限等角度对信贷进行配置,对处于发展初期的创意农业采取低息优惠融资、延长贷款期限等做法,将创意农业组织新技术、知识产权、股权等资产作为抵押担保依据。其次,可将创意农业企业贷款转化为债券进入市场流通,控制收益风险,通过为实力雄厚的创意农业企业提供上市咨询,辅助其上市融资等服务,获取相应报酬。最后,加强贷出资金监控和管理,定期检查向银行贷款的台资创意农业企业的财务状况,评估其偿债能力,调整企业授信评价,为削减或追加贷款提供凭据。

(3)创新创意农业风险保障体系

创意农业的基础是农业,具有投资大、投资周期长、收益不确定、风险水平高等经营特征。因此,构建创意农业风险保障体系,完善风险分担机制尤为重要,可从创意农业企业的信用担保与经营风险两方面着手。财产抵押、信用担保是企业获取银行贷款的主要方式,台资创意农业企业普遍缺乏财产担保,为取得贷款,只能采取信用担保方式。可由政府牵头,利用创意农业企业的税收,或政府财政拨款成立信用担保基金,制订创意农业企业担保计划,为申请方提供担保并签订担保合同。此外,为加大对台资创意农业企业的扶持力度,可以通过贷款利息补贴等形式减小台资创意农业企业的融资压力。除信用担保外,创意农业发展还需要得到保险支持,因为其在生产、收获、贮存、加工、运输等环节都潜藏风险。商业性保险机构可根据创意农业行业特征,开发相应保险产品,如出口信用保险、农业艺术品完工险,并确定合理的保险费率,为台资创意农业企业提供高效优质的保险服务。

(4) 完善创意农业融资法律保障体系

台资创意农业企业面临融资困境,既有企业自身原因,也有银行经营制度和现行法律体制等方面的原因。要彻底解决台资创意农业企业融资难问题,除强调商业银行的支持外,还应积极营造能促进创意农业产业发展的法律环境,完善金融机构贷款融资、民间借贷融资、股权融资、票据融资、租赁融资等各项法律制度,规范各种融资中借方和贷方行为,修改现有法律法规中阻碍创意农业融资的有关规定。在众多融资渠道中,商业银行是台资创意农业企业的主要融资机构,因此,应促使商业银行制定"台资创意农企信贷担保管理办法"等,进一步促进台资创意农业企业信用担保体制向制度化和规范化方向发展。

7.2.1.2 健全创意农业知识产权保护法规

创意产品本质上和知识产权存在紧密联系。创意是创意产品的核心,在市场机制作用下,具有创意的产品有比同类普通商品更高的定价,其开发者因此有丰厚回报。为避免抄袭情况的发生,延续开发者热情,需要通过知识产权保护方式,保障创意主体、创意企业的合法收益。知识产权是一种财产权,持有者可以通过交易、许可、融资开发、合作等方式获得收益。创意产业营运过程始终与知识产权紧密相关,故知识产权保护是创意产业产生和存在的基础,也是创意产业发展的动力。我国台湾地区创意产业发展早于我国大陆,创意产业相关知识产权保护体系比我国大陆完善,创意农业领域亦是如此。为保护台商创意农业专利权、新品种育种方法权、商标权、创意农业原产地地域保护权,福建应探索建立完善的创意农业知识产权保护体系,有效提高闽台创意农业合作绩效。

(1)改进台商创意农业知识产权服务工作

江苏省镇江市成立了全国首家台商知识产权与专利保护服务中心,该服务中心成为江苏省保障台资企业知识权益、吸引台商投资的重要平台。福建可效仿江苏,成立台资创意农业企业知识产权与专利服务中心,负责向台湾地区创意农业企业宣传知识产权与专利保护法律法规,拟定针对台商的知识产权与专利保护特殊政策,设立创意农业知识产权与专利专家信息库,为台商提供有针对性的人才服务,为台资创意农业企业在知识产权与专利方面的申请登记、问题处理、法律援助等提供快捷、优质的服务,统一受理台商涉及创意农业专利、新品种育种方法、商标、原产地保护等方面权益的诉讼。

(2)成立知识产权评估中介服务机构

创意农业知识产权评估,是创意农业创新成果转化过程中必不可少的价值度量方式。创意农业知识产权转化是创意农业企业知识产权开发和持续创新的动力与经济源泉,只有创意农业企业创新成果得到应有回报,才会形成创新、使用、收益良性循环的系统。对创意农业企业知识产权进行评估,一方面有利于促进知识产权投资和转让业务的发展,确保知识产权拥有者获得合理收益;另一方面,在创意农业知识产权侵权案发生时,有利于确定产权所有者的经济损失和赔偿金额,保护产权所有人权益。另外,创意农业知识产权经评估的价值,将为知识产权抵押融资提供重要依据。为促进台资创意农业企业已有知识产权转让,带动地方创意农业发展,福建应积极推进创意农业知识产权中介服务机构的建设工作,综合使用成本法、收益法和市场法等传统知识产权评估方法,科学、合理地评估台资创意农业企业所属知识产权价值,为知识产权入市交易、侵权索赔、抵押融资等提供权威依据。

(3)加大创意农业知识产权执法监督力度

在对福建省6个台湾农民创业园实地调研的过程中,台资创意农业企业普遍反映创意农产品市场侵权现象严重,表现为一些企业在购买台企新品种产品后,进行切叶培育,大规模生产后上市销售,或以次充好,并侵犯台资创意农业企业商标权,使台商蒙受极大损失。为有效保障台商权益,在创意农业知识产权立法的基础上,福建应加大执法力度,探索成立创意农业知识产权保护执法小组,由福建省知识产权局负责管理,并推动执法小组与各地政府密切合作,严厉打击侵犯知识产权的违法犯罪行为,加重侵权者民事赔偿责任,对故意侵权且造成严重后果的侵权方,追究相应刑事责任。同时,应加强对执法人员的培训与考核,不断提高执法人员综合素质,确保执法准确性和合法性,还应着力健全各项执法监督机制,规范执法行为,提高执法效率。另外,各地政府应努力消除地方保护主义,做到有法必究,切实保护台商利益。

(4)强化台资创意农业企业知识产权保护主体作用

政府在创意农业知识产权保护过程中具有不可替代的作用,而台商作为创意农业知识产权的所有者,是知识产权保护最重要的主体。政府应加强引导,着力提升台资创意农业企业知识产权保护意识,并辅助其改进有关知识产权保护措施。通过强化企业内部知识产权管理、加大员工教育力度等措施提升知识产权保护水平。另外,可由政府牵头,探索成立台资创意农业企业行业协会。行业协会是企业间的交流平台,应在制定行业知识产权保护策略、企业知识产权保护经验交流、处理会员知识产权纠纷、支持会员企业维权行为等方面发挥积极作用。

7.2.1.3 规范农地流转程序

农地是创意农业生产最根本的要素,农地供给价格直接影响创意农产品的生产成本和销售价格,进而影响创意农产品竞争力。福建吸引台湾地区创意农企落户的主要原因是用地成本较为低廉。随着闽台创意农业合作的深化,土地需求逐步增大,供需矛盾日益凸显,具体表现为:其一,土地供给逐渐紧张,供求难以平衡,需求缺口不断扩大。其二,为吸引台商投资,政府制度性压低农地租赁价格,使农民在土地交易过程中权益受损,引发用地纠纷等一系列问题。其三,地方政府寻租的冲动与行为,增加农地租赁交易成本,抑制农地租赁交易行为。其四,土地产权不清晰等问题阻碍农地流转速度。为确保闽台创意农业合作顺利推进,政府应着力处理好农地问题,具体措施如下:一是要提高农地使用率,严格管控农地闲置比例。二是构建农地流转市场机制,建立农地交易前的价格评定机制、农地交易中的中介服务机制、农地交易后的监督机制,提高农民收益。还可探索农地股份制,鼓励农民以土地为资本入股台资创意农业企业,并按股本比例定期分红,创新农地流转模式。三是规范政府行为,租赁过程做到公平、公正、公开。四是进一步明晰土地产权,推进农地快速、有序流转。

7.2.2 台湾农民创业园管委会应强化决策职能,制定切合实际的发展战略

台湾农民创业园管委会是闽台创意农业合作中的闽方代表,主要任务是负责园区发展规划编制、基础公共设施建设和管理、招商引资和园区内企业服务管理、园区投资优惠政策拟定、园区环境保护和安全生产监督管理、社会事业和公共事业管理等工作。第 6 章的实证研究结果显示,台湾农民创业园管委会维度中的决策、领导和控制 3 个因素对闽台创意农业合作绩效具有显著正向影响,其中决策因素对闽台创意农业合作绩效的影响最显著。因此,台湾农民创业园管委会应重点关注管理过程中的决策环节,全面认识创意农业内涵、发展模式、发展影响因素和台湾地区创意农业主要特征,提高对闽台创意农业合作项目的了解程度,并在此基础上,制定适合园区情况的发展战略,着力推进园区内创意农业企业的孵化与培育,推动创意农业集群网络建设。

7.2.2.1 推进创意农业企业的孵化与培育

创意农业生产组织载体以中小企业为主,这些企业具有规模小、组织结构扁平、运营模式独特等特征,创意农业企业以点、线、面等形式结合后形成产业集群。因此,构建台资创意农业产业集群的首要任务是孵化与培育中小创意农业企业。台湾农民创业园管委会可借助企业孵化器功能,重点培育中小型台资创意农业企业。依据企业孵化器概念,结合创意农业特点,可将创意农业企业孵化器表述为一种提供实物或服务的空间。该空间以一些场所和政策法规为依托,吸引一定数量的中小创意农业企业落户,通过整合各种创新创业资源,提供一系列管理和资源网络支持,促成客户从交易中获

益,在帮助和促进新创企业成长与发展的同时,实现孵化器的价值。

(1)制订适宜创意农业企业发展的培育计划

全面掌握中小企业孵化和培育流程,充分了解企业成长规律,是制订科学合理、适宜台资创意农业企业发展的培育计划的关键。台湾农民创业园管委会可根据台资创意农业企业所处的发展阶段,制定相应的财政补贴、税收优惠等扶植政策,合理配置资源,提供管理咨询及市场信息服务,提高企业运行效率及抗风险能力。管委会还可通过聚合各种生产要素,不断完善园区内龙头企业的辐射功能,吸引更多相关企业集聚。

(2)塑造产业集群文化

与公司一样,集群发展同样需要文化。文化是产业集群不可或缺的组成部分,优秀的集群文化有助于营造良好的商业环境,促进集群内企业凝聚力、向心力和约束力的形成,是集群发展不可缺少的精神力量和道德规范。集群文化包括物质文化、行为文化、制度文化和精神文化。台湾农民创业园管委会可根据集群文化内涵,有步骤地在创意农业产业集群培育大家共同认可的产业文化,创建一套集群企业共同遵守的行为规范,促进企业间互相信任和交流,加快新思想、新观念和新信息的扩散速度。

(3)完善风险投资机制

除寻求金融支持外,台湾农民创业园管委会还可考虑引入风险投资基金,不断拓展创意农业企业获取资金的渠道,推动创意农业产业集群建设。首先,应健全多元化风险投资中介体系建设,改造、新增一批风险投资中介服务机构,使其服务于创意农业企业、创意农业发展项目、风险投资机构和风险投资家,建立起涵盖资本、信息、技术、人才和产权交易等生产要素的市场交易服务体系。其次,应建立相应的风险资金退出机制。农业高新科技风险投资成功率一般只有10%～20%,投资风险很高。创意农业是投资周期长、收益不确定、科技含量高的行业,这种特性使得创意农业投资具有较高的潜在风险。因此,应研究建立有效的风险资金退出机制,确保投资增值并控制损失。

7.2.2.2 加强创意农业产业集群网络建设

产业集群网络是指在特定区域内,存在竞争与合作关系的企业和相关机构,通过纵横交错的网络关系紧密联系在一起的空间聚合体,具有地理集中性、网络化互动和合作、创新系统完善、新企业快速成长、竞争优势明显等特征。产业集群网络结构由分工网络、交易网络和社会网络三个子网络组成,包含众多具有分工合作关系的企业、制度生产机构、中介机构、知识生产机构。集群网络构成单元基于发展诉求,通过建立复杂的互动关系体系,不断增加自身和集群网络的资源积累,为持续发展提供有力支撑。根据以上分析,加强创意农业产业集群网络结构建设,将有助于提升创意农业产业集群的竞争力。

(1)优化分工格局,扩大创意农业分工网络

产业集群分工网络是集群最核心的网络,其实质是集群内部企业基于自身需求建立各种合作关系,并在产品生产环节逐渐形成的分工体系。整体性结构形态是专业分工网络的主要特征。目前,福建创意农业产业集群的发展还处于初级阶段,存在适应外部经济环境变化能力不足、分工网络柔性不够、技术创新能力不强等特征。为推动闽台创意农业合作中产业集群的健康发展,需要优化创意农业产业集群内部分工格局,逐步建立整体性的专业分工网络。一是从政策层面入手,借鉴发达国家和地区创意农业成功发展的经验,制定合理政策,引导、优化分工网络结构。二是引导集群网络向精细化分工方向发展,推动分工网络升级和扩展,实现规模经济效应和范围经济效应。三是打破集群边界,加强集群企业同外部机构的合作,获取更多外部资源,使创意农业产业集群逐步融入全球价值链中。

(2)推动创意农业产业集群交易网络建设

产业集群交易网络与集群内各要素流动密切相关,是确保集群内部企业资本、产品、信息、技术等生产要素进行交易与共享的重要平台。集群交易网络以分工网络所形成的架构为基础,在交易网络中,不同行业、不同性质的企业既是竞争者也是合作者。政府应努力推动集群交易网络平台建设,使产业集群网络内的主体能及时交流信息,比如,目前,台湾农民创业园

的门户网站已经成为创业园招商引资、园内企业向外推广产品的重要渠道。门户网站在加快信息流动速度、减少信息不对称带来的不确定性、实现网络参与者信息快速共享等方面发挥着重要作用。除交易平台建设外,还应鼓励创意农业企业拓展视角,主动融入国际产业链,推动交易网络不断向外扩张。

(3)强化产业集群社会关系网络建设

产业集群内部和外部充斥着各种非正式的制度和组织。非正式组织与正式组织的主体一样,由集群内外企业与各种机构组成,这些主体之间在超越正式制度之外所形成的关系,被称为集群社会关系网络体系。产业集群社会关系网络既包括企业家之间的个人关系网络,还包括企业与政府部门、金融机构、供应商、经销商、客户等之间的人际关系、合作关系、信用关系等关系网络。创意农业产业集群社会关系网络的构建,有利于加强企业之间的合作,对促进企业之间互借资金、共同采购原料、共同销售、共享信息、开展创新合作等有积极作用,将有效淡化企业边界,降低交易费用。强化创意农业产业集群关系网络建设,信任是关键,可探索建立诚信合作群体监督机制,为集群内信任氛围的培育提供有力保障。可尝试开发一套包含多种功能,如信任存储、信任关系建立、在线信任推荐操作、信任综合监管等的创意农业企业信任管理网络系统,为集群内外企业、金融机构、政府、中介机构等各类组织提供服务。此外,还应出台针对产业集群成员诚信合作与恶意失信行为的奖励与惩罚措施,进一步完善信任体系。

7.2.3 台资创意农业企业应加强营销,着力提升品牌知名度

市场是创意农业实现商业价值的主要途径,市场消费拓展是发展创意农业的重要环节。台资创意农业企业应积极打造具有地方特色的创意农业品牌,并及时跟进消费者需求的发展趋势,有针对性地开发具有较高文创元素和较大市场潜力的创意农产品,不断提升企业盈利能力和市场竞争力。

7.2.3.1 重视创意农业品牌建设

打造创意农业知名品牌并利用品牌效应吸引消费者,是创意农业开拓市场的有效方式。品牌作为一种独有资产,与创意农业企业生存和发展息息相关,能够为创意农业企业吸引消费者购买、赢得顾客忠诚、提升市场盈利能力提供关键支持。品牌是企业实现销售增长的重要保障,成功的品牌有助于降低销售对价格的依赖程度,有助于企业建立核心竞争力,因此,创意农业品牌建设至关重要。

(1)严格管控创意农产品质量

质量是品牌的生命力,只有质量达标的产品,才有建设品牌的意义。我国很多农产品的产量都排在世界前列,但国际竞争力却不强,这与农产品质量不高有直接关系。因此,打造创意农业知名品牌的首要任务是提高创意农产品质量。台资创意农业企业可引入台湾地区先进的产品质量管理经验,严格控制产品研发、加工、工艺操作、包装运输和销售环节,确保创意农产品的产品质量,积极塑造良好的产品形象。

(2)整合现有品牌

品牌注册是创意农业品牌化的初始环节,闽台创意农业合作中,台资创意农业企业应结合自身优势制订创意农产品发展规划,有计划地开发和培育创意农业品牌,注册一批具有地方特色和较强竞争力的创意农业品牌。已经拥有较多注册品牌但缺乏知名品牌的企业,应整合现有品牌,重点开发市场前景好、发展潜力大和市场占有率高的强势品牌。

(3)注重品牌管理

品牌管理是品牌建设的重要环节,台资创意农业企业在创建品牌之后,应加强品牌管理。品牌管理的主要目标是维持品牌一致性,台资创意农业企业在创意农产品不断推陈出新的过程中,要注意保持产品理念和风格的一致性,在销售现场、售后服务、服务态度和企业公关等营运环节,都要传递出一致性,保持和维护品牌的完整性。此外,台资创意农业企业还应参加各类品牌评选活动,不断提升品牌影响力。

7.2.3.2 强化营销意识,提升创意农业品牌知名度

营销是提高创意农业品牌知名度、实现创意农业价值的重要手段。只有通过营销活动,让消费者了解创意农产品,吸引消费者购买,才能实现创意农业的市场价值。另外,营销还是创意农业企业提升竞争力的重要手段。虽然创意农业处于快速增长阶段,市场潜力巨大,但其他替代品不断涌现,对创意农业的发展造成不利影响。因此,台资创意农业企业应加强品牌营销,通过有效的营销手段提升创意农业品牌知名度。

(1)选择合适的目标市场

创意农业企业资源的有限性和消费者需求的差异性,决定了创意农业企业不可能生产出满足所有消费者需求的产品。因此,创意农业企业应综合评估自身资源与能力,选择适宜的细分市场,开发能满足细分市场需求的产品,并利用微信、短视频平台、微博等新媒体展开有效营销,不断提升市场占有率。在选择目标市场时,应重点考虑市场的获利空间,用市场规模、行业前景、竞争对手实力、自身能力等指标对市场获利空间进行全方位评价。面对创意农业产品同质化严重的现状,台资创意农业企业应着力开发特色创意农产品,以满足消费者个性化需求,取得竞争优势。

(2)明确合理的市场定位

市场定位是指企业通过差异化手段,使产品或服务在消费者心中占有独特位置。市场定位是营销的重要环节,准确的市场定位能够为企业带来可观的经济收益。市场定位的关键在于确立产品或服务的差异化特性,使其具有比竞争对手更加突出的功能,从而更好地满足消费者。因此,台资创意农业企业在开发创意农产品时,应有效融合文化、科技元素和消费者需求,重点生产富含文创元素、能激发消费者购买欲望的高质量产品,促使产品、企业的市场吸引力和竞争力获得同步提升。

(3)构建完善的反馈机制

与消费者建立密切联系,构建完善的反馈机制,是获取消费者产品评价的重要手段,也是提高消费者忠诚度的有效措施。一方面,消费者意见能够为产品改进提供依据,同时,充分的互动有助于强化消费者信任,进而增强

消费者再次购买企业产品的意愿。另一方面,消费者的疑问和抱怨也暗藏商机,其所内含的需求缺口是新产品开发的重要依据。因此,台资创意农业企业在新产品开发过程中,应注重收集消费者未得到满足的需求,有针对性地开发创意农产品,提高新产品开发的成功率。

7.2.4 合作各方应协力培育创意农业合作能力

实证研究结果显示,闽台创意农业合作能力在环境维度、台湾农民创业园管委会维度、台资创意农业企业维度同闽台创意农业合作绩效的关系中均起中介作用,这说明以上3个维度对闽台创意农业合作绩效的影响有部分是通过闽台创意农业合作能力实现的。因此,闽台创意农业合作过程中,政府、台湾农民创业园管委会和台资创意农业企业应采取有效措施,推动闽台创意农业合作,不断提升文化创意能力、技术创新能力和合作协同能力,强化这3种能力的中介效应,促进闽台创意农业合作绩效的提升。

7.2.4.1 有效提升文化创意能力

根据马斯洛需求层次理论,社会经济越发达,消费者生活品质与文化需求越高级。在收入水平持续提升的背景下,公众对文化产品的需求逐渐增多,蕴含特定文化元素的创意产品备受青睐。创意农业作为创意产业的组成部分,应抓住创意产业的本质,加强农业文化发掘和转化赋形能力,通过赋予农产品丰富的文化内涵与创意,更好地满足消费者精神层面的需求。为提升创意农业竞争力,闽台两地可通过塑造创意氛围、培养创意农业人才和强化农业文化资源开发能力等措施来增强文化创意能力,推动提升创意农产品附加值和市场影响力。

(1)塑造良好的创意氛围

创意氛围是一种空间概念,指的是建筑群、城市,甚至整个区域,包括激发创意点子与发明的一切软件和硬件设施。城市中诸如集会场所、文化设施等是促使创意氛围形成的硬环境,而存在于硬环境中的各种关系结构、社交网络、人际互动等是软环境,其主要功能在于巩固并促进个人与机构间的创意流通。创意氛围是影响一个地区文化创意能力的重要因素,良好的创意氛围不仅有助于吸引创意农业人才集聚,还有助于提升地区农业文化资源开发能力。闽台创意农业合作中,合作主体应努力营造适宜创意农业发展的氛围,积极打造良好的硬、软环境。可以通过提高公共空间景观设计水平和文化元素含量,不断增强城市人文气息,从而激发更多的新创意和新发明,促进创意农业持续向前发展。

(2)加快创意农业人才培养

创意农业人才的培养主要有以下3种做法。一是学历教育。普通高校是培养创意农业人才的重要基地,虽然福建省还没有专门培养创意农业专业学生的高校,但福建师范大学、福建农林大学、福建江夏学院、闽江学院、厦门理工学院、厦门大学嘉庚学院、武夷学院、阳光学院等院校均设有文化产业管理专业。政府可充分利用这些院校的教学资源,出台相应政策,设立创意农业专业发展专项资金,引导其在文化产业管理专业内设置创意农业培养方向,培养可供创意农业产业发展的艺术人才、设计策划人才、技术人才和经营管理人才,提高福建省创意农业人才供给。在培养过程中,高校应加强同创意农业企业的合作,增加学生实践机会。此外,同台湾地区高校联合培养创意农业人才也是可行的模式。二是培训,对创意农业企业而言,培训是提高员工专业知识、技能水平的现实做法。创意农业企业可与高校、政府或相关培训机构合作,通过系统性、实战性的专业培训,提高员工从业水平,满足公司发展需要。三是资格认证,对创意农业从业人员展开资格认证,是培养创意农业人才的重要手段。政府可顺应创意农业发展需要,进行与创意农业产业相关的职业技能鉴定,为符合要求的创意农业人才颁发资格证书,推动创意农业人才市场向规范化方向发展。

(3)提升农业文化资源的开发能力

农业文化指农业生产实践过程中创造出来的与农业有关的物质文化、精神文化的总和。物质文化指文物古迹、建筑设施、观光园区和自然风景等。精神文化指生产习俗、岁时节令、游艺竞技、手工技艺和文学艺术等。

对现有农业文化资源进行开发,是闽台创意农业合作的重要内容。合作双方可通过以下4个方面的措施,提升农业文化资源开发能力。一是深化农业文化开发理论研究。闽台应进一步拓展交流渠道,联手两地学会与协会,广泛开展各种研讨会、展销会和农业文化节,深入探讨农业文化开发思路和模式,以及开发过程的项目管理问题。二是规范农业文化开发程序。应按照成熟做法,有序推进文化资源开发工作,遵循评估、规划、推广和开发等步骤,有针对性地设计、开发福建农业文化资源。三是重点开发农业文化旅游项目。福建农业文化资源丰富,台湾地区在农业文化资源开发、运营能力方面具有明显优势,闽台应加强合作,联手开发满足消费者多元需求的农业文化旅游产品。此外,还应加强农业文化与动漫、食品、生活用品、艺术品等的融合,开发具有较高附加值的创意农业衍生品。四是注重农业文化资源的可持续运营。闽台在合作开发农业文化资源、发展创意农业过程中,应依据保留和内涵式发展的基本原则,实现闽台创意农业可持续发展。

7.2.4.2 有效提升技术创新能力

创意农业之所以被称为新型农业发展模式,是因为它突破了传统农业发展思路,坚持引入前沿技术实施产品生产,以获取超额收益。因此,提高创意农业技术供给水平、创意农业研发能力,是实现创意农业高质量发展的关键。但在闽台资创意农业企业以中小规模企业为主,存在研发经费有限、研发能力偏弱等共性特征,难以在关键技术领域获得突破。虽然一些大型创意农业企业拥有雄厚的资金和完善的研发队伍,但大多数这类企业将研发基地设在台湾地区,且同福建企业、高校和科研机构合作开展技术研发的意愿有限。为推动两地技术合作,政府应发挥好桥梁、纽带作用,推动建立适合闽台创意农业合作的官产学研合作体系。

(1)构建产学研相结合的创意农业技术研发网络

产品研发环节主要由基础研究、应用研究、试验开发研究三个阶段组成。基础研究不以特定方向为目标,主要是为认识和发现规律提供知识;应用研究是为市场化和商业化做准备的,主要目标是实现特定用途;试验开发研究是为满足特定市场需求,以经济收益为目的进行的工艺技术和产品开发。产品研发的最终目的是为人类知识的扩充与升级、技术商业化奠定基础。长期以来,我国大陆的基础研究主要由政府投资的非营利性组织完成,如高校、科研机构,这些组织已经积累大量研究成果,基础研究实力雄厚,但在应用研究、试验研究等方面较为薄弱;我国台湾地区农业企业在应用研究、试验研究等方面积累了丰富经验。创意农业技术研发高度依赖基础研究,为减少研发环节投入,台资创意农业企业可与福建高校及科研机构合作,形成利益共同体,利用福建现有基础研究成果,并充分发挥自身在应用研究、试验开发研究等方面的优势,推动创意农业前沿技术开发,形成产学研相结合的创意农业技术研发网络。

(2)强化台资创意农业企业研发能力

台资创意农业企业可通过一系列措施提升研发能力。一是制定符合企业特点的人力资源发展战略,努力提升内部员工知识水平,并有针对性地招收具有不同知识和技能的外部员工,增强员工知识多样性。二是拓展员工获取外部知识的途径,支持员工参加技术交流、管理培训、行业会议,并鼓励员工在职攻读更高层次的学位。此外,应为研发、生产、销售等部门的员工创造条件,使其与消费者开展充分交流,获取市场最新需求动向,增强产品创新的针对性和精准性,从而提升新产品开发的成功率。三是制定有效的激励政策,对在产品设计、技术研发、新品种培育等方面作出突出贡献的个人、团体、组织进行相应奖励,提高员工参与创新的积极性。四是每年安排一定比例的资金用于开发新技术,保持企业在技术上的领先优势。

(3)增强创意农业技术研发的柔性

研发柔性指在研发活动中,企业能根据内外部环境变化,及时投入一定时间和资金调整研发系统,使其适应环境变化,研制出在未来仍能满足市场需求的技术产品的能力。创意农业技术研发与其他领域的前沿技术创新一样,需要长期坚持及大量资源投入,而跨度较长的创新往往面临较大不确定性,如核心人员流出、市场需求转向、新竞争对手出现等,都会对研发项目的顺利推进造成不利影响。为应对研发过程中的各种挑战,以及可能出现的内外部环境变化,台资创意农业企业应重视提高技术研发的柔性。通过缩短研发周期、稳定核心研发队伍、及时跟进市场需求动态等策略,有效提升技术研发的成功率。

7.2.4.3 有效提升合作协同能力

协同指协调两个或者两个以上的不同资源或者个体,协同一致地完成某一目标的过程或能力。协同的益处是使生产资料得到更充分的利用,实现协同目标,从而提高生产率,并且扩大市场容量。闽台创意农业合作中,合作双方为实现资源共享、优势互补和风险共担等特定目标,在技术、资金、信息和人才交流等方面密切往来,建立超越正常程度的市场关系。从物质层面来看,这种合作关系的建立,是为了使生产资料能在更大范围内调配,并获得更多人力投入。为扩大合作协同能力的中介效应,在闽台创意农业合作过程中,应加强政府部门、台湾农民创业园管委会和台资创意农业企业之间的沟通协作。

(1)加强台湾农民创业园管委会和其他政府部门之间的沟通协作

为推动福建和台湾地区顺利进行各项经济往来,福建省政府出台了大量吸引台商投资的优惠政策,在已有政策中,有关推进闽台农业合作的扶持政策较为完善,但与两地创意农业合作相关的扶持政策相对不足。为促进两地创意农业合作快速发展,应首先加强调研,全面了解闽台创意农业合作实情及面临的困难和挑战,出台一批行之有效的扶持政策。在政策制定过程中,相关政府部门与台湾农民创业园管委会的沟通至关重要,因为台湾农民创业园管委会是与台资创意农业企业直接接触的部门,全面掌握着园区内台企的经营情况,且充分了解园区创意农业产业的发展状况。因此,相关政府部门应深化与台湾农民创业园管委会的沟通和协作,及时了解闽台创意农业合作中存在的问题,如创意农业企业融资难问题、创意农业企业与农户之间的用地纠纷问题、创意农业企业用工难问题等,推动出台更加合理且更有针对性的政策。

(2)强化台湾农民创业园管委会和台资创意农业企业之间的管理协同

台湾农民创业园管委会是闽台创意农业合作中的闽方代表,主要任务是负责园区发展规划编制、公共基础设施建设和管理、招商引资和园区内企业服务管理、园区投资优惠政策拟定、园区环境保护和安全生产监督管理、社会事业和公共事业管理等工作。第 6 章的实证研究结果显示,台湾农民创业园管委会维度中的决策、领导和控制三个因素对闽台创意农业合作绩效具有显著正向影响。因此,强化台湾农民创业园管委会管理职能,对提升闽台创意农业合作成效大有裨益。应推动建立台湾农民创业园管委会与台资创意农业企业的沟通协作机制,促使台湾农民创业园管委会及时知晓台资创意农企发展动态,以及合作面临的新难题和新挑战,进一步增强台湾农民创业园管委会决策、领导和控制职能的针对性和有效性,助推闽台创意农业合作取得更大成效。

(3)推动台资创意农业企业之间的协同创新

实地调研发现,虽然台湾农民创业园中的创意农业企业实现了空间上的聚集,且部分企业通过业务往来建立了协作关系,但有限的合作鲜少涉及技术交流,而且各企业仍然采用封闭模式开展创意农业技术创新,虽然这种模式能让企业独享创新成果,但企业要单独承担所有创新资源投入成本,需面临较大资金压力和失败风险。台湾农民创业园中的创意农业企业以中小企业为主,资金有限且抗风险能力较弱,难以开展应用前景广阔但资金投入大的技术创新。因此,应确立资源整合思路,引导企业通过联合研发、建立战略联盟、共同开展人员培训等方式,协力开展高级别的技术研发工作,不断突破创意农业发展关键技术研发瓶颈,推动提升园区创意农业企业技术水平,增强园区整体竞争力。

7.3 本章小结

本章分4个步骤分析实证研究结果。

第一,分析各测量模型检验结果。本书为环境、台湾农民创业园管委会、台资创意农业企业、闽台创意农业合作能力和闽台创意农业合作绩效维度下的16个因子设置了69个测量题项。经过实证检验,共删除10个题项,有59个题项进入实证分析的第二步。总体而言,与其他题项含义相似、题项内容难以理解和题项内容还未被充分重视等是多数题项未获通过的主要原因。

第二,讨论环境、台湾农民创业园管委会、台资创意农业企业和闽台创意农业合作能力4个维度模型的验证性因素分析结果。结果显示,4个维度内的潜变量均有较好的区别效度和聚敛程度,可通过其下指标进行测量。

第三,分析闽台创意农业合作影响因素、闽台创意农业合作能力和闽台创意农业合作绩效之间关系的检验结果。结果显示,政策法规潜变量对环境维度的影响最显著,决策潜变量对台湾农民创业园管委会的影响最显著,营销潜变量对台资创意农业企业维度的影响最显著,技术创新能力潜变量对闽台创意农业合作能力维度的影响最显著。

第四,分析中介作用检验结果。中介作用分析结果显示,环境、台湾农民创业园管委会和台资创意农业企业3个维度均不同程度地影响闽台创意农业合作能力,进而影响闽台创意农业合作绩效,闽台创意农业合作能力在以上3个维度和闽台创意农业合作绩效的关系中起中介作用。

在以上分析的基础上,本书提出提升闽台创意农业合作绩效的对策和建议:政府应着力完善闽台创意农业合作的相关政策法规;台湾农民创业园管委会应强化管理过程决策职能;台资创意农业企业应加强营销,努力提升产品知名度。此外,政府、台湾农民创业园管委会和台资创意农业企业应协同培育闽台创意农业合作能力,充分激发合作能力这一中介变量的功能。

8 研究结论与展望

前文从理论和实证层面对闽台创意农业合作绩效展开研究,并深入分析实证研究结论,提出提升闽台创意农业合作绩效的对策和建议。本章将概述前文研究得出的主要结论,总结本书创新之处,指明不足之处与未来研究方向。

8.1 主要结论

本书首次系统性地梳理国内外创意农业、闽台农业合作和闽台创意农业合作的相关研究,厘清创意农业概念,在现有研究基础上提炼闽台创意农业合作绩效的影响因素,构建闽台创意农业合作绩效研究概念模型,并设计闽台创意农业合作能力维度,检验其在闽台创意农业合作影响因素及闽台创意农业合作绩效之间的中介效应。下面从理论和实证两个层面概括研究的主要结论。

8.1.1 理论研究的主要结论

理论研究部分旨在界定与研究主题相关的概念,揭示闽台创意农业合作的动因和演化机理,构建闽台创意农业合作绩效概念模型,所得结论如下。

第一,厘清创意农业概念。创意农业是传统农业与创意产业相结合的产物,以文化创意和科技创新为发展引擎。由于创意农业是新兴产业,学界对其定义尚未形成统一观点,本书依据创意产业内涵及特征,综合把握创意农业概念,指出创意农业是以"生产、生活、生态"为经营理念,在生产过程有效融入文化、艺术、技术元素,并以市场为导向,解决农业、农民、农村问题的新型农业模式。此概念包括三个方面的内涵:其一,生产方式方面,应根据消费者需求,应用美学、艺术学、生态学和农学等学科的基本原理和方法,对农业产前、产中和产后环节展开指导,形成完整产业链;其二,经营理念方面,创意农业经营过程中,要有效开发农村"三生"(生产、生活和生态)资源,提高农产品附加值;其三,发展目标方面,实现农业增长、农民增收和农村稳定是创意农业发展的根本目标。

第二,界定闽台创意农业合作绩效的内涵。本书借鉴"三重底线"理论,结合创意农业的概念和闽台创意农业合作实际,认为闽台创意农业合作绩效是福建和台湾地区在互利原则的基础上,集合一定生产要素,以满足利益相关者需求为目标,依据"生产、生活、生态"经营理念展开创意农业生产,共同创造出的经济绩效、社会绩效和生态绩效。其中:经济绩效是在创意农业生产和运营环节产生的创意农业经济收益、供应商收益、地方政府收益、金融机构收益、农户收益和产业带动效应等方面的经济作用效能,这种效能可通过当前技术和理论衡量和预见,包括可货币化度量的直接经济绩效和非货币化度量的间接经济绩效。社会绩效是闽台通过合作发展创意农业,在就业增加、市场需求满足、创意农业技术溢出和农村稳定等方面所达到的社会效用总和。生态绩效是闽台通过采取一系列生态管理措施,所达到的资源节约、污染治理、水土保持和绿化增加等方面的效率和效果。

第三,揭示闽台创意农业合作演化机理。本书应用演化博弈理论,构建闽台创意农业合作演化博弈模型,认为开展对台创意农业合作,福建的合作成本主要包括基建成本、政策成本和管理成本三个方面,收益可分为长期收益和短期收益。台湾地区参与方主要是来闽投资的台资创意农业企业,其成本主要体现在资金、技术和时间三个方面,收益则主要表现为直接收益和潜在收益。博弈结果显示,仅当合作双方预期收益都大于 0 时,合作才有深入的可能。因此,在闽台创意农业合作过程中,闽台双方不仅要考虑自身收益,还应关注对方收益,努力实现互利共赢的合作目标。

第四,构建闽台创意农业合作绩效概念模型。本书综合有关创意农业发展影响因素、闽台农业合作影响因素、闽台农业合作能力、闽台农业合作绩效、闽台创意农业合作影响因素、闽台创意农业合作能力和闽台创意农业合作绩效等方面的研究,提炼影响闽台创意农业合作的因素和能力,将闽台创意农业合作影响因素划分为环境、台湾农民创业园管委会维度和台资创意农业企业3个维度。其中,环境维度由基础设施、政策法规和社会信任3个因素组成,台湾农民创业园管委会维度由决策、组织、领导和控制4个因素组成,台资创意农业企业维度由资源、产业、技术、营销和文化5个因素组成。另外,本书指出在闽台创意农业合作影响因素和合作绩效之间存在一种中介变量,即闽台创意农业合作能力,由文化创意能力、技术创新能力和合作协同能力3种能力组成。依据上述研究结论,本书提出闽台创意农业合作绩效概念模型,并根据概念模型设计"闽台创意农业合作绩效研究调研问卷",为开发测量量表、收集实证数据提供学理基础。

8.1.2 实证研究的主要结论

本书以福建省6个国家级台湾农民创业园的创意农业企业为调研对象获取一手数据,调研数据可信度高。对调研数据展开实证研究所得的结论如下。

第一,各测量模型检验结果。各测量模型检验结果显示,决策、组织、控制、资源、文化、产业、营销、技术创新能力和闽台创意农业合作绩效等9个因素的模型拟合情况不够理想,经修正后获得通过。基础设施、政策法规、社会信任、领导、技术、文化创意能力和合作协同能力7个因素的模型拟合情况达到要求,未经修正即获通过。经修正,共删除10个测量指标,剩余测量指标数为59个。

第二,验证性因素分析的研究结果。验证性因素分析中,分别检验了环境、台湾农民创业园管委会、台资创意农业企业和闽台创意农业合作能力4个维度模型的拟合指数、聚敛程度和区别效度。结果显示,以上4个维度下各测量因素之间的关系符合本书所设计的理论关系,模型可以接受。这说明各维度的构念能较好地由其下所设置的影响因素进行测量,本书所构建的 4 个维度的测量模型获得实证支持。

第三,闽台创意农业影响因素、闽台创意农业合作能力与闽台创意农业合作绩效之间关系的分析结果。在验证性因素分析基础上,本书分别对环境维度模型、台湾农民创业园管委会维度模型、台资创意农业企业维度模型、闽台创意农业合作能力维度模型和闽台创意农业合作绩效模型之间的关系展开全模型检验。检验结果显示,闽台创意农业合作的 12 个影响因素中,基础设施、政策法规、决策、领导、控制、产业、技术和营销 8 个因素对合作绩效具有显著正向影响,其中,政策法规、决策和营销是对应各维度中对合作绩效影响最显著的因素。闽台创意农业合作能力下属的 3 种能力中,文化创意能力、技术创新能力和合作协同能力对合作绩效都具有显著正向影响,其中,技术创新能力对合作绩效的影响最显著。

第四,中介作用研究结果。中介作用检验是实证研究的最后环节,本书对闽台创意农业合作能力在环境维度、台湾农民创业园管委会维度、台资创意农业企业维度同合作绩效的关系中的中介作用进行检验,结果显示,闽台创意农业合作能力在环境维度、台湾农民创业园管委会维度、台资创意农业企业维度同合作绩效的关系中均起中介作用。

8.2 创新之处

本书围绕研究主题,继承和综合国内外学者研究成果并借鉴成熟的分析方法,通过文献梳理和理论分析等步骤,提出研究概念模型,依据问卷调研获得样本数据,应用实证方法检验概念模型的有效性和合理性。本书整个研究过程学习和借鉴前人的研究成果,并尝试性地展开创新,创新之处主要体现在以下三个方面。

8.2.1 开发"闽台创意农业合作绩效测量量表"

"闽台创意农业合作绩效测量量表"的开发是本书核心工作,也是本书的主要创新之处。闽台创意农业合作绩效实证研究是闽台创意农业研究中的新兴方向,没有可用的测量量表。为有效测量闽台创意农业合作绩效,本书严格依照管理学研究中的量表开发流程进行量表开发。首先,通阅相关文献,归纳、概述文献中有关闽台创意农业合作影响因素、闽台创意农业合作能力和闽台创意农业合作绩效的研究,并提炼、设计闽台创意农业合作影响因素、合作能力、合作绩效的测量指标,构建闽台创意农业合作绩效研究专家调研问卷。其次,展开专家调研,深度访谈学界、商界和政界等领域的专家,按照专家意见,修改和完善问卷题项,形成预调研问卷。再次,开展企业预调研,并根据预调研数据,分析预调研问卷的信度和效度。最后,在预调研数据分析基础上,形成正式调研问卷,进行大样本调研,收集调研数据,对大样本调研数据展开描述性统计分析,并应用结构方程模型检验各因素测量模型的拟合程度,修正拟合效果不佳的测量模型,最终形成"闽台创意农业合作绩效测量量表"。该量表由"闽台创意农业合作绩效影响因素调查"、"闽台创意农业合作能力调查"和"闽台创意农业合作绩效调查"三个部分组成,共包括59个测量题项(参见附录B)。"闽台创意农业合作绩效测量量表"可以成为合作主体评估闽台创意农业合作绩效的重要工具,具有重要的理论意义与现实意义。

8.2.2　提出FCP理论模型并得到实证验证

　　闽台农业合作一直是闽台合作交流的重要领域,长期以来,闽台学者针对两地农业合作问题做了大量研究,形成丰硕成果。但是,近年来两地农业合作呈现日益减弱的趋势,原因是随着闽台农业合作的不断深入,福建农业生产水平不断提高,与台湾地区的差距逐渐缩小,互补格局逐步消失,双方通过合作获得的收益越来越有限,合作遇到瓶颈。闽台在创意农业方面的优势互补格局明显,具备合作的客观条件,创意农业也因此成为深化闽台农业合作的可行方向。在此背景下,闽台创意农业合作实践正逐步展开。同时,学界也开始关注闽台创意农业合作,形成一些相关研究,但现有成果多数局限于理论研究,尚未形成有关闽台创意农业合作绩效的实证研究。本书在文献综述和理论分析的基础上,提炼影响闽台创意农业合作绩效的12个因素和3种合作能力,提出闽台创意农业合作绩效模型——FCP理论模型,并经概念模型构建、潜变量间关系假设、潜变量测量题项设置、调研问卷设计、实证数据收集和实证分析等步骤,验证 FCP 理论模型的合理性和有效性。FCP 理论模型的提出和验证,夯实了闽台创意农业合作的理论研究,具有一定的学术价值,同时实现了研究思路的创新。

8.2.3　引入中介变量研究闽台创意农业合作绩效

管理学研究领域关于合作绩效的实证研究中,中介效应检验被广泛应用。本书引入中介效应检验,目的是在已知闽台创意农业合作影响因素和合作绩效关系的前提下,探索产生这种联系的内部作用机制。在闽台创意农业合作的相关文献中,合作能力被认为是影响闽台创意农业合作绩效的因素之一,但合作能力不易被察觉,是一种潜在影响因子,具有中介变量的属性。因此,本书将闽台创意农业合作能力设置为中介变量,下设文化创意能力、技术创新能力和合作协同能力 3 个因素,假设其在闽台创意农业合作影响因素和闽台创意农业合作绩效的关系中具有中介作用,并通过实证分析检验这种理论假设。研究结果进一步揭示了闽台创意农业合作绩效的形成机理,延伸和拓展了闽台创意农业合作研究,具有一定创新性。

8.3　不足之处

本书在理论研究的基础上,提出研究观点,并展开实证检验,相应的研究结果对闽台创意农业合作理论和现实工作具有一定参考和借鉴意义。但由于闽台创意农业合作绩效研究是一个新的研究领域,可借鉴的文献较少,加上存在一些现实条件限制,本书的研究仍存在一些不足之处,主要体现在以下三个方面。

8.3.1　概念模型的不足

本书从创意农业和闽台农业合作的相关文献着手,结合闽台创意农业合作研究领域有限的成果,尝试提炼影响闽台创意农业合作的因素和能力,并基于影响因素和合作能力视角,构建闽台创意农业合作绩效研究的概念模型。在概念模型基础上,提出相应理论假设,虽然多数理论假设都得到实证验证,但是概念模型的不足也难以避免,表现为未完整地考虑所有可能的影响因素,如没有设计有关政治因素的测量指标。

8.3.2 问卷和数据的不足

问卷设计方面,受时间和精力所限,本书专家问卷的访谈对象以福建省学者、政府工作人员和台资创意农业企业成员等为主,台湾地区学者所占比例较小,未涉及台湾地区相关机构的工作人员,因此专家调研结果的代表性受到限制。另外,在正式问卷调研中,调研小组发现从事创意农业工作的受访者的平均文化水平不高,但正式调研问卷中个别题项的表述又较为书面化和学术化,这增大了受访者对题项理解的难度,从而影响调研结果的准确性。数据方面,在实证研究中,个别影响因素与合作绩效之间的关系是负相关,这与理论成果和实际是相悖的,说明调研数据仍存在不足之处。

8.3.3 实证研究的不足

本书分别对环境维度、台湾农民创业园管委会维度、台资创意农业企业维度同合作绩效之间的关系展开全模型分析,若在研究各维度对合作绩效的影响时,能把三个维度作为一个整体,检验其对合作绩效的影响,将能获取各维度在一个整体中时对绩效的影响程度,使研究结果更为丰满。中介效应检验方面,本书将闽台创意农业合作能力拆解为三种能力,分别检验三个能力维度的影响因素和合作绩效关系中的中介作用,以此判断闽台创意农业合作能力是否存在中介效应。以上做法的优点是较为简便,但也存在一定缺陷,因为模型涉及多个中介变量和多个影响因素,检验过程中各种变量间可能相互作用,引起结果和现实的偏差。

8.4 未来研究方向

本书尝试研究闽台创意农业合作绩效的概念、闽台创意农业合作演化机理、影响闽台创意农业合作的因素和能力等问题,但受各种因素限制,研究的深度和广度仍有待拓展。未来需要进一步研究的问题还很多,以下仅作适当列举。

8.4.1 闽台创意农业合作技术创新机理研究

本书的结果显示,台资创意农业企业维度下的技术潜变量对闽台创意农业合作绩效具有显著正向影响,其影响程度仅次于营销。同时,闽台创意农业合作能力中的技术创新能力潜变量也对闽台创意农业合作绩效具有显著正向影响,且影响最为显著,这说明技术是闽台创意农业合作极为关键的影响因素。以上结论也验证了前人的观点,即创意农业的发展离不开科技创新,科技创新是推进创意农业发展的重要驱动力。因此,为不断深化创意农业合作,提高创意农业合作成效,闽台加强创意农业技术合作十分必要。闽台农业合作已有 400 余年历史,两地在长久的交流过程中,建立了稳固的合作关系,积累了丰富合作经验,这为闽台创意农业合作技术创新奠定了坚实基础。未来,闽台创意农业合作技术创新机理研究将成为有价值的研究方向。

8.4.2 闽台创意农业竞争力评价

自迈克尔·波特提出"钻石模型"以来,有关产业竞争力评价的研究相继问世。创意农业是新兴产业,对其展开有关竞争力的研究,具有重要的理论价值和现实意义。创意农业竞争力是指一个地区创意农业的综合生产能力。当前已有学者对闽台创意农业竞争力展开研究,"钻石模型"中的 4 个关键性因素和 2 个辅助性因素,被用于评价福建和台湾地区创意农业的竞争力状况,但相关研究停留于理论分析层面,存在一定局限性。因此,有必要深入研究,在严格遵循评价指标体系开发程序的基础上,设计一套可供闽台两地共同使用的评价指标,让福建和台湾地区从经验数据层面了解本地创意农业竞争力水平。有关两地创意农业竞争力的定量评价结果,有助于两地获知自身在创意农业上的优势和劣势所在,从而有针对性地制定相应的扶植政策,实现创意农业的共同发展。

8.4.3 闽台创意农业合作绩效研究

当前我国已经批准设立29个国家级台湾农民创业园,其中,福建6个、江苏5个、浙江3个、广东3个、安徽2个、四川2个、山东、广西、黑龙江、云南、湖北、湖南、河南、重庆各1个。本书立足区域经济合作视角,对闽台创意农业合作绩效展开研究,以福建省内6个国家级台湾农民创业园中的台资创意农业企业为调研对象,收集调研数据,而后展开相应实证研究。今后的研究可以进一步拓展视角,以闽台创意农业合作绩效研究为论题,通过理论研究构建概念模型,并提出相应假设,以上述29个国家级台湾农民创业园中的台资创意农业企业为调研对象,收集大样本数据,通过实证分析,进一步检验概念模型的有效性和合理性。

8.4.4 立足台湾地区视角研究闽台创意农业合作绩效

关于闽台农业合作的研究已经积累了丰硕研究成果,但现有文献存在一个共同特征,即多数学者都立足福建视角,对闽台农业合作展开研究,分析闽台农业合作对福建和台资企业的影响。本书借鉴了以上研究成果,还沿袭了同样的研究思路,即立足福建视角研究闽台创意农业合作绩效,从生产效应、技术提升效应、经济效应、品牌效应、就业效应、生态效应、产业带动效应和满足市场需求效应等方面着手,探讨闽台创意农业合作对福建和台资创意农业企业的影响。今后的研究可以转变研究视角,立足台湾地区视角,探索闽台创意农业合作对台湾地区的影响,进一步充实闽台创意农业合作研究的理论体系。

参考文献

阿姆斯特朗,科特勒,2004.市场营销教程[M].俞利军,译.北京:华夏出版社:6.

安存红,周少燕,2022.高技术产业空间集聚与区域创新绩效:基于R&D投入的中介效应[J].技术经济与管理研究(2):35-40.

安东纳基斯,茜安西奥罗,斯滕伯格,2011.领导力的本质[M].柏学翥,刘宁,吴宝金,译.上海:格致出版社:5.

彼德斯,沃特曼,1985.成功之路:美国最佳管理企业的经验[M].余凯成,钱冬生,张湛,译.北京:中国对外翻译出版公司.

蔡文伯,甘雪岩,2022.成渝地区双城经济圈产学合作对高校创新绩效的影响研究:基于高校研发投入的中介效应分析[J].重庆高教研究,10(4):68-77.

曹晋丽,刘艺卓,高雅,2020.两岸农业经贸合作新动向、新问题和新路径[J].国际经济合作(6):74-80.

曾倩,刘津汝,2021.我国"一带一路"顺梯度对外直接投资、产业转移与产业结构升级[J].投资研究,40(12):138-151.

陈嘉,韦素琼,陈松林,2018.开放条件下的闽台农业技术进步研究[J].资源科学,40(10):1980-1990.

陈义挺,龙宇,赖瑞联,等,2020.积极发展创意农业 助力乡村产业振兴[J].发展研究(1):85-90.

陈媛媛,王荔,2021.新媒体视域下乡村文化设计策略研究:以浙江省黄岩区沙滩村为例[J].南京艺术学院学报(美术与设计)(2):210-214.

陈越,2019.基于DEA的闽台农业生产效率测度与优化[J].台湾农业探索(2):6-11.

褚劲风,2009.创意产业集聚空间组织研究[M].上海:上海人民出版社:153.

褚劲风,2014.创意城市:国际比较与路径选择[M].北京:北京大学出版社:3-8.

褚杉尔,高长春,高晗,2019.企业家社会资本、融资约束与文化创意企业创新绩效[J].财经论丛(10):53-63.

大内,1984.理论:美国企业界如何迎接日本的挑战[M].孙耀君,王祖融,译.北京:中国社会科学出版社:169.

代明,殷仪金,戴谢尔,2012.创新理论:1912—2012:纪念熊彼特《经济发展理论》首版100周年[J].经济学动态(4):143-150.

德鲁克,2007.创新与企业家精神[M].蔡文燕,译.北京:机械工业出版社.

迪尔,肯尼迪,1994.企业文化[M].印国有,等译.上海:上海三联书店.

董剑程,李晓岚,郑少红,2010.闽台农业科技合作与转化的相关因素分析[J].福建农林大学学报(哲学社会科学版),13(4):10-15.

杜能,1997.孤立国同农业和国民经济的关系[M].吴衡康,译.北京:商务印书馆.

杜艳芳,龚剑锋,2017.ECFA时代闽台茶产业合作对策初探[J].宁德师范学院学报(哲学社会科学版)(4):18-22.

范柏乃,蓝志勇,2008.公共管理研究与定量分析方法[M].北京:科学出版社:16-17.

范亚莉,丁志国,王朝鲁,等,2018.政策性与独立性:农业信贷担保机构运营的动态权衡[J].农业技术经济(11):69-79.

方敏,2009.结构方程模型下的信度检验[J].中国卫生统计,26(5):524-526.

冯文娜,杨蕙馨,2011.合作性竞争行为与合作性竞争绩效的关系:联盟结构的中介效应分析[J].中国工业经济(12):78-88.

冯秀萍,林翊,林卿,2010.闽台农业合作中福建农地利用的SWOT分析[J].台湾农业探索(6):25-30.

福建省人民政府发展研究中心课题组,廖荣天,2022.从闽台对比看福建科技创新能力与提升策略[J].发展研究,39(2):71-77.

高启杰,2008.企业持续发展与技术创新能力评价理论研究[J].经济纵横(2):92-94.

葛红兵,2020.创意本位的文科及其可能性[J].探索与争鸣(1):14-16.

郭晓义,2020.漳台特色的农业产业对接路径探索:海峡两岸农博会·花博会20年发展的成效与分析[J].福建农业科技(12):61-66.

郭晓义,周俊贤,苏明河,2020.闽台农业合作"漳州模式"的创新与发展路径[J].台湾农业探索(4):17-21.

汉纳根,2006.管理:理念与实践[M].周光尚,龙桑田,刘文华,译.北京:中国社会科学出版社:175-192.

何艳桃,王礼力,2008.我国农业经营组织社会绩效评估体系研究[J].北京理工大学学报(社会科学版)(5):63-68.

贺敏,2020.新型农业经营主体与小农户利益联结问题研究[J].农业经济(10):15-17.

侯杰泰,温忠麟,成子娟,2004.结构方程模型及其应用[M].北京:教育科学出版社:151-152,215.

呼世忠,2007.新时期深化闽台农业合作的策略思考[J].台湾农业探索(3):31-34.

黄柏青,李勇军,2020.都市创意农业创新驱动发展模式研究:以北京市为例[J].财经理论与实践,41(2):121-129.

黄芳铭,2005.结构方程模式理论与应用[M].北京:中国税务出版社:160-161,266-281.

黄阳,吕庆华,2010.创意经济:以人为本的经济发展观[J].理论探索(3):70-72.

黄钟慰,陈湧燧,林小梅,等,2012.闽台休闲农业合作发展的对策思考[J].台湾农业探索(1):1-4.

黄钟慰,黄小萍,林雨轩,等,2013.闽台农业科技合作的现状、问题及对策[J].台湾农业探索(1):19-21.

吉海颖,戚桂杰,梁乙凯,2022.行动比声音更有力量吗?:开放式创新社区用户交互与用户创意更新持续贡献行为研究[J].管理评论,34(4):80-89.

贾一伟,张豪,2013.基于制度创新的产学研合作协同模式研究[J].中国高教研究(1):37-39.

蒋兴华,汪玲芳,范心雨,2021.基于合作博弈的跨组织技术创新利益分配机制[J].科技管理研究,41(16):185-198.

蒋颖,2010.海峡两岸创意农业合作的思路探讨[J].西南农业大学学报(社会科学版)(6):66-69.

金元浦,2010.文化创意产业概论[M].北京:高等教育出版社:33,192-195.

凯夫斯,2004.创意产业经济学:艺术的商业之道[M].孙绯,译.北京:新华出版社:1-10.

科尔内,1988.突进与和谐的增长[M].张晓光,潘佐红,靳平,等译.北京:经济科学出版社:84.

科特,赫斯克特,2004.企业文化与经营业绩[M].李晓涛,译.北京:中国人民大学出版社:9-11.

克里斯泰勒,1998.德国南部中心地原理[M].常正文,王兴中,译.北京:商务印书馆.

孔茨,韦里克,2003.管理学[M].张晓君,陶新权,马继华,等译.北京:经济科学出版社:320.

孔茨,韦里克,2010.管理学国际视角[M].8版.孟韬,译.大连:东北财经大学出版社:127.

赖晨辉,曾芳芳,2017.闽台创意农业合作路径探析[J].安徽农学通报,23(6):19-20.

勒施,2010.经济空间秩序:经济财货与地理间的关系[M].王守礼,译.北京:商务印书馆.

黎元生,2011.深化闽台精致农业合作的对策思考[J].福建农林大学学报(哲学社会科学版)(5):1-5.

李芳尚,2017.新形势下深化闽台融合发展研究[J].湖北省社会主义学院学报(4):45-49.

李国平,许扬,2002.梯度理论的发展及其意义[J].经济学家(4):69-75.

李怀祖,2004.管理研究方法论[M].2版.西安:西安交通大学出版社:144.

李潘坡,吉世虎,燕艳,等,2020.乡村振兴战略下河北省创意农业跨界融合型发展模式探究[J].农业经济(4):9-11.

厉无畏,2006.创意产业导论[M].上海:学林出版社:3-4.

厉无畏,2009.创意改变中国[M].北京:新华出版社:38,178.

厉无畏,王安兴,2017.文化资本论[M].北京:中共中央党校出版社.

厉无畏,王慧敏,2009.创意产业新论[M].上海:东方出版中心:228.

厉无畏,王慧敏,2009.创意农业的发展理念与模式研究[J].农业经济问题(2):11-15.

梁文卓,侯云先,王琳,等,2017.创意农业、农产品研究脉络梳理与展望[J].华南理工大学学报(社会科学版),19(5):38-48.

林炳坤,2015.海峡两岸创意农业合作绩效内涵研究[J].科技管理研究,35(15):97-101.

林炳坤,2019.闽台创意农业合作现状与对策研究[J].北方经贸(12):15-17.

林炳坤,吕庆华,2013.创意农业研究述评[J].经济问题探索(10):177-184.

林炳坤,吕庆华,2013.双钻石模型视角下闽台创意农业合作研究[J].财经问题研究(4):114-119.

林炳坤,吕庆华,2015.创意农业合作绩效实证研究[J].山西财经大学学报,37(3):70-81.

林炳坤,吕庆华,2015.两岸创意农业合作演化博弈分析[J].云南财经大学学报,31(3):140-147.

林炳坤,吕庆华,2015.闽台创意农业合作绩效影响因素分析与实证研究[J].福建农林大学学报(哲学社会科学版),18(1):49-54.

林炳坤,吕庆华,2015.外部环境对闽台创意农业合作绩效影响的实证研究[J].华东经济管理,29(2):61-66.

林炳坤,吕庆华,2020.创意农业业态演化机理及其趋势研究[J].技术经济与管理研究(4):117-122.

林炳坤,吕庆华,2023.中国创意农业实践价值、现实困境及发展思路[J].中国流通经济,37(4):17-25.

林炳坤,吕庆华,李艺玲,等,2023.多元视角下创意农业发展模式研究[J].资源开发与市场,39(12):1646-1652.

林炳坤,吕庆华,谢碧君,2019.创意人才、工作特性与工作繁荣:基于同事关系的调节效应[J].山西财经大学学报,41(4):63-77.

林开森,洪淑雯,廖少威,2019.社区居民对休闲农业节庆活动影响的感知研究:以台湾万丹红豆节为例[J].武夷学院学报,38(10):47-52.

林明华,杨永忠,2013.创意产品:文化、技术与经济的融合物[J].科技进步与对策,30(7):1-5.

林卿,李建平,林翊,等,2006.两岸农业合作模式:资源流动与整合:以闽台农业合作为例[J].福建师范大学学报(哲学社会科学版)(6):37-41.

林秋玲,2010.泉台创意农业合作问题探析[J].台湾农业探索(6):31-36.

林珊,李晗林,曾玉荣,2021.闽台农业科技创新与高质量发展比较研究[J].亚太经济(4):142-152.

林翊,2009.闽台农业合作发展的新战略定位[J].福建农林大学学报(哲学社会科学版)(1):10-15.

刘刚,殷建瓴,刘静,2019.中国企业文化70年:实践发展与理论构建[J].经济管理,41(10):194-208.

刘丽华,2019.创意农业旅游地游客凝视行为研究:以沈阳稻梦空间为个案[J].沈阳师范大学学报(社会科学版),43(5):53-59.

刘丽伟,2010.发达国家创意农业发展路径及其成功经验[J].学术交流(8):79-82.

刘平,2009.日本的创意农业与新农村建设[J].现代日本经济(3):56-64.

刘瑞佳,杨建君,刘子凡,2022.知识惯性下企业间竞合、合作与竞争研究[J].软科学,36(5):68-74,82.

刘伟丽,杨景院,2022.柯兹纳式套利型还是熊彼特式创新型?:企业家创业精神对经济增长质量的影响[J].统计研究,39(4):93-107.

刘晓飞,2013.创意农业发展的金融支持研究[D].福州:福建农林大学:58-59.

刘晓飞,张文棋,2013.创意农业的金融支持影响因素研究[J].福建师范大学学报(哲学社会科学版)(3):79-85.

刘晓飞,张文棋,2013.商业银行支持创意农业发展的必要性及对策研究[J].成都工业学院学报(1):54-56.

刘云,杨东涛,2018.基于扎根理论的企业主导产学研合作协同创新研究[J].管理案例研究与评论,11(3):278-288.

刘芝凤,2017.闽台农业文化资源保护与产业开发问题评述[J].中国农史,36(6):77-86.

卢现祥,滕宇汯,2020.产权保护及其经济绩效:兼论产权保护量化演变和"中国之谜"的实质[J].经济学动态(11):50-66.

罗宾斯,库尔特,2004.管理学[M].7版.孙健敏,黄卫伟,王凤彬,等译.北京:中国人民大学出版:490-491.

吕庆华,2004.商业交易发展的"信任"基础[N].光明日报(理论版),2004-09-15:C3.

吕庆华,林存文,林炳坤,2021.文化资源禀赋与文化产业发展匹配研究:基于69个样本城市数据的实证分析[J].哈尔滨商业大学学报(社会科学版)(6):94-104.

吕秋菊,2018.创新驱动视角下杭州市临安区创意农业发展路径研究[J].浙江农业科学,59(5):848-850,854.

马俊哲,2010.对北京发展创意农业的若干思考[J].北京农学院学报,25(1):57-59.

马清香,罗尚华,姜天慧,2019.推进闽台农业深度融合发展的机制创新思考:以清流县国家级台湾农民创业园为例[J].台湾农业探索(2):12-16.

马仁锋,吴丹丹,张文忠,等,2019.城市文化创意产业微区位模型及杭州案例[J].经济地理,39(11):123-133.

缪尔达尔,1992.亚洲的戏剧:对一些国家贫困问题的研究[M].谭力文,张卫东,译.北京:北京经济学院出版社:47-48.

帕斯卡尔,阿索斯,1984.日本企业管理艺术[M].陈今森,译.北京:中国科学技术翻译出版社.

潘立勇,武晓玮,2019.休闲教育与创意思维[J].浙江大学学报(人文社会科学版),49(2):168-176.

彭熠萌,刘海荣,齐立海,等,2020.创意农业视角下的乡村旅游景观设计研究:天津市青光村迷宫园景观设计实践[J].园林(8):87-92.

秦向阳,王爱玲,张一帆,等,2007.创意农业的概念、特征及类型[J].中国农学通报(10):29-32.

邱皓政,林碧芳,2009.结构方程模型的原理与应用[M].北京:中国轻工业出版社:2,6-10.

荣泰生,2005.企业研究方法[M].北京:中国税务出版社:34-72.

瑞可曼.合作竞争大未来[M].苏怡仲,译.北京:经济管理出版社,1998.

单标安,刘晓菊,赵润萱,等,2022.组织能力、组织创新与数字化转型如何激发新产品开发绩效?:基于fsQCA的组态效应研究[J].研究与发展管理,34(3):81-93.

单福彬,李馨,2017.中国创意农业的发展方向选择[J].热带农业科学,37(04):93-97.

单玉丽,2008.台湾地区休闲农业发展与闽台合作[J].福建农林大学学报(哲学社会科学版)(2):36-40.

单玉丽,2015.闽台农业融合的现状、机遇挑战与发展策略[J].福建论坛(人文社会科学版)(9):174-179.

沈璐,2020.江苏省创意农业资源利用水平的综合评价及发展趋势灰色预测[J].中国农业资源与区划,41(5):286-293.

史江涛,杨金风,2006.结构方程建模方法(SEM)在我国管理学研究中的应用现状分析[J].经济管理(2):24-30.

司训练,李婷,朱承亮,2010.西部地区创意农业竞争力实证研究[J].科技进步与对策(3):34-39.

孙汀,李同昇,安传艳,等,2021.西安市创意产业空间格局演化和影响因素[J].经济地理,41(8):125-135.

田虹,王宇菲,2019.企业环境战略对企业三重绩效的影响研究[J].西安交通大学学报(社会科学版),39(4):19-26.

童薇,刘用场,2008.闽台农业品牌联盟问题探析[J].台湾农业探索(2):41-43.

汪明月,李颖明,王子彤,2021.企业绿色技术创新环境绩效与经济绩效的U形关系及竞争规制的调节[J].科学管理研究,39(5):107-116.

王保进,2007.多变量分析:统计软件与数据分析[M].北京:北京大学出版社.

王国权,王欣,王金伟,等,2021.创意休闲农业的空间分布格局及影响因素:以江苏省为例[J].江苏农业学报,37(1):219-229.

王胜兰,魏凤,牟乾辉,2021.企业技术创新能力评价新方法的研究[J].运筹与管理,30(6):198-204.

王淑敏,2018.企业能力如何"动""静"组合提升企业绩效?:能力理论视角下的追踪研究[J].管理评论,30(9):121-131.

王树进,张志娟,2009.政府如何支持创意农业的发展[J].经济研究导刊(6):33-35.

王松,聂菁菁,2022.区域产业集群创新效率与路径:基于模糊集定性比较分析[J].科技管理研究,42(4):163-172.

王先伟,2021.漳平台湾农民创业园发展现状、困境及优化路径[J].台湾农业探索(4):8-11.

王正环,陆怡蕙,2019.台湾休闲农业效益的影响因素研究[J].亚太经济(1):140-145.

王知桂,2006.闽台农业合作的发展空间及其拓展探究[J].福建论坛(人文社会科学版)(12):135-139.

王重鸣,1990.心理学研究方法[M].北京:人民教育出版社.

韦伯,1997.工业区位论[M].李刚剑,陈志人,张英保,译.北京:商务印书馆.

魏敏,李国平,2004.梯度推移黏性:一个引致我国区域经济差异的因素[J].探索(5):79-82.

温忠麟,侯杰泰,马什赫伯特,2004.结构方程模型检验:拟合指数与卡方准则[J].心理学报(2):186-194.

温忠麟,刘红云,侯杰泰,2012.调节效应和中介效应分析[M].北京:教育科学出版社:1,73-79.

温忠麟,张雷,侯杰泰,等,2004.中介效应检验程序及其应用[J].心理学报(5):614-620.

翁旭青,2019.文化创意产业与农业融合的动力机制研究:基于江浙两省的数据[J].当代经济(9):108-112.

吴凤娇,周宇驰,2014.现代农业发展视野下漳台精致农业合作研究[J].农业经济(4):20-22.

吴明隆,2000.SPSS统计应用实务[M].北京:中国铁道出版社:47-54.

吴明隆,2010.问卷统计分析实务:SPSS操作与应用[M].重庆:重庆大学出版社:194-195,217.

西蒙,1988.管理行为:管理组织决策过程的研究[M].杨砾,韩春立,徐立,译.北京:北京经济学院出版社:9.

希特,布莱克,波特,2009.管理学[M].张骁,译.北京:中国人民大学出版社:277.

夏琼,杨峰,吴华清,2019."三重底线"下中国商业银行经营效率及其影响因素分析[J].中国管理科学,27(8):26-36.

熊彼特,2009.经济发展理论:对利润、资本、信贷、利息和经济周期的探究[M].北京:中国社会科学出版社:84-85.

徐汉明,周箴,2017.基于环境效度影响因素分析下的创意产业园区评估指标体系研究[J].中国软科学(3):164-177.

徐进,2019.推动文化创意产业与科学技术高度融合[J].人民论坛(17):140-141.

徐逸智,2022.深化京津冀区域要素市场化配置改革 畅通经济循环 促进更高质量协同发展[J].宏观经济管理(1):45-51.

徐则荣,屈凯,2021.历史上的五次经济长波:基于熊彼特经济周期理论[J].华南师范大学学报(社会科学版)(1):49-59,194-195.

许焯权,方毅,2004.创意指数研究[R].香港:香港特别行政区政府民政事务局:36-47.

颜忻,秦华,2016.重庆创意农业发展探究[J].西南师范大学学报(自然科学版),41(7):138-143.

杨军,2018.借鉴台湾经验实现福建休闲农业产业的转型升级[J].台湾农业探索(3):10-14.

杨良山,王丽娟,章伟江,等,2012.浙江创意农业发展路径选择与对策探讨[J].浙江农业科学(9):1229-1234.

杨欣欣,高长春,2021.创意农业视域下的农机化推广问题与策略研究[J].农机化研究,43(9):259-264.

杨薪燕,许婕,2015.基于国外经验的中国创意农业支持政策分析[J].世界农业(1):127-130,204.

杨云峰,2017.德国慕尼黑"绿腰带"项目对中国南京城郊发展创意农业的启示[J].世界农业(6):36-41.

叶汉建,林翊,2011.基于SWOT分析下闽台农业合作中农地科学流转对策研究[J].科技和产业(11):60-63.

叶前林,刘海玉,朱文兴,2022.区域文化创意产业集聚水平测度及影响因素分析[J].统计与决策,38(4):84-87.

易丹辉,2008.结构方程模型方法与应用[M].北京:中国人民大学出版社:127.

银丽萍,张向前,2016.闽台创新型人才开发合作模式[J].科技管理研究,36(11):91-96.

于立新,林武程,2018.闽台农业科技合作的战略思考[J].国际贸易(12):27-31.

喻登科,张婉君,2022.企业组织知性资本、知识管理能力与开放式创新绩效[J].科技进步与对策,39(9):122-131.

湛礼珠,2019.台湾精致农业发展有关规定演变、成效及经验[J].世界农业(6):39-45.

张海佳,王超,郑海新,2020.闽台农产品电子商务发展的现状、制约与策略分析[J].台湾农业探索(6):8-11.

张华,顾新,王涛,等,2021.知识链合作创新的权力结构与组织行为研究[J].科研管理,42(10):104-112.

张婧婧,高明,2020.创意人工智能与学生创造创新能力的培养与发展[J].课程·教材·教法,40(12):108-115.

张若琳,连丽霞,2012.影响中国创意农业发展的主要因素分析[J].山东农业大学学报(自然科学版)(1):105-109.

张炜,姚海棠,2011.试析北京市文化创意产业的影响因素[J].北京社会科学(3):20-25.

张友国,2020.区域间产业转移模式与梯度优势重构:以长江经济带为例[J].中国软科学(3):87-99.

章继刚,2008.创意农业在中国:上[J].企业研究(7):64-66.

赵瑾璐,潘志恒,2007.浅析北京文化创意产业的发展[J].中国特色社会主义研究(2):79-83.

郑焕钊,孟繁泽,2018.文化资源创意开发的价值原则及其误区[J].杭州师范大学学报(社会科学版),40(1):109-115.

郑晶,王姿燕,2010.闽台农业科技资源的配置分析[J].安徽农学通报(上半月刊)(1):1-5.

郑也夫,2001.信任论[M].北京:中国广播电视大学出版社.

周武忠,2020.基于乡村文化多样性的创意农业研究[J].世界农业(1):21-25.

朱莉莉,2017.闽台农业合作问题及对策研究[J].对外经贸(3):72-73,112.

庄佩芬,黄小宝,张立婷,等,2012.闽台农业科技合作项目立项评价指标体系研究[J].福建农林大学学报(哲学社会科学版)(1):19-21.

庄佩芬,张立婷,黄小宝,等,2012.闽台农业科技合作发展状况分析[J].福建农林大学学报(哲学社会科学版)(6):1-4.

邹干,2021.收益共享契约下研发激励研究及福利效应分析[J].管理学刊,34(4):51-63.

邹樵,肖世姝,2017.基于AHP的文化创意产业竞争力评价指标体系设计[J].统计与决策(24):58-60.

ANDERSON J C, GERBING D W, 1984. The effects of sampling error on convergence, improper solution and goodness-of-fit indices for maximum likelihood confirmatory factor analysis[J]. Psychometrika, 49(2): 155-173.

ANSOFF H I, 1987. Corporate Strategy (revised edition) [J]. London: Penguin Books.

BAGOZZI R P, YI Y, 1988. On the evaluation of structural equation models[J]. Academy of marketing science, 23(4): 272-277.

BARON R M, KENNY D A, 1986. The moderator-mediator variable distinction in social psychological research: conceptual, strategic, and statistical considerations [J]. Journal of personality and social psychology, 51(6): 1173-1182.

BATES R A, HOLTON E F, 1995. Computerised performance monitoring: a review of human resource issues[J]. Human resource management review:267-288.

BELL D, JAYNE M, 2010. The creative countryside: policy and practice in the UK rural cultural economy[J]. Journal of rural studies, 26(3): 209-218.

BENTLER P M, BONETT D G, 1980. Significance tests and goodness of fit in the analysis of covariance structures[J]. Psychological Bulletin, 88(3): 588-606.

BOLLEN K A, 1989. A new incremental fit index for general structural equation models [J]. Sociological methods and research, 17(3): 303-316.

BOLLEN K A, 1989. Structural equations with latent variables[M]. New York: Wiley.

BROWN T A, 2006. Confirmatory factor analysis for applied research [M]. New York: the Guiford Press.

BROWNE M W, CUDECK R, 1992. Alternative ways of assessing model fit[M]. Sociological methods & research: 230-258.

BRUMBACH G B, 1988. Some ideas, issues and predictions about performance management[J]. Public personnel management, 17(4): 387-402.

BUNTING T, MITCHELL C, 2001. Artists in rural locales: market access, landscape appeal and economic exigency[J]. The Canadian geographer, 45(2): 268-284.

BUTLER R, HALL C, 1998. Conclusion: the sustainability of tourism and recreation in rural areas[J]. Wiley: 249-258.

CARROLL A B, 1979. A three-dimensional conceptual model of corporate performance[J]. Academy of management review, 4(4): 497-505.

CLARKSON M E, 1995. A stakeholder framework for analyzing and evaluating corporate social performance[J]. Academy of management review, 20(1): 92-117.

CLOGG C C, PETKOVA E, SHIHADEH E S, 1992. Statistical methods for analyzing collapsibility in regression models[J]. Journal of educational statistics, 17(1): 51-74.

DEVELLIS R F, DANCER L S, 1991. Scale development theory and applications[J]. Journal of educational measurement, 31(1): 79-82.

DRUCKER P, 1993. Post-Capitalist society[M]. New York: Harper Business: 8.

DUCHIN F, SINHA A, 1999. Structural economics and the quality of life [J]. Feminist economics, 5(2): 125-132.

ELKINGTON J, 1998. Partnerships from cannibals with forks: the triple bottom line of 21st century business[J]. Environmental quality management, 8(1): 37-51.

FLORIDA R, IRENE T, 2004. Europe in the creative age[M]. London: Demos.

FLORIDA R, 2002. The rise of creative class[M]. New York: Basic: 55-62.

FLOYSAND A, JAKOBSEN S E, 2007. Commodification of rural places:

a narrative of social fields, rural development and football[J]. Journal of rural studies, 23(2): 206-221.

FORD J J, MACCALLUM R C, TAIT M, 1986. The applications of exploratory factor analysis in applied psychology: a critical review and analysis[J]. Personnel psychology, 39(2): 291-314.

FORMELL C, LARCKER D F, 1981. Evaluating structural equation models with unobserved variables and measurement error[J]. Journal of marketing research (6): 39-50.

FREEDMAN L S, SCHATZKIN A, 1992. Sample size for studying intermediate endpoints within intervention trials of observational studies [J]. American journal of epidemiology, 136(9): 1148-1159.

FRIEDMAN D. Evolutionary games in economics [J]. Econometrica: journal of the econometric society, 1991: 637-666.

GIBSON C, GORDON A, 2018. Rural cultural resourcefulness: how community music enterprises sustain cultural vitality[J]. Journal of rural studies, 63(10):259-270.

GLAESER E L, 2005. Reivew of Richard Florida's the rise of the creative class[J]. Regional science and urban economics, 35(3): 593-596.

GUERRIERI P, VALENTINA, MELICIANI V, 2005. Technology and international competitiveness: the interdependence between manufacturing and producer creative industry[J]. Structural change & economic dynamics, 16(4): 489-502.

HAIR J F, BLACK W C, BABIN B J, et al., 2006. Multivariate data analysis [M]. 6th ed. Upper Saddle River, NJ: Prentice-Hall.

HAMILTON W F, SINGH H, 1992. The evolution of corporate capacities in emerging technologies[J]. Interfaces, 22(4): 13-23.

HAU K T, MARSH H W, 2004. The use of item parcels in structural equation modeling: non-normal data and small sample size[J]. British journal of mathematical statistical psychology, 57(2): 327-351.

HEARN G, CUNNINGHAM S, ORDONEZ D, 2004. Commercialisation of knowledge in universities: the case of the creative industries[J]. Prometheus (7): 189-200.

HENDERSON J V, 2003. Marshall's scale economies[J]. Journal of urban economics, 53(1): 1-28.

HOLMES T, 1999. Localization of industry and vertical disintegration[J]. Review of economics and statistics, 81(2): 314-325.

HOWKINS J, 2009. Creative ecologies[M]. Transaction publishers: 100-115.

HOWKINS J, 2001. The creative economy:how people make money from ideas[M]. London: the Penguin Press: 3-8, 60-68.

HOYLE R H, 1995. Structural equation modeling: concepts, issues and applications[M]. Thousand Oaks, CA: Sage.

HU L, BENTLER P M, 1999. Cutoff criteria for fit indices in covariance structure analysis: conventional criteria versus new alternatives[J]. Structural equation modeling (6): 1-55.

HU L, BENTLER P M, KANO Y, 1992. Can test statistics in covariance structure analysis be trusted? [J]. Psychological bulletin, 112(2): 351-362.

JAMES L R, BRETT J M, 1984. Mediators, moderators and tests for mediation[J]. Journal of applied psychology, 69(2): 307-321.

JUDD C M, KENNY D A, 1981. Process analysis: estimating mediation in treatment evaluations[J]. Evaluation review, 5(5): 602-619.

KANE J S, 1996. The conceptualisation and representation of total performance effectiveness[J]. Human resource management review: 123-145.

KLINE R B, 2005. Principles and practice of structural equation modeling [M]. New York: the Guilford Press: 12-34.

KNEAFSEY M, ILBERY B, JENKINS T, 2001. Exploring the

dimensions of culture economies in rural West Wales[J]. Sociologia ruralis, 41(3): 296-310.

KREIDLER J, PHILIP J T, 2002. Creative community index: measuring progress toward a vibrant silicon valley [R]. California: Cultural Initiatives Silicon Valley.

KRUGMAN P, 1991. Increasing returns and economic geography[J]. Journal of political economy, 99(3): 483-499.

KRUGMAN P, 1998. Space: the final frontier[J]. Journal of economic perspectives, 12(2): 161-174.

LANDRY C, 2000.The creative city: a toolkit for urban innovations[M]. London: Earthscan Publications: 1-5.

LEONARD B D, 1992. Core capabilities and core rigidities: a paradox in managing new product development[J]. Strategic management journal, 13(S1): 111-125.

LIN B K, LV Q H, 2013. Research on the motivations and paths of collaborative technology innovation for Chinese creative agriculture[J]. Journal of applied sciences (10): 1774-1780.

LUCKMAN S, GIBSON C, LEA T, 2009. Mosquitos in the mix: how transferable is creative thinking? [J]. Singapore journal of tropical geography, 30(1): 70-85.

LUHMANN N, 1979. Trust and Power[M]. Chinchester: John wiley & sons Ltd.

MACCALLUM R C, BROWNE M W, SUGAWARA H W, 1996. Power analysis and determination of sample size for covariance structure modeling[J]. Psychological methods (1): 130-149.

MACDONALD R, JOLLIFFE L, 2003. Cultural rural tourism evidence from Canada[J]. Annals of tourism research, 30(2): 307-322.

MACKINNON D P, LOCKWOOD C M, HOFFMAN J M,1998. A new method to test for mediation[C]. The Annual Meeting of the Society for

Prevention Research.

MCAULEY A, FILLIS I, 2005. Careers and lifestyles of craft makers in the 21st century[J]. Cultural trends, 14(2): 139-156.

NELSON R R, 1982. An evolutionary theory of economic change[M]. Cambridge, Mass.: Harvard University Press.

NONAKA I, 1995. The knowledge-creating company: how Japanese companies create the dynamics of innovation[M]. New York: Oxford University Press.

NUGENT R, 2000. The impact of urban agriculture on the household and local economies[J]. Urban Agriculture on the policy agenda: 67-98.

QUINTANA S M, MAXWELL S E, 1999. Implications of recent developments in structural equation modeling for counseling psychology[J]. The counseling psychologist, 27(3): 485-527.

ROSSETTI G, QUINN B, 2021. Understanding the cultural potential of rural festivals: a conceptual framework of cultural capital development [J]. Journal of rural studies, 86: 46-53.

ROUSSEL P A, SAAD K N, ERIKSON T J, 1991. Third generation R & D[M]. Cambridge, Mass.: Harvard Business School Press.

SCOTT A, STEYN G, GEUNA A, 1992. The economic returns to basic research and the benefits of university-industry relationships [R]. Report for the Office of Science and Technology.

DA MOTTA R S, 2006. Analyzing the environmental performance of the Brazilian industrial sector[J]. Ecological economics, 57(2): 269-281.

SCHUMPETER J, 1942. Capitalism, socialism and democracy. New York: Harper & Row: 69.

SOBEL M E, 1982. Asymptotic confidence intervals for indirect effects in structural equation models[J]. Sociological methodology: 290-312.

SOBEL M E, 1987. Direct and indirect effects in linear structural equation models[J]. Sociological methods & research, 16(1): 155-176.

SONNENFELD J, 1982. Measuring corporate social performance[J]. Academy of management proceedings (1): 371-375.

STEIGER J H, 1990. Structure model evaluation and modification: an interval estimation approach[J]. Multivariate behavioral research, 25(2): 173-180.

UTTERBACK J M, 1996. Mastering the dynamics of innovation[M]. Cambridge, Mass.: Harvard Business School Press.

WARTICK S L, COCHRAN P L, 1985. The evolution of the corporate social performance model[J]. Academy of management review, 10(4): 758-769.

附录

附录 A 闽台创意农业合作研究调查问卷

尊敬的先生/女士：

您好！感谢您拨冗参与本问卷调查！

本调查的目的在于了解闽台创意农业合作绩效影响因素及其作用路径状况，探索闽台创意农业合作的关键因素和作用机理，提出科学有效的政策建议。本问卷匿名填写，所得数据只用于学术研究，请放心填写。

此致

敬礼！

《闽台创意农业合作研究》课题组

一、个人及企业基本情况（请在相应的空格里画"√"）

1. 您的职称

☐ 初级以下　　☐ 初级　　☐ 中级　　☐ 高级

2. 您的职务层级

☐ 基层　　☐ 中层　　☐ 高层

3. 您的学历

☐ 大专以下　　☐ 大专　　☐ 本科　　☐ 硕士研究生及以上

4. 贵企业所在地

☐ 漳浦　　☐ 漳平　　☐ 仙游　　☐ 清流

☐ 福清　　☐ 惠安

5. 贵企业成立年限

☐2 年以下　　　☐2～5 年　　　☐6～10 年　　　☐11～20 年

☐20 年以上

6. 贵企业员工数

☐10 人以下　　　☐10～20 人　　　☐21～50 人　　　☐51～100 人

☐101～500 人　　　☐500 人以上

7. 贵企业年销售收入

☐100 万以下　　　　　　　　☐100 万～400 万

☐500 万～900 万　　　　　　☐1000 万～5000 万

☐6000 万～9000 万　　　　　☐1 亿以上

二、闽台创意农业合作绩效影响因素调查

根据影响因素的重要性,请在相应数字对应的空格里画"√"[非常不重要(1),比较不重要(2),一般(3),比较重要(4),非常重要(5),下同]。

因素		序号	闽台创意农业合作绩效影响因素测度	1	2	3	4	5
环境维度	基础设施	A1	创意农业产业园区					
		A2	创意农业土地供给					
		A3	创意农业劳力供给					
		A4	创意农业技术供给					
	政策法规	A5	创意农业土地使用优惠政策					
		A6	创意农业信贷优惠政策					
		A7	创意农业财政补贴政策					
		A8	创意农业知识产权保护法规					
	社会信任	A9	社会征信制度					
		A10	信任奖惩制度					
		A11	行业协会					
		A12	仲裁机构					

续表

因素		序号	闽台创意农业合作绩效影响因素测度	1	2	3	4	5
台湾农民创业园管委会维度	决策	A13	管委会管理层对创意农业认知程度					
		A14	管委会管理层对创意农业合作项目了解程度					
		A15	管委会创意农业发展目标					
		A16	管委会创意农业发展战略					
	组织	A17	管委会创意农业合作项目团队的组建					
		A18	管委会创意农业合作项目团队新兴业务适应性					
		A19	管委会创意农业合作项目团队的稳定性					
		A20	管委会同创意农业企业的互动程度					
	领导	A21	管委会创意农业合作项目负责人经验和能力					
		A22	管委会创意农业合作项目负责人领导艺术					
		A23	管委会创意农业合作项目成员综合素质					
		A24	管委会创意农业合作项目成员责任感					
	控制	A25	管委会对创意农业合作项目实施过程的监控					
		A26	管委会创意农业合作项目保障机制					
		A27	管委会创意农业合作项目修正制度					
		A28	管委会创意农业合作项目退出机制					
台资创意农业企业维度	资源	A29	创意农业企业拥有的先进设备					
		A30	创意农业企业抵（质）押物					
		A31	创意农业企业的财务状况					
		A32	创意农业企业的技术人才储备					
		A33	创意农业企业知识产权					
	产业	A34	创意农业产业集群					
		A35	创意农业产业规模					
		A36	创意农业产业链					
		A37	创意农业与其他产业的联系					

续表

因素	序号	闽台创意农业合作绩效影响因素测度	1	2	3	4	5
台资创意农业企业维度 / 技术	A38	创意农业技术的生命周期					
	A39	创意农业技术的革新速度					
	A40	创意农业技术的复杂程度					
	A41	创意农业技术的标准化程度					
营销	A42	创意农业项目价值					
	A43	创意农业项目市场前景					
	A44	创意农业项目市场定位					
	A45	创意农业组织营销策略					
文化	A46	创意农业企业的创新氛围					
	A47	创意农业企业的学习环境					
	A48	创意农业企业员工满意度					
	A49	创意农业企业凝聚力					

三、闽台创意农业合作能力调查

	序号	闽台创意农业合作能力	1	2	3	4	5
文化创意能力	B1	文化融合能力					
	B2	文化设计能力					
	B3	品牌营运能力					
	B4	创意产业化能力					
技术创新能力	B5	企业内部研发能力					
	B6	企业新技术消化吸收能力					
	B7	新技术产品开发能力					
	B8	新技术商业化能力					

续表

	序号	闽台创意农业合作能力	1	2	3	4	5
合作协同能力	B9	资源整合能力					
	B10	沟通协作能力					
	B11	机会把握能力					
	B12	风险防范能力					

四、闽台创意农业合作绩效调查

序号	闽台创意农业合作绩效测度	1	2	3	4	5
C1	创意农业生产效应					
C2	创意农业技术提升效应					
C3	创意农业经济效应					
C4	创意农业品牌效应					
C5	创意农业就业效应					
C6	创意农业生态效应					
C7	创意农业产业带动效应					
C8	创意农业满足市场需求效应					

问卷到此结束,十分感谢!

附录 B "闽台创意农业合作研究"测量量表

一、闽台创意农业合作绩效影响因素调查

根据影响因素的重要性,1 表示非常不重要,2 表示比较不重要,3 表示一般重要,4 表示比较重要,5 表示非常重要,请在相应数字对应的空格里画"√"。

因素		序号	闽台创意农业合作绩效影响因素	1	2	3	4	5
环境维度	基础设施	A1	创意农业产业园区					
		A2	创意农业土地供给					
		A3	创意农业劳力供给					
		A4	创意农业技术供给					
	政策法规	A5	创意农业土地使用优惠政策					
		A6	创意农业信贷优惠政策					
		A7	创意农业财政补贴政策					
		A8	创意农业知识产权保护法规					
	社会信任	A9	社会征信制度					
		A10	信任奖惩制度					
		A11	行业协会					
		A12	仲裁机构					
台湾农民创业园管委会维度	决策	A13	管委会管理层对创意农业认知程度					
		A14	管委会管理层对创意农业合作项目了解程度					
		A15	管委会创意农业发展战略					
	组织	A16	管委会创意农业合作项目团队的组建					
		A17	管委会创意农业合作项目团队新兴业务适应性					
		A18	管委会创意农业合作项目团队的稳定性					

续表

因素		序号	闽台创意农业合作绩效影响因素	1	2	3	4	5
台湾农民创业园管委会维度	领导	A19	管委会创意农业合作项目负责人经验和能力					
		A20	管委会创意农业合作项目负责人领导艺术					
		A21	管委会创意农业合作项目成员综合素质					
		A22	管委会创意农业合作项目成员责任感					
	控制	A23	管委会创意农业合作项目保障机制					
		A24	管委会创意农业合作项目修正制度					
		A25	管委会创意农业合作项目退出机制					
台资创意农业企业维度	资源	A26	创意农业企业拥有的先进设备					
		A27	创意农业企业的财务状况					
		A28	创意农业企业的技术人才储备					
		A29	创意农业企业知识产权					
	产业	A30	创意农业产业集群					
		A31	创意农业产业规模					
		A32	创意农业与其他产业的联系					
	技术	A33	创意农业技术的生命周期					
		A34	创意农业技术的革新速度					
		A35	创意农业技术的复杂程度					
		A36	创意农业技术的标准化程度					
	营销	A37	创意农业项目市场前景					
		A38	创意农业项目市场定位					
		A39	创意农业组织营销策略					
	文化	A40	创意农业企业的创新氛围					
		A41	创意农业企业员工满意度					
		A42	创意农业企业凝聚力					

二、闽台创意农业合作能力调查

	序号	闽台创意农业合作能力测度	1	2	3	4	5
文化创意能力	B1	文化融合能力					
	B2	文化设计能力					
	B3	品牌营运能力					
	B4	创意产业化能力					
技术创新能力	B5	企业内部研发能力					
	B6	企业新技术消化吸收能力					
	B7	新技术产品开发能力					
合作协同能力	B8	资源整合能力					
	B9	沟通协作能力					
	B10	机会把握能力					
	B11	风险防范能力					

三、闽台创意农业合作绩效调查

序号	闽台创意农业合作绩效	1	2	3	4	5
C1	创意农业技术提升效应					
C2	创意农业经济效应					
C3	创意农业品牌效应					
C4	创意农业就业效应					
C5	创意农业产业带动效应					
C6	创意农业满足市场需求效应					

后记

本书在我博士论文的基础上,汲取闽台创意农业合作最新理论与实践成果,加入我近年来形成的部分研究成果,最终修撰成稿。

回首三年读博之路,虽然艰辛,却尤为充实。由衷感谢我的导师吕庆华教授。吕老师当年不弃我之愚钝,招我为弟子,圆我读博之梦。吕老师学识渊博,治学严谨,孜孜不倦,传道授业。在校三年,吕老师对我的指导让我获益匪浅,师恩如山,没齿不忘。攻博期间,多次受困于研究问题,幸得师母郑淑蓉教授悉心指导,得以豁然开朗,由衷感谢郑老师的关心和帮助。

攻博三年,还得到其他师长的指导和帮助,择其要者有:华侨大学顾立志教授、孙锐教授、郭东强教授、陈金龙教授、林峰教授、张向前教授、曾路教授、沈利生教授、李拉亚教授、郑文智教授等,闽南师范大学李进金教授、李建辉教授、江历明教授、张晓松教授、黄金明教授、祖国颂教授、罗炎成主任、郑镛教授、王建红教授、曾明华教授、尤晨教授、陈丽丽教授、吴凤娇教授等,福建师范大学林翊副教授,福建农林大学庄佩芬教授。对于师长们的指导和帮助,我的心里满是感激。

感谢我的同届同学——庄招荣、张敏锋、许嵘、林玮、林剑、张清禄、陈建武、孙朋杰、赵岩、李霖生,三载同窗,朝夕相处,共研学问,情同手足。感谢师兄黄阳、高翔、练卜鸣,师姐吕玉明、詹君恒、林楒荷,师弟王子贤、黄亨奋、林存文、王志科、阳超、任磊、王小锋、刘伟,师妹蔡燕红、全珍、龚诗婕、杨敏、卢益。特别感谢吴文毅师弟在统计研究方法上的耐心指导和帮助。

本书问卷调查历时半年，先后走访福建省和台湾地区部分高校，福建省相关政府部门，福建省漳浦、漳平、仙游、清流、福清和惠安六个地方的台湾农民创业园管委会和园区内的台资创意农业企业，得到众多人士帮助，在此一并致谢。没有这些热心人士的支持和帮助，本书的实证研究部分是难以完成的。同时，还要感谢我指导的硕士研究生朱雅萍为本书校对付出的辛勤劳动。

华园博士毕业至今，恰满十年。十年来，我在论文撰写与发表、教学、课题申报、职称评聘、硕士生指导上投入大量精力，所列计划多能如期完成。十年奋进，终有小成，如获得国家社科基金立项、破格晋升教授等。然而，我对家庭的付出十分有限，感谢父母和妻儿无悔陪伴，感谢岳母和长姐一家的大力支持。在步入不惑之年时出版本书，是对过往忙碌十年的一种纪念，也是对今后学术之路的一种勉励，鞭策自己今后继续刻苦钻研，摘得更多硕果。

感谢闽南师范大学学术著作出版专项经费的出版资助，感谢厦门大学出版社对于出版工作的支持。

林炳坤

2024 年 9 月 9 日